古典文獻研究輯刊

二七編

潘美月・杜潔祥 主編

第21冊

《全元文》補正（第二冊）

陳開林 著

國家圖書館出版品預行編目資料

《全元文》補正（第二冊）／陳開林 著 — 初版 — 新北市：花
木蘭文化事業有限公司，2018〔民 107〕
目 4+236 面；19×26 公分
（古典文獻研究輯刊 二七編：第 21 冊）
ISBN 978-986-485-579-7（精裝）
1. 全元文 2. 研究考訂
011.08　　　　　　　　　　　　　　　　107012297

ISBN-978-986-485-579-7

9 789864 855797

古典文獻研究輯刊
二七編　第二一冊　　　　　　　ISBN：978-986-485-579-7

《全元文》補正（第二冊）

作　　者　陳開林
主　　編　潘美月　杜潔祥
總 編 輯　杜潔祥
副總編輯　楊嘉樂
編　　輯　許郁翎、王筑　美術編輯　陳逸婷
出　　版　花木蘭文化事業有限公司
發 行 人　高小娟
聯絡地址　235 新北市中和區中安街七二號十三樓
　　　　　電話：02-2923-1455／傳真：02-2923-1452
網　　址　http://www.huamulan.tw 信箱 hml810518@gmail.com
印　　刷　普羅文化出版廣告事業
初　　版　2018 年 9 月
全書字數　844182 字
定　　價　二七編 24 冊（精裝）新台幣 46,000 元

《全元文》補正（第二冊）

陳開林 著

目

次

第 35 冊

洪希文

35／10《續渠軒集序》，今據陸心源《皕宋樓藏書志》卷 99〔註272〕校：

1. 予目閱舊稿：目，《藏書志》作「日」。
2. 然未免有具體而微之嫌：嫌，《藏書志》作「慊」。
3. 洪希文序：《藏書志》作「戊辰長至日去華山人洪希文敬書」。

敖繼公

35／193《儀禮集說序》，據陸心源《皕宋樓藏書志》卷 6 校〔註273〕：

1. 恐其篇數本不止此也：此，《藏書志》上有「於」。
2. 因名曰《儀禮集說》：名，《藏書志》下有「之」。

35／195《儀禮集說跋》，據陸心源《皕宋樓藏書志》卷 6 校〔註274〕：

1. 醮於客位：醮，《藏書志》作「則」。
2. 夫豈□有求異之意哉：□，《藏書志》作「敢」。
3. 更四聖而□□□義畫卦爻：□□□，《藏書志》作「後成伏」。故此句當讀為「更四聖而後成，伏義畫卦爻。」

張琚

35／268《息縣重修廟學記》，《全元文》據明成化二十二年《河南總志》卷 14、清嘉慶四年《息縣志》卷 7 錄文，無校記。今覆檢《息縣志》所載，文本與《全元文》所收多有不同。今補校如下〔註275〕：

1. 俾司治教而委以財成輔相之任：而委以財成，《息縣志》作「以任裁成」。
2. 氣質清美者固不待文王而後興：文王而後興，《息縣志》作「教誡而後成」。

〔註272〕（清）陸心源《皕宋樓藏書志》，《續修四庫全書》第 929 冊，上海古籍出版社 1996 年版，第 437～438 頁。

〔註273〕（清）陸心源《皕宋樓藏書志》，《續修四庫全書》第 928 冊，上海古籍出版社 1996 年版，第 69～71 頁。

〔註274〕（清）陸心源《皕宋樓藏書志》，《續修四庫全書》第 928 冊，上海古籍出版社 1996 年版，第 71～72 頁。

〔註275〕（清）劉光輝修、任鎮及纂《嘉慶息縣志》，清嘉慶四年刊本。

3. 其餘或濁或惡：或濁或惡，《息縣志》作「稟受不齊」。

4. 苟非以教化變其內，以刑政懲其外：此句，《息縣志》作「苟非以教化變其氣質」。

5. 淪胥放僻邪侈之域：《息縣志》作「胥淪於邪僻之域」。

6. 古先聖王有憂之：先，《息縣志》無。

7. 立司徒以擾兆民：兆，《息縣志》作「萬」。

8. 盡其君臣父子夫婦長幼朋友之倫而後已焉：盡，《息縣志》作「明」。

9. 有是道也：有，《息縣志》作「賴」。

10. 雖政焚先世之憲章：此句，《息縣志》作「雖秦政毀聖典、放棄諸生。卒」。

11. 不能熄人心之固有：之，《息縣志》作「所」。

12. 禁諸生之偶語，不能□□□□□□□也：此句，《息縣志》作「絕天理所同，蓋」。

13. 而其典禮不可易：其，《息縣志》無。

14. 而其綱常不可移：其，《息縣志》無。

15. 此道不可須臾離：《息縣志》作「此道之所以常存」。

16. 而學之所以不可頃刻廢也：可頃刻，《息縣志》無。

17. 其作養人才，薰陶風俗：《息縣志》作「其養育人材，陶冶風俗」。

18. 致中致和，會極歸極：《息縣志》無。

19. 其所關係，夫豈細故哉：《息縣志》作「所繫夫豈渺哉」。

20. 『然自唐以前』至『又追諡夫子爲文宣王』：《息縣志》作「自唐已令定建學設廟之制，太宗貞觀十一年令郡縣皆立。唐元（按：『元』乃避諱，當作『玄』）宗開元初追諡曰王」。

21. 歷代尊之，以爲永例：《息縣志》作「歷代遵爲永制」。

22. 欽惟聖天子踐阼，誕頒明詔，崇建廟學，：《息縣志》作「欽惟我皇，明崇建廟學」。

23. 跨漢唐而肩三代：肩，《息縣志》作「躋」。

24. 首出虞黃之上：《息縣志》無。

25. 息郡廟學自至元二十五年始建：廟學，《息縣志》無。

26. 殿廡桷立：殿廡，《息縣志》上有「學宮」；桷，《息縣志》作「牷」。

27. 知州邵武略從下車廟謁，眡其殿宇壞漏弗支，勢將傾圮。乃與監州馬速忽忠翊：《息縣志》作「知州邵武略從與監州馬速忽忠翊」。

28. 同知縣丞事澤州朔孔從仕廷珪：縣、澤、朔，《息縣志》作「孫」、「□」、「判」。

29. 『吏目閻斌葉謀傮力』至『聚材鳩工』：《息縣志》作「吏目閻斌上謀更新之，率先創輸。樂從者眾，庀材鳩工」。

30. 各官以及瓜相次得代：《息縣志》作「各以及瓜代去」。

31. 監州百帖木兒承務、同知王承事春：監州，《息縣志》上有「今」；百、春，《息縣志》作「伯」、「椿」。

32. 州判焦敦武思忠繼任其事：任，《息縣志》無。

33. 息州等處管民提領薩從道、赫迪吉、橫摑興持贊羽翼，績用畢成：《息縣志》作「息州等處官民提領薛從道、赫相爲左右功用告成」。

34. 向之壞漏弗支者：壞漏，《息縣志》作「頹壞」。

35. 今也翼翼完整矣：完，《息縣志》作「嚴」。

36. 講劘經禮：禮，《息縣志》作「理」。

37. 勉勵學校：《息縣志》作「勉屬生徒」。

38. 郡之監守貳倅：貳倅，《息縣志》作「諸公」。

39. 自今以始：始，《息縣志》作「往」。

40. 『格物致知』至『溥博淵泉而時出之』：《息縣志》作「自格致誠正以達之修齊治平，自居敬窮理以至於成己成物。內外交養，時措咸宜。」

41. 天理擴充而人欲不得熾：天理，《息縣志》上有「則」；不得熾，《息縣志》作「不侈」。

42. 正道流行而邪說不得肆：得，《息縣志》無。

43. 上不負聖天子口養振起之意：《息縣志》作「上不負朝廷振育之恩」。

44. 下不負吾夫子垂訓誘掖之心：《息縣志》作「下不負先聖垂教之義」。

45. 而於我諸公亦有光焉：我、亦，《息縣志》作「武略」、「並」。

46. 貞石既，其學正曹君煥：貞石既其，《息縣志》無。

47. 教諭陳師舉等請記厥跡：陳，《息縣志》下有「君」；記厥跡，《息縣志》作「誌諸貞石」。

48. 僕以諛見寡聞，才力譾薄固辭，不獲已：《息縣志》作「僕固辭不獲」。

49. 用詔來者：用，《息縣志》作「以」。

卓琰

35／271《元帥府記》,《全元文》清道光十九年《敬止錄》錄文、光緒三年《鄞縣志》參校。今據元代袁桷《延祐四明志》卷 8 校〔註276〕:

1. 名稱不一:名稱,《四明志》上有「部使」。
2. 所隸者臺、溫、明、越:臺溫,《四明志》作「溫臺」。
3. 聖天子臨軒策命:策,《四明志》作「冊」。
4. 由廨及序:廨,《四明志》作「廳」。
5. 尚維草創是循:維,《四明志》作「惟」。
6. 非壯麗則無以崇體勢而肅儀刑也:壯麗,《四明志》作「莊嚴」。
7. 命吏施繹舊檔:施,《四明志》作「披」。
8. 正奉大夫宣慰使都元帥鄭祐:鄭,《四明志》下有「公」。
9. 中奉大夫同知元帥馬合謀符節相望:馬合謀:《四明志》作「瑪哈穆特」。
10. 同寅和協:協,《四明志》作「叶」。
11. 計屋凡若干楹:若干,《四明志》小字注「原闕」。
12. 榮祿大夫宣慰使都元帥阿塔脫因來鎮是邦:阿塔脫因,《四明志》作「阿爾圖因」。
13. 即吾己分內事:己,《四明志》作「身」。
14. 明自建大府以來:明,《四明志》作「溯」。
15. 毋慮數政:數,《四明志》下有「十執」。
16. 文末,《四明志》有「皇慶元年月日記」。

釋虛谷

35／288《荊門州當陽縣玉泉景德禪寺鐘銘》,《全元文》據清刻本《湖北金石志》錄文。此文重見《全元文》第 47 冊 319 頁,據民國二十三年《湖北通志》錄文。今據以參校:

1. 憾口山隴:憾,《通志》作「撼」。
2. 而英風下泯也:下,《通志》作「不」。
3. 作興佛事:興,《通志》作「具」。

〔註276〕 (元)袁桷《延祐四明志》,景印文淵閣四庫全書第 491 冊,臺灣商務印書館 1986 年版,第 479 頁。

4. 而興口滯者爲解脫：興，《通志》作「與」。

5. 『興聖萬禪寺住持虛谷撰』至文末：《通志》無。

第 36 冊

李孝光

36／3《檜亭集原序》，今據陸心源《皕宋樓藏書志》卷 101〔註 277〕校：

1. 論詩至於宋南：宋南，《藏書志》作「南宋」。

2. 士之避世居永嘉：避，《藏書志》作「□」。

3. 謠詠呻唫之遺習：謠、唫，《藏書志》作「嗂」、「吟」。

4. 顯暢明白：《藏書志》作「顯牘間曰」。

5. 發覆讀之：反，《藏書志》作「丁」。

6. 頗爲藏弆：弆，《藏書志》作「去」。

7. 鄉閭長老先生用位卑：用，《藏書志》作「困」。

8. 余行四方：余，《藏書志》作「予」。

9. 有自好之意：之，《藏書志》作「者」。

10. 醉倚樹而呻唔：唔，《藏書志》作「咿」。

36／14《始入雁山觀石樑記》，今據《道光樂清縣志》卷 12《藝文中》校〔註 278〕：

1. 予家距雁山五里近，四方客遊者或舍止吾家。吾歲率三四至山中：近四方客遊者或舍止吾家吾，《縣志》無。

2. 泰定元年冬十一月：十一月，《縣志》無。

3. 『他日』至『於是盡屏去之』：《縣志》無。

4. 獨從家僮兩：《縣志》作「從兩家僮」。

5. 髥然如浮屠氏：髥，《縣志》作「宛」。

6. 客軬然而笑：軬，《縣志》作「軒」。

7. 倒掛絕壁上：上，《縣志》無。

〔註 277〕 （清）陸心源《皕宋樓藏書志》，《續修四庫全書》第 929 冊，上海古籍出版社 1996 年版，第 454～455 頁。

〔註 278〕 （清）鮑作雨、張振夔總修《道光樂清縣志》（下），線裝書局 2009 年版，第 819～820 頁。

36／15《遊靈峰洞記》，今據《道光樂清縣志》卷12《藝文中》校〔註279〕：

1. 子約曰譆：譆，《縣志》作「嘻」。
2. 而深莫可測：可，《縣志》無。
3. 兩傍植石欄：傍，《縣志》作「旁」。欄，《縣志》作「闌」。下文「欄」並作「闌」。
4. 設應眞像懸崖上五百：崖，《縣志》作「厓」。下文「如燕巢棲崖上」同。
5. 鳴屋簷間：鳴，《縣志》作「嗚」。
6. 即擊羅漢繩狀傍小鐘：狀，《縣志》作「床」。
7. 『憶吾兒時從先君子來』至『錄尤勝者』、『是日又欲雨』至『修遊事』、文末『蓋取昔人』一句：《縣志》無。

36／16《暮入靈巖記》，今據《道光樂清縣志》卷12《藝文中》校〔註280〕：

1. 余適小疲：余，《縣志》作「予」。
2. 急欲往：急，《縣志》作「亟」。
3. 如人之府：《縣志》作「而人府」。
4. 明日粥後：粥後，《縣志》無。
5. 滴穀石澗：石，《縣志》作「口」。
6. 長三千丈：千，《縣志》作「十」。
7. 亦三千丈：千，《縣志》作「十許」。
8. 其大柱居障右臂：障，《縣志》無。
9. 劍峰泉當居脅中：脅，《縣志》作「腋」。

36／17《靈巖二奇記》，今據《道光樂清縣志》卷12《藝文中》校〔註281〕：

1. 絕端有窪石，窪中泉冬煖如湯：窪、煖，《縣志》作「窪」、「暖」。
2. 常浴是泉，故石上有平偃跡，石室則其憩息地也：《縣志》作「常浴是泉，憩息石室中，故石上有平偃跡」。
3. 『予與客相顧竊笑』至『如木客之類』：《縣志》無。
4. 語之曰：之，《縣志》作「人」。

〔註279〕（清）鮑作雨、張振夔總修《道光樂清縣志》（下），線裝書局2009年版，第820～821頁。
〔註280〕（清）鮑作雨、張振夔總修《道光樂清縣志》（下），線裝書局2009年版，第821頁。
〔註281〕（清）鮑作雨、張振夔總修《道光樂清縣志》（下），線裝書局2009年版，第822頁。

5. 郡驛上之：驛，《縣志》無。

6. 老父，豈董五經之徒，能先知云：《縣志》無。

36／19《大龍湫記》，今據《道光樂清縣志》卷 12《藝文中》校〔註 282〕：

1. 大德七年秋八月：八，《縣志》作「七」。

2. 予嘗從老先生來觀大龍湫：老先生，《縣志》作「南山公」。

3. 乃更作兩股：乃，《縣志》作「乃見」。

4. 而其顛谺谻：顛，《縣志》作「巓」。

5. 不掛著四壁：掛，《縣志》無。

6. 東岩趾有諾詎那庵：岩，《縣志》作「崖」。

7. 水下擣大潭：擣，《縣志》作「搗」。

8. 先生曰：先生，《縣志》作「公」。

9. 是後予一歲或一至：一、或，《縣志》無。

10. 至常以九月十月：至，《縣志》無。

11. 始見瀑布垂：垂，《縣志》上有「下」。

12. 乍大乍小：《縣志》作「乍小乍大」。

13. 水落潭上窪石：窪，《縣志》作「暖」。

14. 又益壯一倍：一倍，《縣志》無。

15. 行出瑞鹿院前：前，《縣志》無。

16. 前行，人迷不得路：人，《縣志》作「者」。

17. 老先生謂南山公也：《縣志》無。

36／20《大龍湫記》，今據《道光樂清縣志》卷 12《藝文中》校〔註 283〕：

1. 望見直西北有物如高髻：望，《縣志》上有「長」。

2. 倚為指南：倚，《縣志》作「傍」。

3. 予與客從大龍湫出：與客，《縣志》無。

4. 欲宿院中，度已夜，遂從山人家宿：《縣志》作「欲宿山人家」。

5. 浩上人聞吾當至山中，來迎：《縣志》作「浩上人迎」。

6. 『庵行公營以歸老』至文末：《縣志》無。

〔註 282〕　（清）鮑作雨、張振夔總修《道光樂清縣志》（下），線裝書局 2009 年版，第 822～823 頁。

〔註 283〕　（清）鮑作雨、張振夔總修《道光樂清縣志》（下），線裝書局 2009 年版，第 823 頁。

36／20《遊惠上人開西谷記》，《道光樂清縣志》卷 12《藝文中》錄此文，
題為《遊惠上人所開西谷記》。今據校〔註284〕：

1. 南有深穀梁石：南，《縣志》無。
2. 岩下佛寺曰淨明：明，《縣志》作「名」。
3. 『遇兵焚其廬』至『而不得其間』：《縣志》無。
4. 將入門：《縣志》無。
5. 即呼溪南居媼，隔戶語僧云：《縣志》作「即呼云」。
6. 乃拔去拒門木：門，《縣志》作「戶」。
7. 『吾兒及諸生疲極』至『家僮炊未熟』：《縣志》無。
8. 予將子約出南戶：予將，《縣志》作「余持張」。
9. 或纍纍然如蜂脾綴下：脾綴下，《縣志》作「腰下綴」。
10. 頷者、眾者、仰者、歗者、羃者、訛者、傴者、喙者：頷、眾、歗、羃、喙，《縣志》作「頓」、「窊」、「嘖」、「冪」、「啄」。
11. 意此中當有大佳處耳：耳，《縣志》作「乃」。
12. 上屋上山：上屋，《縣志》無。
13. 復得石橋：復，《縣志》作「便」。
14. 兩傍夾大石壁：傍，《縣志》作「旁」。
15. 建瓴下注谷中大石上：建，《縣志》上有「出」。
16. 淨明維摩石室旁有西谷：明，《縣志》作「名」。
17. 因相遮：因，《縣志》無。
18. 『特書之』至文末，《縣志》無。

36／22《雁宕山記》，《道光樂清縣志》卷 12《藝文中》錄此文，題為《雁名山記》。今據校〔註285〕：

1. 山以雁名胡謂也：《縣志》作「山胡以雁名也」。
2. 冬春雁過，入南海：《縣志》作「雁過南海」。
3. 湖傍有比丘尼塔寺：傍，《縣志》作「旁」；比丘尼，《縣志》無。
4. 然猶遺餘地敗址：遺餘，《縣志》作「餘遺」。

〔註284〕（清）鮑作雨、張振夔總修《道光樂清縣志》（下），線裝書局 2009 年版，第 823～824 頁。
〔註285〕（清）鮑作雨、張振夔總修《道光樂清縣志》（下），線裝書局 2009 年版，第 824 頁。

5. 湖水漸淤爲葑田：水，《縣志》無。

6. 歲月浸久，彼湖皆化爲腴土：《縣志》無。

7. 十年前，有僧來乞食，因言：《縣志》作「前十年，有僧來言」。

8. 吾於前年去雁湖傍：《縣志》作「吾近於雁湖旁」。

9. 種萊菔菜：菜，《縣志》無。

10. 蹲鴟以爲餱糧：以，《縣志》無；餱，《縣志》作「餱」。

11. 予聞之，欣然止其宿：《縣志》無。

12. 去從靈雲寺南入門：去，《縣志》無。

13. 時時過極險：極，《縣志》作「絕」。

14. 日初出時上山：時，《縣志》無。

15. 正中僅可到山嶺：中，《縣志》作「午」。

16. 地爐中燒木葉、葦葉：地爐中，《縣志》無；葉，《縣志》下有「爲明」。

17. 無屋不可居也：《縣志》無。

18. 『度持二日糧乃足』至『五六年前』：《縣志》無。

19. 因往至梅雨潭：往，《縣志》作「北」。

20. 又有一寺在南山巔：巔，《縣志》作「冢」。

36／20《大龍湫記》，今據《道光樂清縣志》卷 12《藝文中》校〔註286〕：

1. 去始遊方時：去，《縣志》作「詎羅」。

2. 問田問老父『父所居云何』：《縣志》作「問田問父老所居云何」。

3. 既歿：歿，《縣志》作「沒」。

4. 其徒爲立塔廟：廟，《縣志》作「寺」。

5. 是十八寺之萌芽也：寺，《縣志》作「刹」。

6. 此非言地勢便利，其時獨可遊耳：《縣志》作「各定其可遊時耳」。

7. 兩山束澗水：水，《縣志》無。

8. 春夏，十日九霧，雨後，行人不見前行人：《縣志》作「春夏十日九霧雨，先後行人不相見」。

9. 又馬蜞毒物，善齧人，緣木葉草末：《縣志》作「又多馬蜞，緣草木枝」。

10. 出血數升：《縣志》作「齧出血數升，燒竹葉塗創乃愈」。

11. 無秋毫遮蔽：《縣志》無。

〔註286〕 （清）鮑作雨、張振夔總修《道光樂清縣志》（下），線裝書局 2009 年版，第 824～825 頁。

12. 皆嘗爲大官而能留連山谷中：《縣志》作「皆常能留連山谷中」。

13. 『螘善齧人』至文末，《縣志》無。

張起岩

36／74《漢泉漫稿序》，今據陸心源《皕宋樓藏書志》卷 98〔註287〕校：

1. 年耆曼矣：曼，《藏書志》作「艾」。

祝蕃

36／198《明堂賦》，今據《歷代賦匯》校〔註288〕：

1. 列筵度步：步，《賦匯》作「位」。

2. 審麯麵執：執，《賦匯》作「勢」。

3. 倣合宮之陰陽：合，《賦匯》作「紫」。

4. 若夫東西南朔之修廣：朔，《賦匯》作「北」。

5. 采橡不琢：橡，《賦匯》作「緣」。

6. 亦且開其左右：且，《賦匯》作「互」。

7. 或巡狩而省斂：而，《賦匯》作「以」。

8. 啓元堂之左爲其右：元，《賦匯》作「玄」。下文『天子乃御於元堂』同。

9. 殷以仲冬：以，《賦匯》作「於」。

10. 斯中處乎太室：乎，《賦匯》作「於」。

李仲楠

36／211《祭疊山先生》，據宋謝枋得《疊山集·附錄》〔註289〕校：

1. 旐翩翩兮來還：還，《附錄》作「遷」。

2. 文山之沒也：沒，《附錄》作「歿」。

3. 予不能行千載心之所難：不，《附錄》作「莫」。

4. 俾得與夷：夷，《附錄》作「彝」。

〔註287〕（清）陸心源《皕宋樓藏書志》，《續修四庫全書》第 929 冊，上海古籍出版社 1996 年版，第 426～427 頁。

〔註288〕（清）陳元龍輯《歷代賦匯》，江蘇古籍出版社、上海書店 1987 年版，第 302 頁。

〔註289〕（南宋）謝枋得《疊山集》，景印文淵閣四庫全書第 1184 冊，臺灣商務印書館 1986 年版，第 911～912 頁。

5. 西風老淚：淚，《附錄》作「眼」。

6. 尚享：享，《附錄》作「饗」。

周岳

36／212《祭謝疊山先生》，據宋謝枋得《疊山集・附錄》〔註290〕校：

1. 自孤竹君二子，以及漢之龔勝至先生：《附錄》作「自商彝齊漢龔勝至先生」。

2. 特太空之浮云：空，《附錄》作「虛」。

3. 但知先生文章之渾浩：但，《附錄》上有「人」。

4. 彼何謂者：謂，《附錄》作「為」。

5. 使同豕畜之馴：豕畜，《附錄》作「犬羊」。

6. 駕赤虯以揚武兮：揚武，《附錄》作「北征」。

7. 盼六合於一塵：盼，《附錄》作「眇」。

8. 厭下土之擾攘兮：擾攘，《附錄》作「腥」。

9. 一死得所兮：所，《附錄》上有「其」。

10. 夷齊龔勝不得專美於前兮：夷，《附錄》作「彝」。

11. 安知如房杜王魏輩：知，《附錄》作「能」。

熊忠

36／230《古今韻會舉要序》，《全元文》據元刻明修本《古今韻會舉要》錄文。今據清代謝啟昆《小學考》〔註291〕、陸心源《皕宋樓藏書志》卷17〔註292〕校：

1. 自南史沈約撰《類譜》：沈，《藏書志》無。

2. 儒紳論卞：卞，《小學考》作「葉」。

3. 始稱字書：稱，《小學考》、《藏書志》作「秤」。

4. 古先聖人以聲為律：先，《小學考》無；聲，《小學考》作「音」。

5. 陸自得之秘：秘，《小學考》、《藏書志》作「私」。

〔註290〕（南宋）謝枋得《疊山集》，景印文淵閣四庫全書第1184冊，臺灣商務印書館1986年版，第912頁。

〔註291〕（清）謝啟昆《小學考》，《續修四庫全書》第922冊，上海古籍出版社1996年版，第433頁。

〔註292〕（清）陸心源《皕宋樓藏書志》，《續修四庫全書》第928冊，上海古籍出版社1996年版，第192頁。

李果

36／294《風俗通議序》〔註293〕，今據陸心源《皕宋樓藏書志》卷 57（按：《藏書志》著錄《風俗通義》，作「通議」誤）〔註294〕校：

1. 尚缺焉：缺，《藏書志》作「闕」。
2. 錫守劉平乂一見：乂，《藏書志》作「父」。
3. 余深嘉教之浹洽：教，《藏書志》上有「文」。

石登

36／353《重修文廟記》，《全元文》據清嘉慶十七年續修刻本《江津縣志》錄文。重收於第 59 冊 315 頁，題為《重修江津縣學宮記》，據民國十三年（1924）《江津縣志》錄文。今據以校：

1. 昔人所建者：者，民國本無。
2. 無人焉以主之也：焉，民國本作「專」。
3. 曾不踰時而氣象一新：曾，民國本無。

劉應雄

36／354《潮陽縣東山張許廟記》，《全元文》據《永樂大典》錄文。此文亦載於清代周碩勳《乾隆潮州府志》卷 41《藝文中》（阮元《道光廣東通志》卷 148《建置略》24〔註295〕同），題為《靈威廟碑》。今據以校證〔註296〕：

1. 『人固有一死』至『亦不爲徒喪矣』：《府志》無。
2. 有如張許二公：有，《府志》作「夫烈士舍生取義，祀非所計而必祀之者，義也」。
3. 支汗血累戰之憊，扞矢石四面之攻：《府志》作「汗血累戰，四面矢石」。
4. 不疚於回，寧以義殉：不疚於回，《府志》無；寧，《府志》作「卒」。

〔註293〕按：清代吳壽暘《拜經樓藏書題跋記》卷 4 著錄《風俗通義》，稱「李果」當爲「李晦」。丁丙《善本書室藏書志》亦同此論。胡玉縉《四庫全書總目提要補正》卷 36 有考辨。參吳壽暘《拜經樓藏書題跋記》，上海古籍出版社 2007 年版，第 106 頁；胡玉縉《四庫全書總目提要補正》，中華書局 1964 年版，第 961 頁。

〔註294〕（清）陸心源《皕宋樓藏書志》，《續修四庫全書》第 928 冊，上海古籍出版社 1996 年版，第 626 頁。

〔註295〕（清）阮元《道光廣東通志》，清道光二年刻本。

〔註296〕（清）周碩勳《乾隆潮州府志》，《中國方志叢書》第 46 號，成文出版社 1967 年版，第 1040～1042 頁。

5. 挺身爲東南之長城，而橫遏之功不在太師臨淮下：《府志》作「論者謂東南保障功不在太尉臨淮下」。

6. 聞之者猶膽掉眥裂，毛髮灑析：《府志》無。

7. 凜然見先軫如生之面：《府志》作「猶凜凜見先軫之面如生」。

8. 詎非麗天炯炯之五行，宅土茫茫之上黨者與：《府志》無。

9. 唐皇養虎遺患：唐，《府志》上有「慨夫」。

10. 致漁陽鼙鼓之震：《府志》無。

11. 河朔二十四郡且不能支：且，《府志》作「皆」。

12. 矧九州之上腴：《府志》無。

13. 自開元晏粲以來：晏粲，《府志》無。

14. 聞角聲而隕淚如雨者眾矣：隕，《府志》下有「淚」。

15. 翠華搖搖，倉皇幸蜀之辟：《府志》作「翠華幸蜀，六軍擾擾」。

16. 嘘唏割愛之懲：《府志》作「唏嘘割愛」。

17. 賴天地之靈，宗廟之福：《府志》作「賴天地宗廟之靈」。

18. 二三豪傑整頓乾坤：整頓，《府志》作「重整」。

19. 儲皇即真於靈武：真於，《府志》作「位」。

20. 祿兒霣矣：兒霣，《府志》作「山殂」。

21. 而逐在野之鹿：《府志》無。

22. 尹子奇、同羅、突厥、奚勁兵與楊朝宗合攻睢陽睢陽：《府志》作「至德二載，安慶緒遣梟將尹子奇合十萬之眾寇睢陽」。

23. 張公志吞逆雛，擁兵三千：志吞逆雛，《府志》無。

24. 復益兵攻圍愈急：攻，《府志》無。

25. 使霽雲求援於賀蘭，此申包胥哭於秦庭時也：霽雲，《府志》上有「南」；此申包胥哭於秦庭時也，《府志》無。

26. 『而援兵不至』至『而餽餉不給』五句：《府志》作「而援兵不至，餽餉不給」。

27. 二公謂睢陽爲江淮之保障：之，《府志》無。

28. 惜乎兵羸勢蹙城：惜乎，《府志》作「迨」。

29. 爲厲以去賊：以去，《府志》作「鬼殺」。

30. 穹示鬼神：《府志》作「穹蒼神鬼」。

31. 當時猶有議者：者，《府志》上有「之」。

32. 賴韓昌黎辭而辟之：賴韓昌黎，《府志》作「韓公」。

33. 肆今崇祀：肆，《府志》作「至」。

34. 隸韓公過化之鄉：韓公，《府志》作「昌黎」。

35. 意皆精靈之合，以韓公爲知己，故翩然被髮而下大荒：《府志》作「曠世知己，故精靈之合有不期然而然者」。

36. 不然，神之周如水之行地中：然，《府志》作「則」；之，《府志》均無。

37. 何乃洋洋於潮之子男邦耶：子男邦，《府志》作「一隅」。

38. 相廟初基：《府志》作「廟初建」。

39. 宋熙宗間：宗，《府志》作「寧」，是。

40. 『郡遣軍校鍾英部領方物貢於朝』至『鍾旋踵而立化』：《府志》作「軍校鍾英賚貢入京，道出睢陽，禱於雙忠廟。夢神告以遺像處，命昇歸祀之東山。事竣還過廟，如神指。探寢殿匱中，果得銅像十二、銅輥二以歸，置諸東岳祠，俄而英立化」。

41. 『邑人驚異』至『廟祀浸疏』一節：《府志》作「邑人驚異，白有司，請移東嶽以宅。張、許由是有禱輒應，事聞，賜廟額曰『靈威』。二公冊封王爵，英亦封嘉祐侯。其來尚矣，中罹兵燬，廟祀漸疏」。

42. 『大德末年』至『故特祀之』一節：《府志》作「大德末年，邑令袁天漢與進士趙嗣助倡眾重建。廟制三門兩廡，前後殿三十二椽，肖像居中，旁繪同難者若干人。儀衛、甲仗駢生於壁楯間，如見當年握拳噴血時也。嘉祐侯實肇始者故並祀之」。

43. 經始於至大戊申冬，落成於皇慶壬子春，糜楮幣二萬五千餘緡：冬、春，《府志》無；糜，《府志》作「麋」。

44. 歲時薦奠者鱗集：歲時，《府志》無。

45. 『雨暘若而災沴消』至『惡有冰天桂海之異哉』：《府志》無。

46. 『皇元統一』至『雖萬世猶一日也』：《府志》作「噫！人而神之，神而王之。至今潮之人士信之，深思之至。焄蒿悽愴，以尊祀韓公者而祀二公，庸非有功於民者哉」。

47. 扞蔽江淮嬰狐塘：扞、狐，《府志》作「捍」、「孤」。

48. 生爲人英沒愈雄，桓圭丹爲膺王封：沒、丹，《府志》作「歿」、「赤」。

49. 吏民蕆祀端厥躬：蕆，《府志》作「歲」。

50. 趙公精誠與神通，植僵起廢新斯宮：《府志》無。

黃向

36／388《天妃廟迎送神曲》,《全元文》據《江蘇通志稿·金石二一》錄文。
今據明代李詡《續吳郡志》校〔註297〕:

1. 海道都漕運萬戶府初建天妃廟吳郡:漕運,《續吳郡志》無。
2. 吳公漢傑俾教護:公,《續吳郡志》無。
3. 屬功課章程焉:屬,《續吳郡志》作「居」。
4. 故興化軍莆田縣湄洲林氏女:洲,《續吳郡志》作「州」。
5. 威福□著:□,《續吳郡志》作「烜」。
6. 咸恃□為命:□,《續吳郡志》作「以」。
7. 所至奉祠:至,《續吳郡志》作「致」。
8. 號封已顯:已,《續吳郡志》作「於」。
9. 歲輸粟京師數百萬石:歲,《續吳郡志》無。
10. 於今五十有餘載:餘,《續吳郡志》作「五」;載,《續吳郡志》下有「矣」。
11. 下及庶人在官:人,《續吳郡志》無。
12. 無有聲色之駭:有,《續吳郡志》無;駭,《續吳郡志》作「顧」。
13. 雖聖元如天之福:雖,《續吳郡志》無。
14. 祠曹改請:改,《續吳郡志》作「致」。
15. 累封護國庇民廣濟明著天妃:著,《續吳郡志》作「彰」。
16. 海春夏再起運:海,《續吳郡志》作「每」;再,《續吳郡志》無。
17. 牲號祝幣:號,《續吳郡志》作「□」。
18. 視□瀆□加焉:□、□,《續吳郡志》作「嶽」、「有」。
19. 天下至險:至,《續吳郡志》作「之」。
20. 神實祐之:祐,《續吳郡志》作「祐」。
21. 是在禮所應□祀也:□,《續吳郡志》作「得」。
22. 況□輸要衝:□,《續吳郡志》作「委」。
23. 尤□事宜:□,《續吳郡志》作「適」。
24. □□□□弗稱展謁:□□□□,《續吳郡志》作「偓陋喧湫」。
25. 長帥迷的失剌公及諸□□謀用克協:□□,《續吳郡志》作「佐貳」。
26. □弗廢其祀:□,《續吳郡志》作「亦」。

〔註297〕 (明)李詡《續吳郡志》,《中國方志叢書》華中地方第445號,臺灣成文出版社1983年版,第147~151頁。

27. 張公友諒實來督輸：輸，《續吳郡志》作「粟」。

28. 大稱神居矣：居，《續吳郡志》作「君」。

29. 府史王彬亦與有勞焉：史，《續吳郡志》作「吏」；與，《續吳郡志》無。

30. 吳君□復爲之論列：□，《續吳郡志》作「且」。

31. 蕆祀報功：祀，《續吳郡志》作「記」。

32. 結綺疏兮邃房：結，《續吳郡志》作「浩」。

33. 信美兮蓀土：蓀，《續吳郡志》作「茲」。

34. 析木之野兮□吳之邦：□、之，《續吳郡志》作「句」、「故」。

35. 龍爲輈兮：輈，《續吳郡志》作「舟」。

36. 篋絲兮摩竹：篋、摩，《續吳郡志》作「緪」、「□」。

37. 五□兮四會：□，《續吳郡志》作「變」。

38. 靈之來兮祜福：祜，《續吳郡志》作「祐」。

39. 縶□人兮爲囚：□，《續吳郡志》作「諷」。

40. 繳颽母兮青丘：繳，《續吳郡志》作「徼」。

41. 孰陽侯兮敢怒：孰，《續吳郡志》作「執」。

42. 使海若兮要流：要，《續吳郡志》作「安」。

43. 颺遊萬舸兮翼如云：遊，《續吳郡志》作「桴」。

44. 載困兮載倉：兮，《續吳郡志》無。

45. 維億兮維□：□，《續吳郡志》作「秭」。

46. 噫天子仁聖兮大波不揚：仁聖，《續吳郡志》作「聖壽」。

47. 泰定四年七月甲子：甲子，《續吳郡志》作「吉日」。

48. 句章黃向爲文：爲文，《續吳郡志》作「撰」。

黃鎮成

36／504《秋聲集自序》，今據陸心源《皕宋樓藏書志》卷 102〔註298〕校：

1. 通之爲語言：語言，《藏書志》作「言語」。

2. 獨秋或有或無：秋，《藏書志》下有「聲」。

3. 猶假物以爲言也：言，《藏書志》上有「聲」。

4. 秋聲子自序：序，《藏書志》作「敘」。

〔註298〕 （清）陸心源《皕宋樓藏書志》，《續修四庫全書》第 929 冊，上海古籍出版社 1996 年版，第 470 頁。

36／506《易象圖說序》，今據陸心源《皕宋樓藏書志》卷 50〔註299〕校：

1. 而尤邃於《易》：邃，《藏書志》作「遽」。

36／510《鶴田集序》，今據陸心源《皕宋樓藏書志》卷 109〔註300〕校：

1. 詩文凡若干篇：篇，《藏書志》作「編」。

2. 學益精，聞見益廣：見，《藏書志》無。

3. 因得敘其梗概：敘，《藏書志》作「序」。

4. 文末，《藏書志》有「至正十七年春文林郎江西等處儒學副提舉邵武黃鎮（按：脫「成」）序」。

第 37 冊

白雄飛

37／126《故惠泉散叟顯翁先生李府君墓誌銘》，《全元文》據民國十一年鉛印本《無錫志》錄文。今據明代《無錫縣志》卷 4 下〔註301〕校：

1. 故惠泉散叟顯翁先生李府君墓誌銘：叟，《縣志》作「更」。下文「惠泉散叟李顯翁先生病革」、「自號惠泉散叟」同同。

2. 而竟不復言：言，《縣志》作「語」。

3. 從太守石株公詣門往弔：株，《縣志》作「抹」。

4. 南渡後居於常：後，《縣志》有「復」。

5. 曾祖洋、祖正誼：祖洋，《縣志》無。

6. 其猶子齋率、齋棟：齋率，《縣志》作「率」，脫「齋」。

7. 壬戌魁省：魁省，《縣志》作「省魁」。

8. 得其肆意簡編教子：其，《縣志》作「以」。

9. 忌勢利，齊物我：忌，《縣志》作「忘」。

10. 知其為錫山之一逸民也：知，《縣志》上有「庶」。

〔註299〕（清）陸心源《皕宋樓藏書志》，《續修四庫全書》第 928 冊，上海古籍出版社 1996 年版，第 553～554 頁。

〔註300〕（清）陸心源《皕宋樓藏書志》，《續修四庫全書》第 929 冊，上海古籍出版社 1996 年版，第 549 頁。

〔註301〕（明）佚名《無錫縣志》，景印文淵閣四庫全書第 492 冊，臺灣商務印書館 1986 年版，第 781～782 頁。

11. 充慶元慈湖書院山長：充，《縣志》上有「玷」。

12. 學者儀型：型，《縣志》作「刑」。

段禧

37／110《重修段干木廟記》，《全元文》據清乾隆二十八年本《芮城縣志》錄文。今據明代胡謐《成化山西通志》卷 14〔註302〕校：

1. 蓋文侯德雖隆：德，《通志》下有「業」，是。與下句「才智雖沒」相對。

2. 然其含章深晦：然其，《通志》下有「卷懷有道，遜默保身」。

3. 愈久不替也哉：替，《通志》作「潛」。

4. 嘗記兒時處河間郡：河間，《通志》作「齊何」。

5. 仰瞻其碑：仰，《通志》作「件」。

6. 惜不載其鄉土：土，《通志》作「玉」。

7. 承乏河東漕倅：乏、倅，《通志》作「之」、「遠」。

8. 取道京洛：洛，《通志》作「落」。

9. 是邑民聚村落：村，《通志》作「之」。

10. 翌日，趨任受職：翌、任，《通志》作「翼」、「仕」。

11. 偕祭而返：返，《通志》作「反」。

12. 詰旦：詰，《通志》作「語」。

13. 亦廁宗勝觀冊：亦廁，《通志》作「在」。

14. 僅有故墓而已：墓，《通志》作「基」。下文「神林之墓壞碑傍僕」、「段邸之墓」同。

15. 字畫剝蝕：蝕，《通志》作「落」。

16. 接語歡洽：接，《通志》作「投」。

17. 豈苟歆非類：豈，《通志》下有「肯」。

18. 而世守其祀爲無憾：祀，《通志》作「祖」。

19. 顧茲廢跡：跡，《通志》作「址」。

20. 禧忝末屬：忝，《通志》作「口泰」。

21. 報本追遠：追，《通志》作「□」。

22. 惟父惟兄：《通志》作「口父若兄」。

23. 欲畢前圖：欲，《通志》作「□」。

〔註302〕（明）李侃、胡謐纂修《成化山西通志》，《四庫全書存目叢書》史部第 174 冊，齊魯書社 1996 年版，第 534 頁。

24. 但遣書諄囑屢矣：遣，《通志》作「遺」。
25. 皆□□而詳記始末：□□，《通志》作「不書」；詳記，《通志》下有「經營」。
26. 督視左右工役之勞：左右，《通志》作「佐祐」。
27. 繫之詞曰：詞，《通志》作「辭」。

潘東明

37／191《浮梁州建學記》，《全元文》據元刻本《運使復齋郭公敏行錄》錄文。今據宛委別藏本〔註303〕校：

1. 毅然以宮牆爲己任：以，宛委本下有「□」。
2. 川瀇山積：瀇，宛委本作「溺」。
3. 愚嘗觀前代記建學者：代，宛委本下有「之」。
4. 我驚突兀有神功：兀，宛委本作「厄」。

潘必大

37／193《問民疾苦》。《全元文》據元刻本《運使復齋郭公敏行錄》錄文。今據宛委別藏本校：

1. 仄聞明公自下車來：仄、來，宛委本作「及」、「以來」。
2. 亦猶是也：猶，宛委本作「如」。
3. 此必大於爲學之道：於，宛委本作「有」。
4. 以觀之光：觀，宛委本下有「國」。
   按：《周易‧觀》六四：「觀國之光，利用賓於王。」
5. 而合郡或不薦一人：薦，宛委本作「錄」。
6. 流民非不招也：招，宛委本作「詔」。

趙孟傑

37／208《醮山記》，《全元文》據油印本《博羅縣志》錄文。今據清代宋廣業《羅浮山志會編》卷12〔註304〕校：

1. 而夜轉星移：而，《會編》作「已而」，是。

〔註303〕（元）鄧文原《運使復齋郭公敏行錄》，宛委別藏本。
〔註304〕（清）宋廣業《羅浮山志會編》，《續修四庫全書》第725冊，上海古籍出版社1996年版，第683頁。

陳旅

37／219《瓊芽賦》，據《歷代賦匯》校〔註305〕：

1. 皆不足以盡芍藥之妙：足，《賦匯》無。
2. 而不欲以它伎自衒：它，《賦匯》作「他」。
3. 而生徵余賦：餘，《賦匯》作「予」。
4. 緊神皐之灑迤兮：灑，《賦匯》作「灑」。
5. 余常策馬而孤征：常，《賦匯》作「嘗」。
6. 蓋淹之以爲菹兮：淹，《賦匯》作「醃」。
7. 則紉蘭而佩之：而，《賦匯》作「以」。
8. 燥之以夫遂：遂，《賦匯》作「燧」。
9. 諸柘色且甘：柘色，《賦匯》作「拓巴」。
10. 皆菸邑以無色：菸，《賦匯》作「於」。

  按：《楚辭·九辨》：「葉菸而無色兮，枝煩挐而交橫。」

11. 甘退列於下左：左，《賦匯》作「佐」。

37／221《味經堂賦》，據《歷代賦匯》校〔註306〕：

1. 其辭曰：辭，《賦匯》作「詞」。
2. 物之順兮：順，《賦匯》作「頤」。
3. 免薨之備：免，《賦匯》作「兔」。
4. 匕梜不運：梜，《賦匯》作「挾」。
5. 氣脈之息：脈，《賦匯》作「味」。
6. 維穰之皐：穰，《賦匯》作「纕」。
7. 靜且弗敖：敖，《賦匯》作「教」。
8. 人方噬口兮：□，《賦匯》作「肺」。

  子之厚也以醪：厚，《賦匯》作「醇」。

9. 有擇之精兮：擇，《賦匯》作「澤」。

〔註305〕（清）陳元龍輯《歷代賦匯》，江蘇古籍出版社、上海書店 1987 年版，第 605 頁。

〔註306〕（清）陳元龍輯《歷代賦匯》，江蘇古籍出版社、上海書店 1987 年版，第 692 頁。

37／247《國朝文類序》，今據陸心源《皕宋樓藏書志》卷 116〔註307〕校：

1. 鴻生儁老：儁，《藏書志》作「雋」。

2. 監察御史鎮陽蘇天爵伯修慨然有志於此：監察御史鎮陽，《藏書志》作「翰林待制趙郡」。

3. 以爲秦漢魏晉之文則收於《文選》：文選，《藏書志》作「選」。

4. 以國朝文章之盛：以，《藏書志》無；朝，《藏書志》作「家」。

   按：四庫本《安雅堂集》亦無「以」〔註308〕。

5. 乃搜摭國初至今名人所作：搜，《藏書志》作「蒐」。

6. 奏議雜著：奏，《藏書志》作「奉」，無。

7. 然所取者必有其繫於政治：有其，《藏書志》作「其有」。

   按：四庫本《安雅堂集》亦作「其有」。

8. 遑及它人之文與天下之事哉：它，《藏書志》作「他」。

   按：四庫本《安雅堂集》亦作「他」。

9. 伯修學深而識正：深，《藏書志》作「博」。

   按：四庫本《安雅堂集》亦作「博」。

10. 文末，《藏書志》有「元統二年五月五日將仕佐郎國子助教陳旅序」。

37／256《周此山集序》，今據陸心源《皕宋樓藏書志》卷 98〔註309〕校：

1. 日鍛月鍊：鍛、鍊，《藏書志》作「煆」、「煉」。

2. 曾不若昔時閭巷刺草之言：刺草，《藏書志》作「美刺」。

3. 周此山先生自括蒼來京師：周此山周此山，《藏書志》作「此山周」。

4. 窮而無所遇者：遇，《藏書志》作「寓」。

5. 既而託跡丘園：丘，《藏書志》作「邱」。

6. 此詩蓋余所謂未見者乎：余所謂，《藏書志》作「山林之磈礧，而予所」。

7. 因爲選其最佳者：此句，《藏書志》上有「故閱之不能去手」。

8. 題爲《周此山先生集》云：周，《藏書志》無。且此句下《藏書志》有「登仕郎浙江等處儒學副題舉陳旅書」。

〔註307〕　（清）陸心源《皕宋樓藏書志》，《續修四庫全書》第 929 冊，上海古籍出版社 1996 年版，第 621～622 頁。

〔註308〕　（元）陳旅《安雅堂集》卷四，景印文淵閣四庫全書第 1213 冊，臺灣商務印書館 1986 年版，第 45～46 頁。

〔註309〕　（清）陸心源《皕宋樓藏書志》，《續修四庫全書》第 929 冊，上海古籍出版社 1996 年版，第 432 頁。

按：《全元文》據四庫本《此山詩集・序》補『此山詩』至『旅又序』一段。據『旅又序』可知是另一文。今據《藏書志》文末「登仕郎浙江等處儒學副題舉陳旅書」，亦可證知。

9. 余爲校選：余，《藏書志》作「予」。

37／263《佩玉齋類稿序》，今據元代楊翮《佩玉齋類稿》卷首〔註310〕、陸心源《皕宋樓藏書志》卷108〔註311〕校：

1. 使忽忽以老：以，《藏書志》作「於」。
2. 出示近槀一帙：一，《類稿》、《藏書志》作「兩」。
3. 冠士冠：《類稿》、《藏書志》作「夫冠士冠」。
4. 可謂卓然出於千百之中：百，《藏書志》作「里」。
5. 仕塗方開：塗，《藏書志》作「途」。
6. 文末，《類稿》、《藏書志》有「至元後丙子歲九月二十一日陳旅序」。

37／275《馬中丞文集序》，今據陸心源《皕宋樓藏書志》卷100〔註312〕校：

1. 緐瘠、廉肉之節：緐，《藏書志》作「繁」。
2. 與歐、曾、王、蘇數子之文：王蘇，《藏書志》作「蘇王」。
3. 而其運往治阤：阤，《藏書志》作「弛」。
4. 公蚤歲吐辭：蚤，《藏書志》作「早」。
5. 古詩以漢魏：以，《藏書志》作「似」。
6. 斯言得西漢之體：言，《藏書志》作「語」。
7. 故貴有師授：貴，《藏書志》作「自」。
8. 吾固自知吾之所以爲者：以，《藏書志》無。
9. 又豈緐有所授而然哉：豈，《藏書志》作「其」。
10. 淮東憲使趙郡蘇天爵伯修匯公文稿若干卷：伯修，《藏書志》下有「甫」。
11. 文末，《藏書志》有「應奉翰林文字從事郎同知制誥兼國史院編修官陳旅序」。

〔註310〕（元）楊翮《佩玉齋類稿》，景印文淵閣四庫全書第1220冊，臺灣商務印書館1986年版，第50～51頁。
〔註311〕（清）陸心源《皕宋樓藏書志》，《續修四庫全書》第929冊，上海古籍出版社1996年版，第535～536頁。
〔註312〕（清）陸心源《皕宋樓藏書志》，《續修四庫全書》第929冊，上海古籍出版社1996年版，第445～446頁。

37／322《菌閣石記》，今據元代張雨《句曲外史集・附錄》〔註313〕、明代陳讓、夏時正纂修《成化杭州府志》卷6〔註314〕校：

1. 菌閣石記：《詩集》作「張外史馬塍菌閣記」、《府志》作「菌閣記」。
2. 錢塘邑屋叢湊數十里：塘，《詩集》、《府志》作「唐」；湊，《詩集》作「輳」。
3. 而歌笙粉黛：歌笙，《詩集》、《府志》作「笙歌」。
4. 而亦幽靜者之所處也：《詩集》無。
5. 至元後丙子歲：後丙子歲，《詩集》作「間」。
6. 『外史杭人』至『治地戒公』：《詩集》無。
7. 餘壤雜載草樹：載，《府志》作「栽」。
8. 『南向以二廡翼』至『益構佳卉植其下』：《詩集》作「桂卉叢植」。翼，《府志》下有「之」；購，《府志》作「構」。
9. 蓋得衝覽之會焉：焉，《詩集》作「者」。
10. 吳興趙文敏公篆榜：榜，《詩集》、《府志》作「牓」。
11. 極高古：高，《詩集》、《府志》無。
12. 意扁舟往來所至，在菌山也：至，《詩集》作「志」。《詩集》錄文僅至此，以下無。
13. 去則明宇處守：去，《府志》作「此」。
14. 視人世猶棄帋也：帋，《府志》作「帑」。
15. 求至人於芴漠之墟：芴，《府志》作「廣」。
16. 子遊方之內者：方，《府志》無。
17. 並乃邑郛：郛，《府志》作「郭」。
18. 風趣孤夐：夐，《府志》作「潔」。

37／431《祭鏡助教文》，今據楊訥、李曉明編《文淵閣四庫全書補遺（集部）》第四冊《安雅堂集》卷13〔註315〕校：

1. 相與哭言：哭，《補遺》作「笑」。

〔註313〕 （元）張雨《句曲外史集》，景印文淵閣四庫全書第1216冊，臺灣商務印書館1986年版，第417頁。
〔註314〕 （明）陳讓、夏時正纂修《成化杭州府志》，《四庫全書存目叢書》史部第175冊，齊魯書社1996年版，第90頁。
〔註315〕 楊訥、李曉明編《文淵閣四庫全書補遺（集部）》（第3冊），北京圖書館出版社1997年版，第721頁。

第 38 冊

張樞

38／576《徐見心詠史詩序》，《全元文》據明萬曆三十四年刻本《蘭溪縣志》錄文。今據陸心源《皕宋樓藏書志》卷 93〔註316〕校：

1. 見心先生世業《周禮》：業，《藏書志》作「秉」。

2. 而留意於舊史：而，《藏書志》作「尤」。

3. 睹前代舊事而行之賦詠：舊、之，《藏書志》作「遺」、「諸」。

4. 風刺昭示而無遺焉：焉，《藏書志》下有「爾」。

5. 先生之志可謂厚矣：可，《藏書志》上有「亦」。下有脫文，《藏書志》有「抑樞聞之，觀於史者必本諸經。經者，所以權衡以理事爲之衷者也。不本諸經而徒觀於史，於善惡得失又將安所取衷哉。先儒謂善觀史者，若能吏之治獄，傳猶成案，經猶律令也。先以成案處議，而以律法決之，則十不失其一矣。今先生既留意於史，而能一本於經，宜其事理粲然，目擊而備。若猱人之爲塗，郢人之爲斲，同工並用，無有不合者矣。使昧者爲之則事理喧挐，是非眩騖，外之多敵而中焉乏守。政復五行俱下，萬言成誦，罄往古之遺蹤，窮竹帛之紀載，祇足以備遊談、資末議。其於修己治人之道，蓋枵然而已爾」。

6. 字秉國：《藏書志》下有「蘭谿人」。

7. 樞之從舅也：舅，《藏書志》下有「父」。

8. 日以詩集文章自娛：詩集文章，《藏書志》作「經籍文史」。

9. 與仁山金先生有雅：《藏書志》作「同郡仁山金先生與先生有雅」。

10. 故延致之以教諸子：故、教，《藏書志》下有「晚」、「授」。

11. 且朝夕惕勵：勵，《藏書志》作「屬」。

12. 而其暇豫作爲賦詠：而，《藏書志》作「時」。

13. 其子請白雲許先生爲序作詩之故：白雲，《藏書志》作「金華」；序，《藏書志》下有「所以」。

14. 樞義不容辭，遂衍其說：容辭、衍，《藏書志》作「得讓」、「術」。

〔註316〕 （清）陸心源《皕宋樓藏書志》，《續修四庫全書》第 929 冊，上海古籍出版社 1996 年版，第 364～365 頁。

15. 以繹其義云：此處有脫文，《藏書志》作「以釋其義。先生之孫機，有志於學者也。予懼其徒觀於史而不本諸經，迺諄復先志以申勸厥衷，庶克紹家學以世濟其美。始於爲己，推以蒞人，無往而不合者也。則是詩之作，獨以可淹詠資論辨而已哉。至正五年乙酉夏四月癸卯，從甥東陽張樞敬序。」

第 42 冊

楊維楨

42／4《心樂齋志》，今據楊訥、李曉明編《文淵閣四庫全書補遺（集部）》第四冊《東維子集》卷 22〔註317〕校：

1. 其於聖人之心樂：於，《補遺》作「與」。

42／5《養浩齋志》，今據楊訥、李曉明編《文淵閣四庫全書補遺（集部）》第四冊《東維子集》卷 22〔註318〕校：

1. 豈不浩然已乎：已，《補遺》作「矣」。
2. 禮部泰不花公既爲書之：泰不花，《補遺》作「臺哈巴哈」。
3. 余爲推其浩之有失得：失得，《補遺》作「得失」。

42／137《曲生傳》，今據明代陳邦俊《廣諧史》〔註319〕校：

1. 曰需：需，《廣諧史》作「濡」。
2. 則斥曰離：離，《廣諧史》作「釃」。
3. 孕於曲母媒：媒，《廣諧史》上有「高」。
4. 其人嘔嘔溫雅：嘔嘔，《廣諧史》作「區區」。
5. 無不睟而陶出其性眞：而，《廣諧史》作「面」。
6. 然以爲剛則悍怒者化柔嘿：嘿，《廣諧史》作「默」。
7. 懁者挾之有奮：懁，《廣諧史》作「儒」。

〔註317〕 楊訥、李曉明編《文淵閣四庫全書補遺（集部）》（第 3 冊），北京圖書館出版社 1997 年版，第 891～893 頁。

〔註318〕 楊訥、李曉明編《文淵閣四庫全書補遺（集部）》（第 3 冊），北京圖書館出版社 1997 年版，第 893～896 頁。

〔註319〕 （明）陳邦俊《廣諧史》，《四庫全書存目叢書》子部第 252 冊，齊魯書社 1997 年版，第 264～265 頁。

8. 時先自答其繇曰：答，《廣諧史》作「筮」。

9. 勿用甘言：用，《廣諧史》作「至」。

10. 至商武丁舉傅說：至，《廣諧史》上有「迨」。

11. 君子始信禹誡之不人妄也：人，《廣諧史》無。

12. 大酋監之：大酋，《廣諧史》作「太尊」。

13. 幾以薄德陷公於楚：公，《廣諧史》上有「共」。

14. 府吏關椎：關，《廣諧史》作「闕」。

15. 生隨好事者時時至揚子雲家：揚，《廣諧史》作「楊」。

16. 曹操枋國：枋，《廣諧史》作「柄」。

17. 無校計：校，《廣諧史》作「較」。

18. 非人取量若此：人，《廣諧史》作「所」。

19. 末與王永安婦交掌娛人：末，《廣諧史》作「未」。

20. 上見其貌古而中粹然：中，《廣諧史》上有「平」。

21. 余嘗疑曲生之為人稱聖矣：余，《廣諧史》作「予」。

22. 又何其唯唯耶：唯唯，《廣諧史》作「雅雅」。

23. 良將仗一簞投河上：仗，《廣諧史》作「伏」。

24. 觀其生之用而卜成敗：其，《廣諧史》作「於」。

25. 雖千世何知己：何，《廣諧史》作「可」。

42／142《白咸傳》，今據明代陳邦俊《廣諧史》〔註320〕、詹景鳳《古今寓言》〔註321〕校：

1. 共祭祀賓客膳羞事：共，《廣諧史》、《寓言》均作「供」。

2. 子姓昌熾：姓，《廣諧史》、《寓言》均作「孫」。

3. 環水以自國：國，《廣諧史》、《寓言》均作「固」。

4. 其最功者名成金：最，《廣諧史》、《寓言》下有「有」。

5. 俾世子孫食邑凡若干戶：世，《廣諧史》、《寓言》無。

6. 與母富氏媚禱於灶：媚，均作「娟」。

7. 而世未薦進於上者：未，《廣諧史》、《寓言》下有「有」。

〔註320〕 （明）陳邦俊《廣諧史》，《四庫全書存目叢書》子部第252冊，齊魯書社1997年版，第266頁。

〔註321〕 （明）詹景鳳《古今寓言》，《四庫全書存目叢書》子部第252冊，齊魯書社1997年版，第117～118頁。

8. 咸所謂江漢濯而秋暘暴暠乎：暘、暠，《廣諧史》、《寓言》作「陽」、「皜皜」。

9. 武帝元封間：封，《寓言》作「豐」，誤。

10. 職列大農：大農，《廣諧史》、《寓言》作「大司農」。

11. 時洛陽賈人桑弘羊：陽，《廣諧史》、《寓言》無。

12. 昔嘗見闞孟軻氏：昔，《廣諧史》、《寓言》作「俄」。

13. 咸通異：通，《廣諧史》、《寓言》作「迺」。

14. 使勸其君除苛令調齊眾喊而無德之者：喊，《寓言》作「嗛」。

42／144《璞隱者傳》，今據明代陳邦俊《廣諧史》〔註322〕校：

1. 名玄玉：玉，《廣諧史》作「圭」。

2. 璞隱自號也：自，《廣諧史》上有「其」。

3. 其始祖曰燀氏濕者：濕，《廣諧史》作「涅」。

4. 其面老可鑒：老，《廣諧史》作「光」。

5. 筮之繇曰：之，《廣諧史》下有「得」。

6. 非青州黃：州，《廣諧史》作「非」。

7. 卒退於洪蒙：蒙，《廣諧史》作「濛」。

8. 太昊氏著三墳五典：《廣諧史》作「太昊氏畫易造書契，頡與涅同功佐文明。農黃氏、陶唐氏、姚虞氏、夏后氏著三墳五典」。

9. 俾議黥劓事：劓，《廣諧史》作「墨」

10. 時上愚視民曰黔：民，《廣諧史》作「或」。

11. 松滋之後曰瑜廲：瑜，《廣諧史》作「隃」。

12. 與管城子穎同升：子，《廣諧史》作「毛」。

13. 道亦不行：不，《廣諧史》下有「能」。

14. 蜀人揚雄氏居家習玄學：揚，《廣諧史》作「楊」。

15. 故雄始終以客卿呼之：始，《廣諧史》下有「信」。

16. 汁灑地能幻文成字：文成，《廣諧史》作「成文」。

17. 而玄玉始以璞隱自秘：玉，《廣諧史》作「圭」。

18. 然逆占姓於蒲：逆，《廣諧史》作「遂」。

19. 其黑鹵支乎中古孤竹君：鹵，《廣諧史》作「齒」。

〔註322〕　（明）陳邦俊《廣諧史》，《四庫全書存目叢書》子部第252冊，齊魯書社1997年版，第259～260頁。

20. 賤與黔等：黔，《廣諧史》下有「首」。

21. 其命矣乎：《廣諧史》作「黼神矣」。

22. 始縣之見也：縣，《廣諧史》作「終」。

42／188《黃華先生傳》，今據明代陳邦俊《廣諧史》〔註323〕、詹景鳳《古今寓言》〔註324〕校：

1. 啓於兌之方：啓，《寓言》作「起」。

2. 日精後有治薔者：治，《寓言》作「落」；者，《廣諧史》無。

3. 特賜御愛黃芎：芎，《寓言》作「號」。

4. 薔州世孫英：州，《廣諧史》作「卅」、《寓言》作「三十」。

5. 銜金爭文價咸陽市：銜，《廣諧史》、《寓言》作「衒」。

6. 以服餌法于上：于，《廣諧史》、《寓言》作「干」。

7. 口用戚夫人賈侍兒事：□，《廣諧史》、《寓言》無。

8. 金盞玉袢：袢，《寓言》作「盃」。

9. 華嘗以氣岸高自標置：高自，《寓言》作「自高」。

10. 當贊天地：《寓言》無。

11. 潛當九月九日無酒：當，《寓言》作「嘗」。

12. 『能。』『吾飲能使癃殘人康寧壽考』：能吾，《寓言》作「吾能」，誤。

13. 一能棟天子明堂：一，《廣諧史》無。

14. 不灰跡：不，《廣諧史》、《寓言》均作「一」。

15. 潛閱而笑曰：閱，《廣諧史》、《寓言》作「聞」。

16. 先自譜其族：先，《廣諧史》下有「生」。

17. 覆□：□，《廣諧史》、《寓言》作「等」。

18. 黃本出陸終後：終後，《寓言》作「後終」。

19. 『莊子曰』至文末：《廣諧史》、《寓言》無。

按：此爲中吳孟潼評語。

42／192《斛律珠傳》，今據明代陳邦俊《廣諧史》〔註325〕校：

〔註323〕（明）陳邦俊《廣諧史》，《四庫全書存目叢書》子部第252冊，齊魯書社1997年版，第263～264頁。

〔註324〕（明）詹景鳳《古今寓言》，《四庫全書存目叢書》子部第252冊，齊魯書社1997年版，第189～190頁。

〔註325〕（明）陳邦俊《廣諧史》，《四庫全書存目叢書》子部第252冊，齊魯書社1997年版，第261～262頁。

1. 或曰『斛律先後也』：先，《廣諧史》作「光」。

2. 或曰『始故氏』：故，《廣諧史》作「胡」。

3. 皤腹而長勁：皤，《廣諧史》作「蟠」。

4. 嘗得夫概湖大小鐵龍君：夫概，《廣諧史》作「洞庭」。

5. 泊泰陵倉：倉，《廣諧史》無。

6. 介鐵笛友君見道人：笛友，《廣諧史》作「龍」。

7. 肯既咸與若貌類：肯既，《廣諧史》作「昔阮」。

8. 其帷蓋又緩緩於汝者乎：帷，《廣諧史》作「性」。

9. 知其爲仙：仙，《廣諧史》無。

10. 人非鈞天大人不作：人，《廣諧史》無。

11. 非洞天群仙不扣命：命，《廣諧史》作「今」。

12. 其神流溢又森爽：流，《廣諧史》作「觀」。

13. 而音吐涑暢：涑，《廣諧史》作「淡」。

14. 惟道人之言是承也：承也，《廣諧史》作「符」。

15. 故麗則之音：則，《廣諧史》作「澤」。

16. 大鐵：《廣諧史》作「大小鐵龍」。

17. 客亦未易。知者，其惟管同乎：《廣諧史》作「客亦未易知也，易知者，其維管同乎」。

18. 以千金購共人登天府：共，《廣諧史》作「其」。

19. 世之中荏外強誇宦達者：中、誇，《廣諧史》作「內」、「誇」。

20. 非特以善音律見道：道，《廣諧史》無。

21. 龍興而雲至，虎嘯而風生：而，《廣諧史》均無。

22. 氣類之感者，又豈直斛律、管同哉：者又，《廣諧史》無。

42／370《非田文署私得寶》，今據明嘉靖十九年刻本《史義拾遺》校〔註326〕：

1. 公孫戍以私得登徒寶劍而入諫：戍，《拾遺》作「戌」。下文「使戌無私利」、「而文計劍直以賞戌」並同。

   按：公孫戌諫孟嘗君，事見《戰國策・齊策三》。

42／353《梁惠王葬議》，今據明代李濂《汴京遺跡志》卷 18〔註327〕校：

〔註326〕（元）楊維楨《史義拾遺》，《四庫全書存目叢書》史部第 281 冊，齊魯書社 1996 年版，第 8 頁。

〔註327〕（明）李濂《汴京遺跡志》，中華書局 1999 年版，第 336～337 頁。

1. 日中而葬：葬，《遺跡志》上有「克」，是。

  按：《春秋・定公十五年》載：「冬十月己丑，葬我小君敬嬴。雨，不克葬。庚寅，日中而克葬。」。

2. 葬公：《遺跡志》作「葬我君定公」，是。

3. 日昃：《遺跡志》作「日下昃」，是。

  按：《春秋・定公十五年》載：「丁巳，葬我君定公，雨，不克葬。戊午，日下昃，乃克葬。」

42／381《樂毅封王蠋基文》，今據明嘉靖十九年刻本《史義拾遺》校〔註328〕：

1. 樂毅封王蠋基文；基，《拾遺》作「墳」。文中『毅封先生之基以表齊國之賢』同。

  按：基，當作「墓」。司馬光《資治通鑒》卷四載「祀桓公、管仲於郊，表賢者之閭，封王蠋之墓。〔註329〕」

42／383《或問夷門監者》，今據明代李濂《汴京遺跡志》卷18〔註330〕校：

1. 不及乎諸侯：及，《遺跡志》作「友」。

2. 如薛公之所敬上客者三人：人，《遺跡志》下有「乎」。

3. 公孫弘言於秦昭者：《遺跡志》無。

4. 然公子之車騎虛左：《遺跡志》作「然公子虛左以迎」。

5. 夷門者：者，《遺跡志》上有「監」。

6. 『觀其所舉可以知矣』至『於戲』：《遺跡志》無。

7. 於趙爲功：爲，《遺跡志》上有「則」。

8. 於魏不忠：不，《遺跡志》上有「則」。

9. 公子師不忠：忠，《遺跡志》下有「之人」。

10. 而史不以名氏書：《遺跡志》作「而史氏不以姓名書」。

42／493《玩齋集序》，今據陸心源《皕宋樓藏書志》卷105〔註331〕校：

1. 以窮者有專攻之技：技，《藏書志》作「伎」。

〔註328〕 （元）楊維楨《史義拾遺》，《四庫全書存目叢書》史部第281冊，齊魯書社1996年版，第15頁。

〔註329〕 （北宋）司馬光編著、（元）胡三省音注《資治通鑒》（第一冊），中華書局1956年版，第130頁。

〔註330〕 （明）李濂《汴京遺跡志》，中華書局1999年版，第337頁。

〔註331〕 （清）陸心源《皕宋樓藏書志》，《續修四庫全書》第929冊，上海古籍出版社1996年版，第495～496頁。

2. 《國子》、《黃河》：子，《藏書志》作「字」。

3. 可補本朝缺制：缺，《藏書志》作「闕」。

4. 公字泰甫：甫，《藏書志》作「父」。

5. 楊維楨序：《藏書志》作「至正十九年秋九月九日會稽楊維楨序」。

42／494《大雅集敍》，今據陸心源《皕宋樓藏書志》卷 117〔註 332〕校：

1. 來謁余乞者僚：余，《藏書志》作「予」。

2. 昔山谷老人在戎州：戎，《藏書志》無。

3. 先生鐵雅雖已遍傳海內：鐵雅，《藏書志》作「鐵崖詩」。

4. 人未識者有之：識，《藏書志》下有「之」。

5. 請其詩付有力者刻之：請，《藏書志》作「識」；者，《藏書志》無。

6. 而或有慊焉者不入也：慊，《藏書志》作「歉」。

7. 書諸集爲敍：諸，《藏書志》作「其」。

8. 至正辛丑立秋日丙午鐵雅道人楊維楨書：至正，《藏書志》上有「時」；
鐵雅，《藏書志》作「鐵崖」。

42／497《山居新話序》，今據陸心源《皕宋樓藏書志》卷 64〔註 333〕校：

1. 漢有陸生嘗著書十二篇：嘗，《藏書志》作「賈」。

2. 亦以善著古今存亡之徵：徵，《藏書志》作「□」。

3. 凡若干言：言，《藏書志》作「卷」。

4. 好事者梓行其書：行，《藏書志》無。

5. 徵予首引：引，《藏書志》作「列」。

第 44 冊

吳萊

44／1《大遊賦》，今據《歷代賦匯》校〔註 334〕：

1. 梁魚鱉而踶蛟龍：踶，《賦匯》作「躡」。

〔註 332〕　（清）陸心源《皕宋樓藏書志》，《續修四庫全書》第 929 冊，上海古籍出版
社 1996 年版，第 631 頁。

〔註 333〕　（清）陸心源《皕宋樓藏書志》，《續修四庫全書》第 929 冊，上海古籍出版
社 1996 年版，第 37 頁。

〔註 334〕　（清）陳元龍輯《歷代賦匯》，江蘇古籍出版社、上海書店 1987 年版，第
605 頁。

2. 掎巫峽之臺觀兮：峽，《賦匯》作「山」。

3. 遵黃河而跋石室兮：跋，《賦匯》作「吸」。

4. 扳建木而與爲陟降兮：扳，《賦匯》作「攀」。

5. 耿招搖之燿鋩：鋩，《賦匯》作「芒」。

44／3《海東洲磐陀石上觀日賦》，今據《歷代賦匯》校〔註335〕：

1. 登盤陀之疊石兮：盤，《賦匯》作「磐」。

2. 逐壯凋而老鑠：鑠，《賦匯》作「爍」。

3. 淪谷底而迭燃：燃，《賦匯》作「然」。

4. 特蜂螳之撲緣：特，《賦匯》作「持」。

5. 睯曉籌而催闢兮：睯，《賦匯》作「啓」。

6. 逯層溟之畢露兮：逯，《賦匯》作「逮」。

44／5《羅浮鳳賦》，重收於 34 冊 388 頁歐陽玄文中，另見《歷代賦匯》。
今據以校〔註336〕：

1. 海南小禽也：南，《賦匯》作「內」。

2. 特般桓於煙霞：般，34 冊、《賦匯》作「盤」。

3. 載蜚載止，蜚不安集：蜚，34 冊、《賦匯》作「飛」；妄，《賦匯》作「要」。

4. 吮夕秀於紫芝：夕，34 冊、《賦匯》作「靈」。

5. 戒羅氏而弋舉：戒，34 冊、《賦匯》作「或」。

6. 泝古龍之沉隘：泝，34 冊作「朔」。

7. 裸黑質而無繪：裸，34 冊作「裏」。

8. 奈屋居之何有：屋居，34 冊作「口屋」。

9. 胡鷀鷗之種族：鷗，34 冊作「鶹」。

10. 矧鞦莎而臆蘭：臆，34 冊、《賦匯》作「億」。

11. 匪距金與羽芬：距，34 冊作「踞」；芬，34 冊、《賦匯》作「芥」。

12. 炫靈表而罔害：罔，34 冊、《賦匯》作「罔」。

13. 跡曷屏於東崗：崗，34 冊、《賦匯》作「岡」。

14. 然則偶時景之和暢：暢，34 冊作「暘」。

〔註335〕 （清）陳元龍輯《歷代賦匯》，江蘇古籍出版社、上海書店 1987 年版，第
　　　　 12 頁。

〔註336〕 （清）陳元龍輯《歷代賦匯》，江蘇古籍出版社、上海書店 1987 年版，第
　　　　 531 頁。

15. 副舜庭之率舞：庭，34 冊作「廷」。

16. 尚茲鳥之吐數：吐，34 冊、《賦匯》作「足」。

44／8《起病鶴賦》，今據《歷代賦匯》校〔註337〕：

1. 是以前詹瞻悅愉：詹悅愉，《賦匯》作「瞻愉悅」。

2. 豈繒繳之來施：繒，《賦匯》作「矰」。

3. 棲跱載寧：跱，《賦匯》作「塒」。

44／10《狙賦》，今據《歷代賦匯》校〔註338〕：

1. 急操襲取：操，《賦匯》作「躁」。

2. 曲顋傴膾：顋，《賦匯》作「頰」。

3. 巧張鄉呼：呼，《賦匯》作「評」。

4. 伺候趡趄：趡，《賦匯》作「趨」。

5. 霹靂漢苻：苻，《賦匯》作「符」。

6. 貨貝其儲：其，《賦匯》作「具」。

7. 誶帚德勠：勠，《賦匯》作「鋤」。

8. 去車就徒：徒，《賦匯》作「途」。

9. 一時之項：項，《賦匯》作「頃」。

10. 身何置綱：綱，《賦匯》作「網」。

11. 萬世斯史：斯，《賦匯》作「須」。

12. 惟狙拔己：拔己，《賦匯》作「跋扈」。

44／11《定命賦》，今據《歷代賦匯》校〔註339〕：

1. 秉世德以作摹：摹，《賦匯》作「模」。

2. 破寒谷之颼颲：颲，《賦匯》作「颼」。

44／13《尚志賦》，今據《歷代賦匯》校〔註340〕：

1. 惟太區之寥霩廓兮：霩，《賦匯》作「廓」。

〔註337〕 （清）陳元龍輯《歷代賦匯》，江蘇古籍出版社、上海書店 1987 年版，第472 頁。

〔註338〕 （清）陳元龍輯《歷代賦匯》，江蘇古籍出版社、上海書店 1987 年版，第542 頁。

〔註339〕 （清）陳元龍輯《歷代賦匯》，江蘇古籍出版社、上海書店 1987 年版，第191 頁。

〔註340〕 （清）陳元龍輯《歷代賦匯》，江蘇古籍出版社、上海書店 1987 年版，第564 頁。

2. 斬蚩尤以襄斾：襄，《賦匯》作「搴」。

3. 噓天籟乎崖窾：崖，《賦匯》作「崇」。

4. 何僵個以難進兮：進，《賦匯》作「逃」。

5. 希噌泓而道存：泓，《賦匯》作「呟」。

6. 增螢爝以日晶皛兮：晶，《賦匯》作「皛」。

7. 扳南箕以興國：扳，《賦匯》作「攀」。

44／14《索居賦》，今據《歷代賦匯》校〔註341〕：

1. 豈寰區之汝陋兮：汝，《賦匯》作「迫」。

2. 惟世氛之溷混濁兮：溷，《賦匯》作「混」。

3. 將奮迅而激昂兮：將，《賦匯》作「欲」。

4. 膺泰樸以堅飭：樸，《賦匯》作「定」。

5. 古固有此渾肴混淆兮：渾肴，《賦匯》作「混淆」。

44／15《貧女賦》，今據《歷代賦匯》校〔註342〕：

1. 迺蕉萃憔悴之或棄兮：蕉萃，《賦匯》作「憔悴」。

2. 指古人以自期：自，《賦匯》作「為」。

44／24《續琴操哀江南》，今據《成化杭州府志》卷62〔註343〕：

1. 汪姓，忘其名：《府志》作「汪姓，元量其名，錢塘人」。

2. 太后嬪妃北：北，《府志》下有「行」。

3. 而文丞相被執在獄：而、被執，《府志》無。

4. 久沙戎行：沙，《府志》作「涉。」

5. 風景忘亡：忘，《府志》作「消」。

6. 故老言度宗在宮中嘗以壺觴自隨：嘗，《府志》作「常」。

7. 蓋必有以壅塞其耳目：必，《府志》作「以」。

8. 雖拔刀斫桉不得悔：桉，《府志》作「按」。

9. 又況天地黯然：地，《府志》作「也」。

10. 文末，《府志》有「吳萊志」。

〔註341〕（清）陳元龍輯《歷代賦匯》，江蘇古籍出版社、上海書店1987年版，第291頁。

〔註342〕（清）陳元龍輯《歷代賦匯》，江蘇古籍出版社、上海書店1987年版，第471頁。

〔註343〕（明）陳讓、夏時正纂修《成化杭州府志》，《四庫全書存目叢書》史部第175冊，齊魯書社1996年版，第867～868頁。

44／55《桑海遺錄序》，今據《成化杭州府志》卷 62〔註 344〕：

1. 大衣冠指麾：麾，《府志》作「揮」。

2. 設一候：候，《府志》作「堠」，是。

44／137《讀唐太宗帝範》，今據清代曹本榮《古文輯略》〔註 345〕校：

1. 夷狄侵凌：夷狄，《輯略》作「□□」。

2. 當隋氏大壞：壞，《輯略》作「亂」。

3. 曾不可以思患而預防者：防，《輯略》作「患」。

4. 或不能自免其瑕釁間隙之可議：釁，《輯略》作「釁」（繁體爲『釁』）。下文「瑕釁間隙」同。是。

   > 按：瑕釁，亦作「瑕疊」，指可乘之隙、嫌隙、隔閡。如《史記·李斯列傳》：「李斯以閭閻歷諸侯，入事秦，因以瑕釁，以輔始皇，卒成帝業。」〔註 346〕三國阮瑀《爲曹公作書與孫權》：「每覽古今，所由改趣，因緣侵辱，或起瑕疊。」〔註 347〕

5. 深異乎漢孝元之議罷珠崖者：者，《府志》無。

6. 君臣宴安：安，《輯略》作「然」。

7. 職官之任：職官，《輯略》作「戚宦」。

8. 大抵悉改於其舊：改，《輯略》無。

9. 指麾群夷：夷，《輯略》作「裔」。

10. 然而太宗終以不能企及者：而，《輯略》作「以」。

貝瓊

44／183《餘杭史生哀辭》，今據《成化杭州府志》卷 62〔註 348〕：

1. 積霰冪途：霰，《府志》作「霧」。

〔註 344〕 （明）陳讓、夏時正纂修《成化杭州府志》，《四庫全書存目叢書》史部第 175 冊，齊魯書社 1996 年版，第 867 頁。

〔註 345〕 （清）曹本榮《古文輯略》，《四庫全書存目叢書》集部第 392 冊，齊魯書社 1996 年版，第 582～583 頁。

〔註 346〕 （漢）司馬遷《史記》（第八冊），中華書局 1959 年版，第 2563 頁。

〔註 347〕 俞紹初輯校《建安七子集》，中華書局 1989 年版，第 160 頁。

〔註 348〕 （明）陳讓、夏時正纂修《成化杭州府志》，《四庫全書存目叢書》史部第 175 冊，齊魯書社 1996 年版，第 870 頁。

44／213《鐵崖先生大全集序》，今據陸心源《皕宋樓藏書志》卷 109〔註349〕
校：

1. 近體五七言詩：五七言，《藏書志》作「五言七言」。
2. 古之人鮮有也：人，《藏書志》作「□」。
3. 去梯轆轤傳食：梯，《藏書志》作「階」。
4. 政厖文抏：抏，《藏書志》作「抗」。
5. 而未有能振起之者：振，《藏書志》作「一」。
6. 務鏟一代之陋：鏟，《藏書志》作「推」。
7. 李翰論文章之要：之，《藏書志》無。
8. 空四海：海，《藏書志》作「一」。
9. 幸不蟫朽炶滅：蟫，《藏書志》作「□」。
10. 欲鋟諸梓：鋟，《藏書志》作「浸」，誤。
11. 至正二十有五年春二月既望：有，《藏書志》無。
12. 門生貝瓊序：《藏書志》作「門生清江貝瓊敘」。

44／290《書九歌圖後》，今據清代曹本榮《古文輯略》〔註350〕校：
1. 二史左右掖之：掖，《輯略》作「□」。
2. 自空而降：降，《輯略》作「服」。
3. 而東君為朝日之義：義，《輯略》作「義」，誤。
4. 又豈惑於荒唐如人人之徼福哉：又豈，《輯略》作「□□」。
5. 壹鬱無勞：勞，《輯略》作「聊」。
6. 鬼蹇大蠡蛟蝻黃：蹇，《輯略》作「搴」。

44／316《土偶對》，今據明代詹景鳳《古今寓言》卷 6〔註351〕校：
1. 『水旱必禱』二句：《古今寓言》無。
2. 罷軟者苟祿：苟，《古今寓言》作「叨」。
3. 且侲侲焉尸居而鬼躁：躁，《古今寓言》作「噪」。

〔註349〕 （清）陸心源《皕宋樓藏書志》，《續修四庫全書》第 929 冊，上海古籍出版社 1996 年版，第 548 頁。
〔註350〕 （清）曹本榮《古文輯略》，《四庫全書存目叢書》集部第 392 冊，齊魯書社 1996 年版，第 609～610 頁。
〔註351〕 （明）詹景鳳《古今寓言》，《四庫全書存目叢書》子部第 252 冊，齊魯書社 1997 年版，第 81 頁。

4. 不救然臍之禍：然，《古今寓言》作「燃」。

5. 基圮而殃穴蟻：穴，《古今寓言》作「及」。

6. 其不爲吾禍之毀者幾希：吾，《古今寓言》作「予」。

7. 『昭昭者或愚』至『而時不可爲乎』四句：《古今寓言》作「奈所處之時不可爲乎」。

8. 故厄：厄，《古今寓言》作「尼」。

44／348《古澗寒泉記》。清代孫治輯卷 6 上《藝文》節錄載有此文，起自「余在錢唐時」，迄於「是亦西山之一大奇矣」〔註352〕。今據以校：

1. 余在錢唐時：唐，《靈隱寺志》作「塘」。

2. 浪然如驟雨之：浪，《靈隱寺志》作「琅」。

3. 雷震之薄：薄，《靈隱寺志》作「瀑」。

4. 雖未及觀瀑布之崩騰雄悍：瀑布，《靈隱寺志》作「香爐瀑布天台石門」。

44／477《鐵崖先生傳》，今據明代程敏政《皇明文衡》卷 60〔註353〕、清代曹本榮《古文輯略》〔註354〕校：

1. 日記書數十言：十，《文衡》、《輯略》均作「千」。

2. 遂放浪錢唐：唐，《文衡》、《輯略》均作「塘」。

3. 不使僭此統也：使，《輯略》下有「之」。

4. 以始皇之廿六年而始繼周：皇，《輯略》無；廿，《輯略》作「三十」。

5. 宜莫嚴於正統與夫一統之辯矣：辯，《文衡》、《輯略》均作「辨」。

6. 八部之雄，至安巴堅披其黨而自尊：雄至，《輯略》作「後生」。

7. 夫遼固唐之邊夷也：夫，《輯略》作「大」；邊夷，《文衡》作「屬國」。

8. 蓬敢萌人臣之將，而纂有其國，僭稱國號於宋重和之元：蓬，《輯略》作「遂」。此句，《文衡》作「遂浸與遼人爲敵，而奄有其國，自稱國號於宋重和之元。」

9. 且石敬瑭事唐：瑭，《文衡》、《輯略》均作「塘」；事唐，《輯略》無。

10. 請復以成周之大統明之於今日也：請，《輯略》作「謂」。

〔註352〕（清）孫治初輯、徐增重修《武林靈隱寺志》，杭州出版社 2006 年版，第 99～100 頁。

〔註353〕（明）程敏政《皇明文衡》，四部叢刊本。

〔註354〕（清）曹本榮《古文輯略》，《四庫全書存目叢書》集部第 392 冊，齊魯書社 1996 年版，第 152～157 頁。

11. 及於新安朱子：朱，《輯略》作「諸」，誤。

12. 在宋而後及於我朝：在，《輯略》作「自」。

13. 則宋史之修宜在今日而無讓矣：則，《輯略》上有「然」。

14. 吾不知後之儒者又何儒也：後一『儒』，《輯略》作「如」。

15. 此則余爲今日君子之痛惜也：今日，《輯略》下有「之」。

16. 同年楊子宣爲江浙省參知政事：江，《輯略》無。

17. 後挈家歸錢唐：唐，《文衡》、《輯略》均作「塘」。

18. 上下決不使相徇也：徇，《輯略》作「狥」。

19. 有奸位之權矣：權，《輯略》作「構」。

20. 某人有假佞以爲忠者：佞，《輯略》作「奸」。

21. 又有某繡使而拜虜乞生：虜，《文衡》作「寇」，《輯略》作「鹵」。

22. 未見其砭切政病：砭，《輯略》作「眞」。

23. 朝廷方倚承相達寔特穆爾爲保障：承，《輯略》作「丞」。

24. 士以此咸附之：咸，《文衡》、《輯略》均作「感」。

25. 竟持所購兒雲林畫去：兒，《文衡》、《輯略》均作「倪」。

26. 有曰草玄閣，曰藉景軒，曰拄頰樓：玄、藉、拄，《輯略》作「元」、「籍」、「柱」。

27. 且榜於門曰：於，《輯略》作「其」。

28. 湖南李析評其所作曰：析，《文衡》、《輯略》均作「祈」；所作，《文衡》作「文」。

44／483《古泉先生傳》，今據明代陳邦俊《廣諧史》〔註355〕校：

1. 逮周之王：之，《廣諧史》作「武」。

2. 褚被用事：褚，《廣諧史》作「楮」。

3. 瓵詔元寶用之：詔，《廣諧史》作「擢」。

周伯琦

44／524《近光集自序》，今據陸心源《皕宋樓藏書志》卷104〔註356〕校：

1. 大官具膳：大，《藏書志》作「太」。

〔註355〕（明）陳邦俊《廣諧史》，《四庫全書存目叢書》子部第252冊，齊魯書社1997年版，第279～280頁。

〔註356〕（清）陸心源《皕宋樓藏書志》，《續修四庫全書》第929冊，上海古籍出版社1996年版，第485～486頁。

2. 以教宮學：宮，《藏書志》作「官」。

3. 嘗有撰著：著，《藏書志》作「制」。

4. 侍內廷班講席者五閱寒暑：侍，《藏書志》作「傳」。

5. 湯、武同心：武，《藏書志》作「文」。

6. 承顧問：顧，《藏書志》作「顏」。

7. 取以適時：以，《藏書志》作「於」。

44／526《說文字原序》，今據陸心源《皕宋樓藏書志》卷 16〔註357〕校：

1. 裁成輔相天地之化者皆事也，故象形爲先：《藏書志》作「故象形爲先也，裁成輔相天地之化者皆事」。

2. 齒以止、旨以匕是也：以，《藏書志》均作「從」。

3. 依聲託事：事，《藏書志》作「字」。

4. 《六經》本皆古文：本，《藏書志》作「書」。

5. 緬惟畫卦造書之義：惟，《藏書志》作「維」。

6. 分爲十又二章：有，《藏書志》作「又」。

44／535《梧溪集序》，今據陸心源《皕宋樓藏書志》卷 107〔註358〕校：

1. 不圖見於斯時也：時，《藏書志》無。

2. 追惟其大母徐夫人嘗手植雙梧於故里橫河之上：於，《藏書志》無。

44／537《通鑑外紀序》，《全元文》據清順治十八年刊《重修奉化縣志》錄文。今據陸心源《皕宋樓藏書志》卷 22〔註359〕校：

1. 通鑑外紀序：《藏書志》作「通鑑續編序」，是。

　按：文中言「總之爲卷二十有四，名之曰《通鑑續編》」。另陳基《通鑑續編序》（50／325）、張紳《通鑑續編敘》（58／362）、姜漸《通鑑續編敘》（58／371）可證。

2. 各有全史：史，《藏書志》作「□」。

3. 史博而該：史，《藏書志》上有「諸」。

〔註357〕（清）陸心源《皕宋樓藏書志》，《續修四庫全書》第 928 冊，上海古籍出版社 1996 年版，第 174 頁。

〔註358〕（清）陸心源《皕宋樓藏書志》，《續修四庫全書》第 929 冊，上海古籍出版社 1996 年版，第 523～524 頁。

〔註359〕（清）陸心源《皕宋樓藏書志》，《續修四庫全書》第 928 冊，上海古籍出版社 1996 年版，第 235～236 頁。

4. 不能□□□□成也：□□□□，《藏書志》作「以盡究而勸誡」。

5. 編輯全帙：編輯，《藏書志》作「遍紬」。

6. 研□事實：□，《藏書志》作「稽」。

7. 愼□□□□□□□□：□□□□□□□□，《藏書志》作「撮機要，銓次年月。自」。

8. 刪繁釐枉：刪，《藏書志》作「芟」。

9. 猶夫三傳之序列也：序，《藏書志》作「敍」。

10. 然而前乎威烈者未有編次：此後有脫文，《藏書志》下有「後乎五代者未有論述。前曠後缺，疑信厖昧」。

11. 讀者病之：讀者，《藏書志》作「君子」。

12. 近世浙東大儒仁山金先生：仁山金先生，《藏書志》作「金仁山氏」。

13. 由威列王而上泝其年代：泝，《藏書志》作「溯」。

14. 則茫然矣：《藏書志》作「茫焉」。

15. 四明陳氏子經父：《藏書志》作「四明陳君樫子經甫」。

16. 凡方冊所□：□，《藏書志》作「載」。

17. 若盤古至高辛氏：盤古，《藏書志》下有「氏」。

18. 以冠金氏之所述：此後有脫文，《藏書志》下有「又摭契丹遼氏建國之始，並於五代爲第二卷；宋有國三百二十年爲二十二卷，其建號也繫於甲子。逮太平興國四年混一中原，始大書其年代爲正統，至國亡止。而遼金之事，附見之，一以通鑑綱目爲法。蓋地有偏，有強弱而分無強弱，總之爲卷二十有四」。

19. 不惟續前人之業：續，《藏書志》下有「其」。

20. 誠能以朱子《綱目》爲主：綱目，《藏書志》作「通鑑綱目」。

21. 暨陳氏之《外紀》合而觀之：外紀，《藏書志》作「續編」。

22. 歷三王五帝：王，《藏書志》作「皇」。

23. 其□□□□□□□□□之義：《藏書志》作「也。扶陽抑陰之道，陳善閉邪」。

24. 隱然見於書法：隱然，《藏書志》上有「皆」。

25. 其於□□□□□□□□□昭陽顧君甫將錄梓以廣其傳：《藏書志》作「其於名教豈小補哉。曩予爲太史時，詔修宋遼金三史，與待制王理輩

首議統紀不合。私於避忌者，從而和之，如出一口。予遂移疾力辭不就。其書雖成，佈在人間，而公論有所不可掩者乎。子經論著殆與予合，豈可謂世無其人哉！子經是編既成，兵難大作，幾不能生。事定而其稿幸存，若神明祐之者。積歲苦貧，不能脫稿。今行中書省賓佐海陵馬君玉麟國瑞甫，好古君子也。令長洲時，訪子經，得其稿，以祿米致筆札飲食之資，聚諸生之能書者編錄之，始成全書焉。松江貳守昭陽顧君逖思邀甫將鋟梓以廣其傳」。

26. 陳氏之《外紀》希賢也：外紀，《藏書志》作「續編」。

27. 顧君有焉：顧，《藏書志》作「二」。

28. 晚歲家居：家，《藏書志》作「隱」。

29. 撰《歷代統紀》以淑子弟：統紀，《藏書志》作「紀統」。

   按：張紳《通鑒續編敘》（58／363）載「著《歷代統紀》傳於家」，而陳旅《歷代紀統序》又稱「然名其書曰《歷代紀統》者」（37／268）。

30. 又傳記注疏千百言：記注疏，《藏書志》作「注紀統」。

31. 至於子經蓋三世矣：於，《藏書志》無。此下有脫文，《藏書志》有「予弱冠客杭，與汝泉友善。今觀子經所成如此，使人歎羨不已」。

32. 與此編互相發明：編，《藏書志》無。

33. 其續學討論固非一日矣：固、矣，《藏書志》無。

34. 皇元至正二十一年歲在辛丑鄱陽周伯琦謹書：皇元，《藏書志》無；二十，《藏書志》作「廿」；辛丑，《藏書志》下有「孟夏」；謹，《藏書志》作「伯溫」。

44／538《通鑒總類序》，《全元文》據清順治十八年刊《重修奉化縣志》錄文。今據陸心源《皕宋樓藏書志》卷 28〔註360〕校：

1. 搜剔歷代之史：搜，《藏書志》作「探」。

2. 不惟便繙尋而捷討究：便，《藏書志》做「使」。

3. 遍閱深玩：遍，《藏書志》作「編」。

4. 離析明切：析，《藏書志》作「折」。

〔註360〕（清）陸心源《皕宋樓藏書志》，《續修四庫全書》第 928 冊，上海古籍出版社 1996 年版，第 235 頁。

第 45 冊

汪希中

45／26《唐縣學記》，今據《古今圖書集成‧經濟彙編‧選舉典》第 22 卷《學校部》〔註361〕校：

1. 無不賦以仁義禮知之性：知，《集成》作「智」。
2. 物欲交蔽：蔽，《集成》作「蔽」。
3. 其制度俱法於古：俱，《集成》作「皆」。
4. 民冒爲己有者而不之辯：辯，《集成》作「辨」。
5. 實生師之責爾：生師，《集成》作「師生」。
6. 來求記於余。余以才拙讓：余，《集成》均作「予」。
7. 竊惟世有豐資鉅產：竊，《集成》作「切」。
8. 致和元年五月：《集成》無。

陸元吉

45／40《三高祠田記》，《全元文》據《吳都文粹續集》錄文，以明弘治元年刻本《吳江志》校。然失校之處甚多，今補校如下〔註362〕：

1. 石湖范公一記盡矣：盡，《吳江志》下有「之」。
2. 邑人讀奉其烝嘗者：獨，《吳江志》下有「得」。
3. 棟樑榱桷：梁，《吳江志》作「樑」。
4. 非以嚴祀事而崇聖化也：以，《吳江志》上有「所」。
5. 設掌祠各一人：《全元文》校記云「弘治本上『各』有一『者』字」。實則弘治本《吳江志》『各』作『者』。
6. 又慮奉祀者無所憑：奉，《吳江志》作「事」。
7. 俾予直書其事：予，《吳江志》作「余」。
8. 刻石以傳永久：傳，《吳江志》作「期」。
9. 由今而後：由，《吳江志》無。

〔註361〕 （清）陳夢雷《古今圖書集成》第 656 冊，上海中華書局 1934 年版。
〔註362〕 （明）莫旦《弘治吳江志》，《中國史學叢書》三編四輯第 44 冊，臺灣學生書局 1987 年版，第 540～542 頁。

曹愚

45／111《慶元路士民去思碑》,《全元文》據清《宛委別藏》本《編類運使
復齋郭公敏行錄》錄文。今據元至順刻本《編類運使復齋郭公敏行錄》校
〔註363〕：

1. 泰定二年冬十月：十,至順本作「十一」。
2. 不滯輆轄：輆,至順本作「膠」。

方君壽

45／113《任江西憲德政序》,《全元文》據清《宛委別藏》本《編類運使復齋
郭公敏行錄》錄文。今據元至順刻本《編類運使復齋郭公敏行錄》校〔註364〕：

1. 白首太元：元,至順本作「玄」。
2. 輒序其端：序,至順本作「敘」。

方回孫

45／114《無逸圖賦》,今據《歷代賦匯》〔註365〕校：

1. 念守成之維艱：維,《賦匯》作「惟」。
2. 士嗚呼而興歎兮：士,《賦匯》作「七」,是。

    按：《尚書·無逸》文中「周公曰：『嗚呼』」,一共出現了七次。

3. 孰觀者兮憺然：憺,《賦匯》作「澹」。
4. 圖針灸兮明堂：灸,《賦匯》作「炙」,誤。
5. 皆忠誠兮指畫：皆,《賦匯》作「背」。
6. 思荒寧之祇懼兮：祇,《賦匯》作「祗」。
7. 庶晚節之吾不悔也：吾不,《賦匯》作「不吾」。
8. 匪十漸之極流兮：流,《賦匯》作「疏」。

    按：當指魏徵《諫太宗十思疏》。

9. 豳風之圖農事之諄勤：之,《賦匯》無。

〔註363〕　（元）鄧文原《編類運使復齋郭公敏行錄》,《續修四庫全書》第 550 冊,上
　　　　　海古籍出版社 1996 年版,第 704～705 頁。
〔註364〕　（元）鄧文原《編類運使復齋郭公敏行錄》,《續修四庫全書》第 550 冊,上
　　　　　海古籍出版社 1996 年版,第 685～686 頁。
〔註365〕　（清）陳元龍輯《歷代賦匯》,江蘇古籍出版社、上海書店 1987 年版,第
　　　　　195 頁。

王昭德

45／120《呈廉訪分司郭公》,《全元文》據清《宛委別藏》本《編類運使復齋郭公敏行錄》錄文。今據元至順刻本《編類運使復齋郭公敏行錄》校〔註366〕:

1. 田隴龜坼:坼,至順本作「拆」。

張理

45／121《易象圖說自序》,今據陸心源《皕宋樓藏書志》卷 50〔註367〕校:

1. 四象×行也:同《全元文》校記①。
2. 陽數一三×,參天也:也,《藏書志》無;天,《藏書志》下有有雙行小注「三謂之參」。
3. 陰數二四,兩地也:也,《藏書志》下有雙行小注「三謂之兩」。「三」當爲「二」。
4. 《書》之縱橫十×,卦之合也:同《全元文》校記④。
5. 而大《易》八卦之體用備矣:同《全元文》校記⑤。

周鐕

45／130《大別山賦》,今據《歷代賦匯》〔註368〕校:

1. 安得赤壁涪溪之雄:涪,《賦匯》作「浯」。
2. 領地靈而歟翁:歟,《賦匯》作「欻」。
3. 遊予目之永慨:《賦匯》作「遊余目之水溉」。
4. 予於是有所感矣:予,《賦匯》作「余」。
5. 昔芈荊之陸良:芈,《賦匯》作「蠻」。
6. 迨夫相舉張兵:相舉,《賦匯》作「柏舉」,是。

    按:吳楚相舉之戰,爲春秋時期著名戰役。《左傳·定公四年》載「吳楚陳於柏舉」。

〔註366〕 (元)鄧文原《編類運使復齋郭公敏行錄》,《續修四庫全書》第 550 冊,上海古籍出版社 1996 年版,第 692～693 頁。

〔註367〕 (清)陸心源《皕宋樓藏書志》,《續修四庫全書》第 928 冊,上海古籍出版社 1996 年版,第 554～555 頁。

〔註368〕 (清)陳元龍輯《歷代賦匯》,江蘇古籍出版社、上海書店 1987 年版,第 84 頁。

段天祐

45／138《壽昌院記》，《全元文》據民國十一年《海寧州志稿》錄文，今據《成化杭州府志》卷 52〔註 369〕：

1. 乃今百度且完：且，《府志》作「具」。

貢師泰

45／141《小篔簹賦》，今據《歷代賦匯》〔註 370〕校：

1. 緗實標黃：標，《賦匯》作「漂」。
2. 門可旋車：車，《賦匯》作「履」。
3. 則又此心之所以思慕而憂懣也：懣，《賦匯》作「懰」。

45／169《黃學士文集序》，今據陸心源《皕宋樓藏書志》卷 101〔註 371〕校：

1. 門人王禕、宋濂所編次也：禕、濂，《藏書志》均作「生」。
2. 讀者但見其光瑩而含蓄：讀，《藏書志》下有「之」。
3. 而不知其致力用心之苦也：致力，《藏書志》下有「之勤」。
4. 而自成一家言：言，《藏書志》上有「之」。且《藏書志》下有「不既甚盛矣」。
5. 或數十年輒一見：見，《藏書志》下有「焉」。
6. 得大肆力於學：學，《藏書志》上有「爲己之」。
7. 其亦值世運之盛也：《藏書志》作「其亦適值世運之一盛也耶」。
8. 譬諸山川之風氣：諸，《藏書志》作「如」。
9. 草木之花實：花，《藏書志》作「華」。
10. 蓋亦理勢之必然：然，《藏書志》下有「者矣」。
11. 交誼尤篤：尤，《藏書志》上有「爲」。
12. 得先生之集於王禕：禕，《藏書志》作「生」。
13. 諸暨州判官：諸，《藏書志》無。

〔註 369〕（明）陳讓、夏時正纂修《成化杭州府志》，《四庫全書存目叢書》史部第 175 冊，齊魯書社 1996 年版，第 739～740 頁。
〔註 370〕（清）陳元龍輯《歷代賦匯》，江蘇古籍出版社、上海書店 1987 年版，第 485 頁。
〔註 371〕（清）陸心源《皕宋樓藏書志》，《續修四庫全書》第 929 冊，上海古籍出版社 1996 年版，第 461～461 頁。

14. 服除，改國子博士：服除，《藏書志》作「除服」。

15. 及復召入翰林：《藏書志》作「及終太夫人喪，年已逾七十矣」。

16. 侍經筵：《藏書志》作「直學士兼經筵官，升侍講學士、中奉大夫同知經筵事」。

17. 援筆馳騁如在壯歲云：馳騁，《藏書志》作「騁馳」。

18. 文末，《藏書志》有「至正十五年十月既望朝散大夫福建閩海道肅政廉訪使宣城貢師泰序」。

45／175《重刊石屏先生詩序》，今據陸心源《皕宋樓藏書志》卷 87〔註 372〕校：

1. 而天下後世捨《三百篇》則無以爲法者：則，《藏書志》無。

2. 獨能會眾作以繼《三百篇》遺意：繼，《藏書志》上有「上」；遺，《藏書志》上有「之」。

3. 作者不能過焉：作者，《藏書志》上有「雖有」。

4. 力學以追古人：力，《藏書志》上有「乃」。

5. 而成一家言：言，《藏書志》上有「之」。

6. 遊歷既廣：遊，《藏書志》上有「顧其」。

7. 學益高深而奧密：學，《藏書志》上有「而其爲」。

8. 殆不可以言喻者：者，《藏書志》下有「矣」。

9. 其大要悉本於杜：其，《藏書志》上有「然」。

10. 而未嘗有一辭蹈襲之：之，《藏書志》下有「者」。

11. 此其所以爲善學乎：學，《藏書志》下有「者」。

12. 有非人力所能爲矣：爲，《藏書志》下有「者」。

13. 而又有八君子爲之論著：此句，《藏書志》下有「予生也晚，於先生復何言哉」。

14. 先生諸孫文璸：諸，《藏書志》上有「之」。且《藏書志》下有「知所好尚」一句。

15. 校書本以圖新刻：此句，《藏書志》下有「益廣其傳，垂之永久」。

16. 而書之首簡：首，《藏書志》無。

17. 文末，《藏書志》有「至正戊戌孟冬既望宣城貢師泰序」。

〔註 372〕 （清）陸心源《皕宋樓藏書志》，《續修四庫全書》第 929 冊，上海古籍出版社 1996 年版，第 303～304 頁。

45／230《勉齋書院記》，此文見錄於《八閩通志》卷 82《詞翰》。今以天津圖書館藏明弘治刻本〔註373〕和福建人民出版社點校本（據弘治庚戌本點校）〔註374〕**參校**：

1. 而廉使贍思丁，副使元奴，僉事亦憐眞、必剌的納、劉完者、鄭潛，經歷答里麻，蒙古知事黃普顏帖木兒，照磨傅居信葉心相事，議若出一：經歷答里麻，刻本無「麻」。而點校本作「而廉使贍思丁、副使元奴、僉事亦憐眞必剌的納、劉完者、鄭潛，經歷答理、蒙古知事黃普顏帖木兒、照磨傅居信、葉心相，事議若出一」。

   按：貢師泰《道山亭禱雨記》（45／252）云：「戊申，廉訪使贍思丁有嗣，副使元奴國器，僉事亦憐眞士弘、必剌的納仲賢、鄭潛彥昭，經歷答里麻，蒙古清遠知事黃普顏帖木爾顏肅，照磨傅居信仲卿相與謀曰」。

2. 而佐以屬史王蘭焉：史，點校本作「吏」。

3. 行省平章普化帖木而聞之：而，刻本、點校本作「兒」。

4. 象聖人之燕居：象，點校本作「像」。

5. 閣以『雲章』：以，刻本、點校本作「曰」。

6. 其周九百八十四尺奇：其，點校本上有「有」。

7. 東西廣九十一尺：一，刻本、點校本無。

8. 蓋先生有志於斯世，卒以陸沉下官：世卒，刻本漫漶，點校本作「文」。

9. 愾然肅然：愾，刻本、點校本作「慨」。

10. 御史瑀之第四子：點校本作瑀，誤。

    按：黃榦傳見《宋史》卷 430，云「父瑀」〔註375〕。

李祁

45／381《黃河賦》，據《歷代賦匯》〔註376〕、清代羅汝懷編纂《湖南文徵》

〔註373〕（明）黃仲昭《八閩通志》，《四庫全書存目叢書》史部第 178 冊，齊魯書社 1996 年版，第 721 頁。

〔註374〕（明）黃仲昭《八閩通志》（下），福建人民出版社 2006 年版，第 1313～1315 頁。

〔註375〕（元）脫脫等撰《宋史》（第 36 冊），中華書局 1977 年版，第 12777 頁。

〔註376〕（清）陳元龍輯《歷代賦匯》，江蘇古籍出版社、上海書店 1987 年版，第 109 頁。

卷 53〔註377〕校：

1. 或紓徐以夷延：夷，《文徵》作「迆」。
2. 雷萬鼓而並前：雷，《文徵》作「擂」。
3. 忽洪流之浩渺：忽，《文徵》作「或」。
4. 嘉玄圭之錫告：玄，《文徵》作「元」，避諱而改。
5. 拯沉溺於閒燥：閒，《文徵》作「悶」。
6. 廓乎若乾坤之再造：若，《文徵》作「如」。
7. 是雖足以知黃河之源委：源，《賦匯》作「原」。
8. 蓋其甘心遠方：方，《賦匯》、《文徵》作「夷」。
9. 孰若疏鑿功成：功成，《文徵》作「成功」。
10. 如天地之無不持載、無不覆燾者矣：燾，《賦匯》、《文徵》作「幬」。

    按：《左傳・襄公二十九年》云：「如天之無不幬也，如地之無不載也。」
11. 會百川而東朝：東，《文徵》作「來」。

    按：下句云「環眾星而北共」，作「東」是。
12. 不必手胼足胝：手胼足胝，《賦匯》作「胼足胝手」。

    按：下句云「不必窮幽極遠」，似以「胼足胝手」為是。

45／385《贈陳獻章序》，據清代羅汝懷編纂《湖南文徵》卷 25〔註378〕校：

1. 致中與予同歲生：同歲生，《文徵》作「生同歲」。
2. 寢食起處不相離：處，《文徵》作「居」。
3. 然吾聞夫子之言曰：聞，《文徵》無。
4. 為人兄而不愧於為兄：後一「兄」，《文徵》作「弟」。

45／389《送易玉田之龍陽學正序》，據清代羅汝懷編纂《湖南文徵》卷 25
〔註379〕校：

1. 多予所舊友：所，《文徵》無。
2. 今別其地四三年矣：四三，《文徵》作「三四」。
3. 由縣教官再轉而升郡之博士：由，《文徵》作「攸」。
4. 故為敘其山川風俗人士之美以道之：風俗，《文徵》無；士、道，《文徵》
   作「事」、「送」。

〔註377〕 （清）羅汝懷編纂《湖南文徵》（第 2 冊），嶽麓書社 2008 年版，第 1174 頁。
〔註378〕 （清）羅汝懷編纂《湖南文徵》（第 2 冊），嶽麓書社 2008 年版，第 608 頁。
〔註379〕 （清）羅汝懷編纂《湖南文徵》（第 2 冊），嶽麓書社 2008 年版，第 609 頁。

5. 予將又有望焉：《文徵》作「予又將有所望焉」。

6. 科目行：行，《文徵》無。

7. 則斯文之脈：脈，《文徵》無。

8. 捨是他奚望哉：他，《文徵》下有「又」。

9. 於此而不加之意：於，《文徵》作「如」。

10. 『其勿以科目之廢而輕學校』二句：《文徵》無。

45／401《贈王山長序》，據清代羅汝懷編纂《湖南文徵》卷 25〔註 380〕校：

1. 鼎州勝概名天下久矣：鼎州，《文徵》無。

2. 而以鼎州榮一士人：人，《文徵》無。

3. 未幾百年：未，《文徵》作「凡」。

4. 或謂今之桃川：川，《文徵》作「源」。

5. 有學有人：有人，《文徵》作「尚人」。

6. 就以此致問訊云：此，《文徵》無。

45／411《青陽先生文集序》，據清代陸心源《皕宋樓藏書志》卷 103〔註 381〕、羅汝懷編纂《湖南文徵》卷 25〔註 382〕校（《湖南文徵》題為《余青陽文集序》）：

1. 余與廷心偕試藝京師：余，《藏書志》作「予」，下文並同；偕，《文徵》作「皆」。

2. 三名皆得進士及第：三名，《文徵》無。

3. 已而廷心得右榜第二：已而，《文徵》無。

4. 錫宴則接肘同席而坐，同賜緋服，同授七品官：坐同賜、授，《文徵》作「席同錫」、「受」。

5. 丁父、祖父母三喪：《藏書志》作「丁祖父、父母三喪」，《文徵》作「父與祖父母三喪」。

6. 而廷心方由泗州入翰林：由泗州，《文徵》作「遊四州」。

7. 余之去廷心始相遠矣：矣，《文徵》無。

〔註 380〕 （清）羅汝懷編纂《湖南文徵》（第 2 冊），嶽麓書社 2008 年版，第 610 頁。

〔註 381〕 （清）陸心源《皕宋樓藏書志》，《續修四庫全書》第 929 冊，上海古籍出版社 1996 年版，第 483〜484 頁。

〔註 382〕 （清）羅汝懷編纂《湖南文徵》（第 2 冊），嶽麓書社 2008 年版，第 607〜608 頁。

－307－

8. 遭遇時變：遭，《藏書志》作「連」。

9. 常恨不得乘一障以徼死：常，《藏書志》作「深」，《文徵》作「嘗」。

10. 屹然爲江淮砥柱者五六年：砥柱，《藏書志》作「保障」。

11. 與妻偕死：偕，《文徵》作「皆」。

12. 世安得復有如吾廷心者哉：如吾，《文徵》無。

13. 余以爲廷心雖死：爲，《藏書志》無。

14. 足以照映千古：映，《文徵》作「耀」。

15. 煜然爲斯文之光：煜，《藏書志》作「燁」，《文徵》作「奕」。

16. 而何喪之有焉：焉，《藏書志》作「耶」。

17. 使皆爲世之貪生畏死：爲，《藏書志》作「如」。

18. 蓋掃地盡矣：蓋，《文徵》作「益」；矣，《藏書志》作「也」。

19. 而議論閎達：閎，《文徵》作「宏」。

20. 固可使家傳而人誦之：人，《藏書志》無。

21. 鑿鑿乎其不可易也：乎，《文徵》無；其，《藏書志》無。

22. 而或者猶以不見全稿爲恨：猶，《文徵》作「獨」。

23. 故是集亦以青陽爲名云：是，《藏書志》作「其」。

24. 文末，《藏書志》有「雲陽李祁序」。

45／412《劉申齋先生文集序》，據清代陸心源《皕宋樓藏書志》卷 98〔註383〕校：

1. 嵬眼澒耳者有之：澒，《藏書志》作「傾」。

2. 四方贏糧執贄而來請者：贏，《藏書志》作「籯」。

3. 將以刻諸梓而無其材：材，《藏書志》作「財」。

4. 於是吉水郡侯番易費君振達：達，《藏書志》作「遠」，是。

   按：《皕宋樓藏書志》另載有蕭洵跋，稱「荷州之賢侯費君振遠梓成」〔註384〕。

5. 知廬陵文章一派，其通係在此：派其，《藏書志》作「代之」。

6. 以爲予雖不及見廬陵先輩諸老：及，《藏書志》無。

〔註383〕 （清）陸心源《皕宋樓藏書志》，《續修四庫全書》第 929 冊，上海古籍出版社 1996 年版，第 433～434 頁。

〔註384〕 （清）陸心源《皕宋樓藏書志》，《續修四庫全書》第 929 冊，上海古籍出版社 1996 年版，第 434 頁。

－308－

7. 如見先生焉：先生，《藏書志》作「之諸老」。

8. 文末，《藏書志》有「雲陽李祁序」。

45／414《龍子元書香世科序》，據清代羅汝懷編纂《湖南文徵》卷 25〔註385〕校：

1. 欲記其年甲里居：甲，《文徵》作『齒』。

2. 鄉里後生輩：鄉，《文徵》上有「吾」。

3. 若江西則禍後而輕：禍，《文徵》上有「受」。

45／415《孫氏遺金集序》，據清代羅汝懷編纂《湖南文徵》卷 25〔註 386〕校：

1. 新安孫彥能：孫，《文徵》下有「生」。

2. 時伸紙信筆作漢隸：漢，《文徵》作「藻」。

3. 予意其當得師法：得，《文徵》作「有」。

4. 其後因抽其架上書：因，《文徵》無。

5. 乃見其先君子叔彌所書杜詩一帙：彌，《文徵》作「弭」。下文「叔彌」均作「叔弭」。

6. 居恆快快：快快，《文徵》作「悒快」。

7. 恆以此帙置念慮間：恆，《文徵》無。

8. 遂購得之：購，《文徵》作「贖」。

9. 由是挈此帙自隨：挈，《文徵》作「攜」。

10. 朝夕模倣：模，《文徵》作「摹」。

11. 此此帙之所由以幸存：此此，《文徵》作「此詩」。

12. 時叔彌在京師：時，《文徵》無。

13. 遂為序之：序之，《文徵》作「之序」。

45／424《周德清樂府韻序》，據清代羅汝懷編纂《湖南文徵》卷 25〔註387〕校：

1. 非安排布置所可為也：所，《文徵》作「之」。

2. 以安排布置為之者：《文徵》作「以安排布置者為」。

〔註385〕　（清）羅汝懷編纂《湖南文徵》（第 2 冊），嶽麓書社 2008 年版，第 611 頁。
〔註386〕　（清）羅汝懷編纂《湖南文徵》（第 2 冊），嶽麓書社 2008 年版，第 609 頁。
〔註387〕　（清）羅汝懷編纂《湖南文徵》（第 2 冊），嶽麓書社 2008 年版，第 613 頁。

3. 當是時也：也，《文徵》無。

4. 而作者之音調諧婉：作者之，《文徵》作「作之者」。

5. 拘忌多而作者始不如古矣：如，《文徵》作「知」。

6. 掩絕今古：今古，《文徵》作「古今」。

7. 則意趣風格：趣，《文徵》作「氣」。

8. 俳偶雖切：俳，《文徵》作「排」。

9. 則吾不可得而議也：可，《文徵》無。

10. 而其言曰：其，《文徵》無。

11. 而孟子猶未之盡信：而、盡，《文徵》無。

12. 而況於後之書乎：後，《文徵》下有「世」。

13. 靳靳乎不敢少有遷移：靳靳，《文徵》作「斷斷」。

14. 予自幼入小學學詩：幼，《文徵》作「初」；小，《文徵》無。

15. 常怪乎東多之不相通也：常，《文徵》作「恆」。

16. 恨世變莫知所存：知，《文徵》作「之」。

17. 亦莫能憶究其說：憶，《文載》作「臆」。

18. 常往來於懷：常，《文徵》作「嘗」。

19. 指其疵繆：繆，《文徵》作「謬」。

20. 而向之混緩范犯等字：緩，《文徵》作「援」。

21. 它亦未暇悉論也：它，《文徵》作「他」。

22. 蓋德清之所以能爲此者：者，《文徵》無。

23. 而自覺其侏離鴃舌之爲可愧矣：離，《文徵》作「儸」，誤。

24. 則必能形諸歌詠：則必能，《文徵》無。

45／426《於承慶詩序》，據清代羅汝懷編纂《湖南文徵》卷 25〔註 388〕校：

1. 紅巾逼茶陵城，越明年夏：城越，《文徵》無。

2. 事有咈於其志：咈，《文載》作「拂」；志，《文徵》下有「者」。

3. 往往有奮臂扼腕切齒唾罵之意：扼，《文徵》作「振」。

4. 竟以不食而卒：《文徵》無。

5. 周回千數百里：回，《文徵》下有「於」。

6. 求間道訪予山中：求，《文徵》無。

〔註 388〕（清）羅汝懷編纂《湖南文徵》（第 2 冊），嶽麓書社 2008 年版，第 614 頁。

7. 今四方王公卿使：使，《文徵》作「士」。

8. 承慶幸得從容進趨其間：幸，《文徵》無。

9. 宜必以讜謨詉論：以，《文載》無；詉，《文徵》作「宏」。

10. 而奮臂扼腕切齒唾罵之意：扼，《文徵》作「振」。

11. 夫然後向之所以痛憤激烈：後，《文徵》有「於」。

12. 泰然而平矣：矣，《文徵》作「乎」。

45／430《王子讓文稿序》，據清代陸心源《皕宋樓藏書志》卷 108〔註 389〕
校：

1. 眉目清拔：拔，《藏書志》作「聳」。

2. 舉舉異常人：舉舉，《藏書志》作「舉止」。

3. 君西我東：《藏書志》無。

4. 及觀其所爲文數十篇：數，《藏書志》作「□」。

5. 皆藹然仁義之辭：辭，《藏書志》作「詞」。

6. 凜然忠憤之氣：凜然，《藏書志》上有「而」。

7. 平生朋友存者：朋友，《藏書志》作「友朋」。

8. 百無二三：百，《藏書志》無。

9. 文末，《藏書志》有「歲在乙巳夏四月雲陽李祁序」。

45／432《茶陵州達嚕噶齊托音善政詩序》，據清代羅汝懷編纂《湖南文徵》
卷 25〔註 390〕校：

1. 茶陵州達嚕噶齊托音善政詩序：達嚕噶齊托音，《文徵》作「達魯花赤
   脫因」，是。

   按：達嚕噶齊、托音，均爲清代改譯。

2. 得名譽也：名譽，《文徵》作「譽名」。

3. 而爲政者：政，《文徵》作「治」。

4. 今監州托音公則不然：托音，《文徵》作「脫因」。

5. 公於是聽民得以自實：實，《文徵》作「首」。

6. 而又加之以辨敏之資：前一『之』，《文徵》無。

〔註 389〕 （清）陸心源《皕宋樓藏書志》，《續修四庫全書》第 929 冊，上海古籍出版
社 1996 年版，第 537～538 頁。

〔註 390〕 （清）羅汝懷編纂《湖南文徵》（第 2 冊），嶽麓書社 2008 年版，第 615 頁。

7. 爲政者之事也：者，《文徵》無。

8. 是皆吾黨之士：皆，《文徵》無。

45／438《譚行遠詩序》，據清代羅汝懷編纂《湖南文徵》卷 25〔註391〕校：

1. 夙自振發：自，《文徵》無。

2. 或聞諸人稱譽行遠詩，益自愧：《文徵》無。

3. 猶有欲並轡爭先之意：有欲，《文徵》作「欲有」。

4. 以盡徹今時之町畦藩蔽：徹，《文徵》作「撤」。

5. 出所爲詩以示嘗往來者：嘗，《文徵》作「常」。

45／439《師子林詩序》，據清代羅汝懷編纂《湖南文徵》卷 25〔註392〕校：

1. 非若名山巨刹之宏基厚址也：名、址，《文徵》作「崇」、「阯」。

2. 非若高堂聚食常數千指也：常，《文徵》作「嘗」。

3. 師之上弟字可庭：字，《文徵》無。

45／440《草堂名勝集序》，據清代陸心源《皕宋樓藏書志》卷 117〔註393〕、
羅汝懷編纂《湖南文徵》卷 25〔註394〕校：

1. 仲瑛即所居之偏闢地：仲瑛，《藏書志》無。

2. 園之中：園，《文徵》下有「池」。

3. 羅尊俎：尊，《藏書志》作「樽」。

4. 於是衰而第之以爲集：以爲集，《藏書志》作「匯成一帙」。

5. 予幼時讀晉蘭亭、唐桃李園序：讀，《文徵》作「謂」；李，《藏書志》
作「花」。

6. 若桃李園之燕：李，《藏書志》作「花」；燕，《藏書志》作「宴」、《文
徵》作「讌」。

7. 則又不知當時能賦者幾人：又，《文徵》無。

8. 獨賴李仙人一序可見耳：仙人，《文徵》作「謫仙」。

9. 豈若草堂之會有其人：會，《藏書志》作「會會」。故此句當讀爲「豈若
草堂之會，會有其人」。

〔註391〕 （清）羅汝懷編纂《湖南文徵》（第 2 冊），嶽麓書社 2008 年版，第 611 頁。

〔註392〕 （清）羅汝懷編纂《湖南文徵》（第 2 冊），嶽麓書社 2008 年版，第 612 頁。

〔註393〕 （清）陸心源《皕宋樓藏書志》，《續修四庫全書》第 929 冊，上海古籍出版
社 1996 年版，第 628 頁。

〔註394〕 （清）羅汝懷編纂《湖南文徵》（第 2 冊），嶽麓書社 2008 年版，第 610 頁。

10. 而詩可誦耶：可，《藏書志》、《文徵》上有「皆」。

11. 識度宏達：宏，《藏書志》作「宕」；達，《文徵》作「遠」。

12. 所交多一時名勝：勝，《文徵》作「士」。

13. 桃李園序並傳天壤間：李，《藏書志》作「花」。

14. 文末，《藏書志》有「至正十一年歲在辛卯二月既望元統癸酉第一甲進士及第湘東李祁序」。

45／441《美太尉高公詩序》，據清代羅汝懷編纂《湖南文徵》卷 25〔註395〕校：

1. 飲食起處：處，《文徵》作「居」。

2. 仍計其歲俸之全以賜之：全，《文徵》作「金」。

3. 使者之至：之，《文徵》無。

4. 歡喜歆羨：歆，《文徵》作「欣」。

5. 安樂閒而自適：安樂，《文徵》作「樂安」。

6. 然則我國家優崇老臣之意：臣，《文載》作「成」。

45／467《吉安路詩人堂記》，據清代羅汝懷編纂《湖南文徵》卷 17〔註396〕校：

1. 及其既歿：歿，《文徵》作「沒」。

2. 實今廉訪分司之近：近，《文徵》下有「地」。

3. 其後又寓拜詩人於西原山寺：寓，《文徵》作「會」；詩人，《文徵》無。

4. 州學正危志白諸府公：公，《文徵》作「君」。

5. 廣袤十餘丈而營焉：焉，《文徵》無。

6. 仍以其西廊：其，《文徵》無。

7. 滯無不疏：疏，《文徵》作「流」。

8. 於是郡士流謙：郡士，《文徵》無；劉，《文徵》作「流」。

9. 合辭以詩人堂爲請：辭，《文徵》作「詞」。

10. 安乎不正之則：則，《文徵》作「側」。

11. 越明年二月戊寅：寅，《文徵》作「辰」。

> 按：越明年，即至正五年。此年二月丙辰朔，戊辰乃初十三日，戊寅乃初二十三日。

〔註395〕 （清）羅汝懷編纂《湖南文徵》（第 2 冊），嶽麓書社 2008 年版，第 612 頁。
〔註396〕 （清）羅汝懷編纂《湖南文徵》（第 1 冊），嶽麓書社 2008 年版，第 444 頁。

12. 囿明時之禮樂：囿，《文徵》作「侑」。

13. 慕其人則思所以景其行：慕其人，《文徵》無。

14. 此又侯建堂之美意：建堂，《文徵》無。

45／472《天遊齋記》，據清代羅汝懷編纂《湖南文徵》卷 17〔註397〕校：

1. 溝塍畦苑：苑，《文徵》作「花」。

2. 而煙雲草樹之杳藹蔓蒨：杳，《文徵》作「青」。

3. 人唯嗜欲以昏之：唯，《文徵》作「惟」。

4. 一體而分：分，《文徵》作「公」。

5. 行乎自然無所遻：遻，《文徵》作「逆」。

6. 其於天遊不其庶幾乎：幾，《文徵》無。

45／495《巢居閣記》，今據明代陳讓、夏時正纂修《成化杭州府志》卷 6〔註398〕校：

1. 考之郡志可見矣：矣，《府志》作「已」。

2. 此巢居之故址也：址，《府志》作「地」。

3. 然自洪荒既遠：然自，《府志》無。

4. 守寂寞之樊邱：邱，《府志》作「丘」。

5. 或者其在是乎，其在是乎：後一『其在是乎』，《府志》無。

6. 則斯閣之不可不設也審矣：設，《府志》作「復」。

7. 文末，《府志》有「至正八年歲在戊子九月望江浙等處儒學副提舉茶陵李祁」。

45／503《休寧榷茶提舉司進思堂記》，清代羅汝懷編纂《湖南文徵》卷 17 題為《進思堂記》〔註399〕。今據以校：

1. 是爲之：是，《文徵》下有「以」。

2. 曾不知天下之才：才，《文徵》作「財」。

3. 彼豈知忠之爲義哉：哉，《文徵》無。

〔註397〕 （清）羅汝懷編纂《湖南文徵》（第 1 冊），嶽麓書社 2008 年版，第 442～443 頁。

〔註398〕 （明）陳讓、夏時正纂修《成化杭州府志》，《四庫全書存目叢書》史部第 175 冊，齊魯書社 1996 年版，第 79 頁。

〔註399〕 （清）羅汝懷編纂《湖南文徵》（第 1 冊），嶽麓書社 2008 年版，第 443～444 頁。

4. 或者曰：或，《文徵》作「顧」。

5. 至正五年，文林朗同知徽州路婺源州事李祁書：《文徵》無。

第 46 冊

趙鳳儀

46／10《溫州路總政堂記》，《全元文》據明弘治十六年刻《溫州府志》、清康熙二十四年《溫州府志》錄文。此文重見 37 冊 216 頁，據清光緒二十五年《浙江通志》錄文。37 冊所收文本與嵇曾筠《雍正浙江通志》卷 50 同，較《溫州府志》文本，脫文較多。今據以校：

1. 商名以總政者：《通志》無。

2. 古治國猶治絲然：古，《通志》無；猶，《通志》作「如」。

3. 棼者整之：棼，《通志》作「紛」。

4. 『夫彝倫』至『國家恢斥區域』、『相繼相續也』至『無獨欺也』、『噫』、『故云猶治絲然』：《通志》無。

5. 余以延祐丁巳冬來守：余，《通志》作「予」。下文「是余責也已」同。

6. 『余聞自昔臨民之地』至『稽於經』、『年書時書月』、『府治坐臨千里以』、『然而至今始克成書』至文尾：《通志》無。

46／11《六書故序》，此文重見 37 冊 217 頁。今據陸心源《皕宋樓藏書志》卷 14〔註 400〕校：

1. 獨大爲文：大，《藏書志》作「立」。

2. 文犬而字孳：犬，《藏書志》作「立」。

3. 孰有外於是者：孰，《藏書志》作「執」。

4. 譌謬滋甚：謬，《藏書志》作「繆」。

5. 有求正於六書之故者益鮮：益，《藏書志》作「蓋」。

6. 莫不援據：援，《藏書志》作「爰」。

7. 聯然如示諸掌：聯，《藏書志》作「瞭」。

8. 延祐庚申冬十月：《藏書志》下有「古汴趙鳳儀序」。

〔註 400〕　（清）陸心源《皕宋樓藏書志》，《續修四庫全書》第 928 冊，上海古籍出版社 1996 年版，第 160 頁。

劉耕孫

46／34《靈臺賦》，今據《歷代賦匯》校〔註401〕：

1. 龜在數兮鳳鳴岐：數，《賦匯》作「藪」，是。
2. 偉二雍之並建：二，《賦匯》作「三」。
3. 於論官兮景從：《賦匯》作「於論兮鼓鐘，於樂兮辟廱。駕言兮戾止，寢威兮盛容。八鸞兮和鳴，千官兮景從」。

羅朋

46／36《玉燭賦》，《全元文》據明成化刊本《文翰類選大成》、四庫本《歷代賦匯》錄文。今據光緒俞樾校本《歷代賦匯》校〔註402〕：

1. 祥輝上燭乎員靈：員，《賦匯》作「圓」。
   按：謝莊《月賦》：「柔祇雪凝，圓靈水鏡。」李善注云：「圓靈，天也。」
   〔註403〕
2. 德澤下浹乎坤軸：浹，《賦匯》作「洽」。

吳當

46／40《理學類編序》，《全元文》據清同治《清江縣志》錄文。今據民國胡思敬校《豫章叢書》本《理學類編》卷首校〔註404〕：

1. 又烏能究其孰同而孰異哉：《全元文》錄文至此。下有脫文，《理學類編》本下有「故朱子惟格物致知之學，與世之博物洽聞者異。此以反身窮理爲主，而必究其本末，是非之極至。彼以徇外誇多爲務，而不覈其表裏眞妄之實。然此爲己爲人之所以分，不可不察也。當以庸下之質，蓋嘗用力而恆懼未有聞也。因誦是編，謹述此爲序，而請教焉。臨川吳當序」。

〔註401〕（清）陳元龍輯《歷代賦匯》，江蘇古籍出版社、上海書店 1987 年版，第 448 頁。

〔註402〕（清）陳元龍輯《歷代賦匯》，江蘇古籍出版社、上海書店 1987 年版，第 193 頁。

〔註403〕（梁）蕭統編、（唐）李善等注《六臣注文選》卷 13，中華書局 2012 年版，第 254 頁。

〔註404〕（明）張九韶《理學類編》，《叢書集成續編》第 77 冊，上海書店出版社 1994 年版，第 280 頁。

王厚孫

46／75《同谷山賦》，《全元文》據清光緒三年《鄞縣志》錄文。今據清代
錢維喬修、錢大昕纂《乾隆鄞縣志》卷 3《山川》〔註405〕校：

1. 維鄞嚴邑：維，《鄞縣志》作「惟」。
2. 考羇譜圖：譜，《鄞縣志》作「按」。
3. 朝躡靈運之屐：躡，《鄞縣志》作「躋」。

李廉

46／82《春秋諸傳會通序》，今據清代朱彝尊《經義考》卷 197〔註406〕、
陸心源《皕宋樓藏書志》卷 9〔註407〕校：

1. 但汗漫紛雜：汗，《經義考》作「污」。
2. 叨錄劇司：錄，《經義考》、《藏書志》作「祿」。
3. 會粹成編：粹，《經義考》作「萃」。
4. 事之案也：案，《藏書志》作「按」。
5. 姑識於卷端：姑，《藏書志》作「始」。

46／90《王會圖賦》，據《歷代賦匯》校〔註408〕：

1. 迤邐而階進者：階，《賦匯》作「偕」。
2. 非交阯、夜郎之遺寶乎：寶，《賦匯》作「賓」。

李桓

46／90《檜亭集序》，《全元文》據民國二十四年《臨海縣志》錄文。今據
陸心源《皕宋樓藏書志》卷 101〔註409〕校：

1. 君之徙居寓於金陵之城北：之，《藏書志》作「三」。

〔註405〕（清）錢維喬修、錢大昕纂《乾隆鄞縣志》，《續修四庫全書》706 冊，上海
　　　　古籍出版社 1996 年版，第 56 頁。
〔註406〕（清）朱彝尊撰，林慶彰、蔣秋華、楊晉龍等點校《經義考新校》第 7 冊，
　　　　上海古籍出版社 2010 年版，第 3595～3596 頁。
〔註407〕（清）陸心源《皕宋樓藏書志》，《續修四庫全書》第 928 冊，上海古籍出版
　　　　社 1996 年版，第 103 頁。
〔註408〕（清）陳元龍輯《歷代賦匯》，江蘇古籍出版社、上海書店 1987 年版，第
　　　　202 頁。
〔註409〕（清）陸心源《皕宋樓藏書志》，《續修四庫全書》第 929 冊，上海古籍出版
　　　　社 1996 年版，第 1～2 頁。

2. 婿饒氏介之方集君詩：婿，《藏書志》作「壻」。

3. 爲詩精□奇偉：□，《藏書志》作「麗」。

4. 余所見四方之士：余，《藏書志》作「及予」。

5. 余嘗評君有三異：余，《藏書志》作「予」。

6. 而獨善爲詩：善，《藏書志》無。

7. 詩未刻意而語綴過：綴過，《藏書志》作「輟過人」。

8. 平生倡和題詠：倡，《藏書志》作「唱」。

9. 而散佚突甚：突，《藏書志》作「罙」。

10. 纔十之二三：纔，《藏書志》作「財」，誤。

11. 余識君二十年之前：余，《藏書志》作「予」；君，《藏書志》下有「於」。

12. 惜乎介之早不登其門而盡錄也：早不，《藏書志》作「不早」。

13. 至元五年歲次己卯季多二十有八日：八日，《藏書志》下有「中山李桓謹書」。

46／95《玉海序》，《全元文》據清嘉慶十一年本《玉海》錄文。此文重見於《全元文》56冊第132頁，據清康熙補刻本《玉海》錄文。今據清康熙本《玉海》、清光緒九年浙江書局刻本《玉海》〔註410〕、陸心源《皕宋樓藏書志》卷61〔註411〕校：

1. 宗工鉅儒咸共折然：然，康熙本、光緒本、《藏書志》均作「服」。

2. 故其爲書精密淵深：精，康熙本、光緒本、《藏書志》均作「粹」。

3. 豈非所謂博而得其要者與：與，《藏書志》無。

4. 浙東帥府都事牟君應復：復，光緒本作「龍」，誤。

　　按：胡助《玉海序》（31／497）云：「浙東帥府都事牟君應復首建議，繕寫校讎，將鋟諸梓。」

5. 收其羨余以爲助：『以爲助』以下有脫文。康熙本作「移之部使者而然焉，於是聞者又皆喜，幸是書之不泯。越四年」。（然焉，光緒本作「□焉」、《藏書志》作「然」。幸，《藏書志》無。）

6. 而事未克集：康熙本、光緒本、《藏書志》下均有「斯文之遇，若將有待然」。

〔註410〕 （宋）王應麟《玉海》，上海書店出版社、江蘇古籍出版社1990年版，第5～6頁。

〔註411〕 （清）陸心源《皕宋樓藏書志》，《續修四庫全書》第929冊，上海古籍出版社1996年版，第1～2頁。

7. 立政建事者資焉：康熙本、光緒本、《藏書志》下均有「監其因革而酌其時宜，可以裨謀議於朝廷，致治效於國家」。

8. 昔嘗有以玉海名其集者：昔，康熙本、光緒本、《藏書志》下均有「之文士」；集者，康熙本、光緒本、《藏書志》下均有「詞章之靡麗，蓋不足以當之。夫」。

9. 海之藏無不具，惟是書足以當之：康熙本、光緒本、《藏書志》均作「海之藏無所不具，名之而無愧，其惟是書乎」。

46／95《釋氏稽古略序》，此文重收於 56 冊 130 頁。《全元文》據清光緒十二年《釋氏稽古略》錄文，今據陸心源《皕宋樓藏書志》卷 65〔註412〕校：

1. 根本深固而不可搖拔：拔，《藏書志》作「枝」。

46／95《續復古編序》，此文重收於 56 冊 131 頁。《全元文》據清光緒十二年《續復古編》錄文，今據陸心源《皕宋樓藏書志》卷 15〔註413〕、蔣光煦《東湖叢記》卷 1〔註414〕校補：

1. 數俪張氏《復古編》之善：俪，《藏書志》、《叢記》均作「稱」。
2. 聞之既孰：孰，《藏書志》、《叢記》均作「熟」。
3. 獨怪其文之約：之，《藏書志》無。
4. 好古篆，工其筆法：篆、工，《叢記》位置相反。
5. 他日出《續編》示予：予，《叢記》作「余」。
6. 予雖衰惰：予，《叢記》作「余」。
7. 文末題署一句，《叢記》無。

倪中

46／116《白雲稿序》，《全元文》據明刻本《白雲稿》錄文。今據四庫本《白雲稿》〔註415〕校：

1. 未聞有能振起之者：振，四庫本作「掘」。

〔註412〕（清）陸心源《皕宋樓藏書志》，《續修四庫全書》第 929 冊，上海古籍出版社 1996 年版，第 56～57 頁。

〔註413〕（清）陸心源《皕宋樓藏書志》，《續修四庫全書》第 928 冊，上海古籍出版社 1996 年版，第 163 頁。

〔註414〕（清）蔣光煦《東湖叢記》，遼寧育出版社 2001 年版，第 14～15 頁。

〔註415〕（元）朱右《白雲稿》，景印文淵閣四庫全書第 1228 冊，臺灣商務印書館 1986 年版，第 4 頁。

2. 以上尊孔孟而下襲揚馬者：揚，四庫本作「楊」。

3. 顧多在於賤窮之士：賤窮，四庫本作「窮賤」。

4. 稾城倪中敘：敘，四庫本作「序」。

陶璞

46／122《餞郭侯浙漕之任序》，《全元文》據清《宛委別藏》本《編類運使復齋郭公敏行錄》錄文。今據元至順刻本《編類運使復齋郭公敏行錄》校〔註416〕：

1. 吾床須《易》在足矣：須，《敏行錄》作「頭」。

2. 皆能盡忠：盡忠，《敏行錄》無。

李晦

46／126《無錫升州記》，《全元文》據清光緒十二年《常州府志》錄文。今據明代《無錫縣志》卷4下〔註417〕校：

1. 錫山在州西可五里許：在，《縣志》無。

2. 而為慧山：慧，《縣志》作「惠」。

3. 霑濡聖澤：霑，《縣志》作「沾」。

4. 非所以侈皇恩而崇偉觀也：此句，《縣志》下有「誠為缺典」。

5. 今知州禾速嘉榮甫與長官暨同列蒞官年餘：榮，《縣志》作「勞」。

6. 文末，《縣志》有「大德庚子中秋州人前鄉貢進士李晦顯翁記」。

黃文傑

46／129《上猶縣治記》，《全元文》據清康熙五十九年《西江志》錄文。今檢明代劉節《嘉靖南安府志》卷15《建置志一》、清代謝旻《雍正江西通志》卷128《藝文》亦載有此文。《嘉靖南安府志》與此文本差異較大，今據以校補〔註418〕：

〔註416〕（元）鄧文原《編類運使復齋郭公敏行錄》，《續修四庫全書》第550冊，上海古籍出版社1996年版，第675～676頁。

〔註417〕（明）佚名《無錫縣志》，景印文淵閣四庫全書第492冊，臺灣商務印書館1986年版，第771～772頁。

〔註418〕（明）劉節《嘉靖南安府志》，《天一閣藏明代方志選刊續編》第50冊，上海古籍書店1980年版，第651～655頁。

1. 文首，《南安府志》有「地方百里而爲邑，邑治之必葺，非侈長民者之燕居，所以承流宣化胥此爲出，不可不盡其心也。」

2. 縣尹汴梁伯顏察兒蒞猶川：縣尹，《府志》無；伯顏察兒，《府志》上有「楊公名曰」；蒞，《府志》作「尹茲」。伯顏察兒，《通志》作「巴延徹爾」。

3. 首諏風土與沿革之由：沿革，《府志》上有「夫邑治」。

4. 邑落其中：邑，《府志》上有「而」。

5. 黃廷玉以擢科補使院：以擢科，《府志》無。

6. 黎求代光稠：稠，《府志》下有「繼志述事」。

7. 推吳知道：《府志》作「抽吳知過」。

8. 時奸盜蜂午：時，《府志》作「際」。

9. 前後褒詔：詔，《府志》作「轉」。

10. 升元庚子：升，《府志》上有「累官至」。

11. 累官銀青大夫：《府志》作「授銀青」。

12. 猶民德其政：德，《府志》作「得」。

13. 刻於石：《府志》作「於石刻」。

14. 至南唐保泰壬子：泰，《府志》作「大」，是。
    按：保大乃南唐李璟年號。

15. 三百四十五年：年，《府志》下有「之間」。

16. 群凶寇三鄉者五十有三：者，《府志》作「良民」。

17. 紹興壬申：紹興，《府志》上有「維」。

18. 鄰寇復亂：《府志》作「鄰寇亂境」。

19. 邑令王同老謂居民何累家而聽害，許自便奔虔：《府志》作「邑令王同老謂居民非有根而難拔，何苦累其家而聽其害，許鄉邑之民自便奔於虔」。

20. 於是寇平民歸：於是，《府志》無。

21. 雖火其廬，人物如昨：雖，《府志》作「不過」；人物，《府志》上有「而」。

22. 輪奐翬飛：輪，《府志》作「若鄉若邑，侖」。

23. 其德民也遠矣：《府志》作「其德澤加於民也遠矣」。

24. 己巳：《府志》作「嘉定已巳」。

25. 本路孫通判名猶字有反文：文，《府志》上有「犬」。

26. 『壬申改爲南安縣』至『正爲吾民義守具也』：《府志》作「壬申改爲南安縣，後世恥之入。至元邑令葉茂由監軍歸改縣爲郡，稱郡中。以李申異知縣事。至元丙子臘月，塔出元帥次，猶圍城七十二日，弗克退師。至元己卯三月，賈參政復至諭以城降，邑令李申異誓，居民李梓發之疇曰：『猶未。城前遇有變故，民散而之吉贛。紹定壬辰，邑令胡泓徙邑築城正爲吾民義守具也』」。

27. 至十五日：至，《府志》上有「卒」。

28. 城陷屠焉：城陷，《府志》無。

29. 邑廨舍倉庫：《府志》作「使合邑廨舍倉庫碑名」。

30. 及一千四百一十六家之生靈：四，《府志》作「三」。

31. 又不免於四境：又，《府志》上有「則」。

32. 萬有餘人：《府志》上有「四境一木而支大廈」。

33. 參政召申異適之：適之，《府志》作「而過之，曰：『』汝宰邑非才，是圍民以城誨，鋒鏑而自戕。吾雖命將分問善良，其道無由也 」。

34. 撫集遺亡僅存七十有二：《府志》下有「荒城白骨，四顧蕭然」。

35. 自是鄉民無富五：自是，《府志》下有「以往」。

36. 牧民之官：牧民，《府志》上有「悖亂」。

37. 惟務用軍給餉：用軍，《府志》下有「行師戍營」。

38. 奚暇顧邑治之綿蕞哉：蕞，《府志》作「蕝」。

39. 以新蒞政之所：所，《府志》作「階」。

40. 簿尉劉彝訓輩：輩，《府志》無。

41. 遂捐俸倡僚佐官吏，重修邑治：《府志》作「公董僚佐官吏，聚以祿俸，重修邑治。適主簿趙居義適公出」。

42. 新簿蘇吉共完厥功。越二月竣事，悉增其舊制，邑民請書其事，余故樂書：《府志》做「喜其經營，從新簿蘇吉銳然以完厥功。越二月竣事，而悉增其舊制。視事有廳，清心有堂，案牘有所，建中門翼兩廡，新鼓樓，立久廢之縣碑，置左庖而右廐。猶民助資募匠，以落其成。伐石請碑，以記其事。噫！今之碑猶古之碑。既口於今，今之碑可不記其古乎？古今字民之生，萬邑掾若也。耳目接於民，政令速於行。一邑得人，則一邑之事舉，在在得人而天下平矣。猶爲萬山岩邑，尤不可以非才治。然一日必葺，凡任邑者之責也，豈古今區區之營造，得以其紀諸政治哉。

是不然。昔仲由治浦，孔子至其庭。庭甚清閒，知其明察以斷，故其政不擾。張睎顏治萍鄉，范延賞言於張忠定，云：『夜宿邸中，聽其更皷分明，知其必有善政。』故即猶之事，而知猶之政，是宜書之，以驗方來。席斯堂而布政者母忽。」

黃文仲

46／131《大都賦》，據《歷代賦匯》〔註419〕校：

1. 有事疆場：場，《賦匯》作「場」。
2. 又有西天比丘：丘，《賦匯》作「邱」。
3. 大獵乎溮水之渚：渚，《賦匯》作「湄」。

46／138《運使復齋郭公敏行錄序》。此文見收《運使復齋郭公敏行錄》，今據以校〔註420〕：

1. 觀易師侯先生寄遠倡和數篇：遠，《敏行錄》作「□」。
2. 口山西有愚者：□，《敏行錄》作「九口」。
3. 某其親也生之：其，《敏行錄》下有「相」。

46／139《新建南臺監倉之記》。此文見收《運使復齋郭公敏行錄》，今據以校〔註421〕：

1. 經曰『非先王之德言不敢言』：德，《敏行錄》作「法」。
    按：此語出自《孝經・卿大夫章》，文曰：「非先王之法言不敢道。」
2. 方其言行未見去也：去，《敏行錄》作「知」。
3. 謂其有言行可為德為則於天下：德，《敏行錄》作「法」。
4. 胥為是乎：胥，《敏行錄》作「肯」。
5. 長而力行：長，《敏行錄》作「壯」。非善行無以示其事：示，《敏行錄》作「干」。
6. 而敘見之十餘紙之文辭：敘，《敏行錄》作「顧」。
7. 復齋公官躋三品：復齋，《敏行錄》上有「今」。
8. 在官以儉積俸：俸，《敏行錄》作「倦」，誤。

〔註419〕（清）陳元龍輯《歷代賦匯》，江蘇古籍出版社、上海書店 1987 年版，第 150～151 頁。
〔註420〕（元）徐東輯《運使復齋郭公敏行錄》，宛委別藏本。
〔註421〕（元）徐東輯《運使復齋郭公敏行錄》，宛委別藏本。

9. 今老，無乃大傷爲兄者心願：無、大，《敏行錄》作「矣」、「不」。

10. 斯非可德之言：可德，《敏行錄》作「有法」。

11. 則憂日無二升之食：日，《敏行錄》作「同」。

46／141《新建南臺監倉之記》。此文見收《運使復齋郭公敏行錄》，今據以校〔註422〕：

1. 官糧缺廩：缺，《敏行錄》作「闕」。

2. 一引別入寶幣一貫：貫，《敏行錄》作「貰」。

3. 塹山塡土：土，《敏行錄》作「地」。

4. 定爲倉三十間：十，《敏行錄》作「千」。

余謙

46／201《古今韻會舉要序》，《全元文》據明嘉靖六年《古今韻會舉要》錄文。今據陸心源《皕宋樓藏書志》卷 17〔註423〕校：

1. 寵賚下班：寵，《藏書志》作「龍」。

2. 念惟韻版文字乖誤頗繁：版，《藏書志》作「板」。

3. 尙獲與學書者咸被於天下同文之休：書，《藏書志》無。

董珪

46／205《息縣鐘樓記》，《全元文》據明成化二十二年《河南總志》卷 13 錄文、清嘉慶四年《息縣志》卷 7《藝文上》校。今覆檢《息縣志》所載，漏校甚多。今補校如下〔註424〕：

1. 息自金亡遂廢：遂廢，《息縣志》無。

2. 僻介淮堧：堧，《息縣志》作「濱」。

3. 丘墟者久之：丘，《息縣志》作「邱」。

4. 國初官制行，復置州治：官制行復，《息縣志》無。

5. 始則披荊棘：則，《息縣志》無。

6. 『獸蹄鳥跡幾於民半』至『皆始帖席』：《息縣志》無。

〔註422〕　（元）徐東輯《運使復齋郭公敏行錄》，宛委別藏本。

〔註423〕　（清）陸心源《皕宋樓藏書志》，《續修四庫全書》第 928 冊，上海古籍出版社 1996 年版，第 191 頁。

〔註424〕　（清）劉光輝修、任鎮及纂《嘉慶息縣志》，清嘉慶四年刊本。

7. 同知烏君創構麗譙三楹於公署之南：創，《息縣志》無。

8. 植鼓其上：《息縣志》無。

9. 以節晨夜：夜，《息縣志》作「昏」。

10. 判官於侯敦武由下蔡簿來倅於息。一曰：於息一日，《息縣志》無。

11. 『郡之耳目』至『其禁風雨剝蝕何』：《息縣志》作「所以節晨昏，警作息，必高其樓以居之」。

12. 自今郡長買閻仲章：《息縣志》作「於是郡長員閻仲章」。

13. 各捐俸金有差：金，《息縣志》無。

14. 合辭贊襄《息縣志》無。

15. 仍命侯專董其事：專，《息縣志》無。

16. 郡中好事者聞之：好事者聞之，《息縣志》無。

17. 貧者力役：力，《息縣志》作「任」。

18. 實以瓦礫，隱以金權：《息縣志》作「實之築之」。

19. 去地三十有六尺：去地，《息縣志》無。

20. 面勢尊嚴，矗若矢志：《息縣志》作「面勢矗若」

21. 上棟下宇：《息縣志》作「棟宇充盈」。

22. 周阿列楹：《息縣志》無。

23. 欄檻櫛比：櫛，《息縣志》作「節」。

24. 安履堂閨：閨，《息縣志》作「闌」。

25. 『天晴氣和』至『徙倚舒嘯』：《息縣志》無。

26. 淮山清佳：《息縣志》無。

27. 坐奠几席：几席，《息縣志》下有「間矣」。

28. 噫嘻：《息縣志》無。

29. 昔焉丘墟：丘，《息縣志》作「邱」。

30. 『何造物倚伏者如此』至『鯨音夜吼』：《息縣志》無。

31. 役成且敏：《息縣志》無。

32. 『礱石已久』至『矧予忝知是州』：《息縣志》無。

33. 因繫其事為詳：《息縣志》作「予目擊其事」。

34. 故屬筆不讓：筆，《息縣志》作「辭」。

35. 初以詰盜獲功：《息縣志》無。

36. 所歷悉有能稱：悉，《息縣志》無。

索元岱

46／216《金陵新志序》,《全元文》據元至正四年刊本《金陵新志》錄文。
陸心源《皕宋樓藏書志》卷 32 著錄元刊元印本《金陵新志》〔註 425〕,文
字與此稍有不同,補校如下:

1. 郡志之見於世亦多矣:志,《藏書志》作「邑」;亦,《藏書志》無。
2. 執此遺彼者:執,《藏書志》作「語」。
3. 凡以其紀載有法:凡以,《藏書志》作「比比皆是,求」。
4. 而有以知其敘事之詳也:也,《藏書志》作「矣」。

胡一中

46／259《四書箋義序》,《全元文》據叢書集成本《四書箋義》錄文,今據
陸心源《皕宋樓藏書志》卷 10〔註 426〕校:

1. 然止欲以課貌:貌,《藏書志》作「兒」,是。

　　按:趙德《四書箋義自序》(51／362)云:「匯箋成帙,因以課兒。」

劉希孟

46／285《潮陽路明貺三山國王廟記》,《全元文》據《永樂大典》錄文。
此文亦載於清代周碩勳《乾隆潮州府志》卷 41《藝文中》(阮元《道光廣
東通志》卷 148《建置略》24〔註 427〕同),題為《明貺廟記》。今據以校
證〔註 428〕:

1. 元統一四海:元,《府志》上有「我」。
2. 累降德音:《府志》無。
3. 所在官歲時致祭:官,《府志》作「詔有司」。
4. 故潮州路三山之神之祀:故、州、前一『之』,《府志》無。
5. 弘庇於民:弘,《府志》作「宏」,當為避諱;於,《府志》作「斯」。

〔註425〕 (清)陸心源《皕宋樓藏書志》,《續修四庫全書》第 928 冊,上海古籍出版
　　　　社 1996 年版,第 360～361 頁。
〔註426〕 (清)陸心源《皕宋樓藏書志》,《續修四庫全書》第 928 冊,上海古籍出版
　　　　社 1996 年版,第 119 頁。
〔註427〕 (清)阮元《道光廣東通志》,清道光二年刻本。
〔註428〕 (清)周碩勳《乾隆潮州府志》,《中國方志叢書》第 46 號,成文出版社 1967
　　　　年版,第 1055～1056 頁。

6. 式克至於今日休：《府志》作「故食報至於今日」。

7. 『潮於漢爲揭陽鎮』至『邑之西百里有獨山』：《府志》作「考潮州西北百里有獨山」。

8. 又有奇峰曰玉峰：又，《府志》無。

9. 亂石激湍：亂，《府志》上有「有」。

10. 以一石爲界：一，《府志》無。

11. 西接於梅州：於，《府志》無。

12. 地名淋田：地，《府志》上有「其」；淋，《府志》作「霖」。

13. 其英靈之所鍾：其，《府志》無。

14. 有神三人出於巾山之石穴：於，《府志》無。

15. 廟食於此地。有古楓樹：《府志》作「因廟食焉。地舊有古楓樹」。

16. 上生蓮花：上，《府志》作「樹」。

17. 鄉民陳其姓者：其，《府志》無。

18. 白晝見三人乘馬而來：而，《府志》無。

19. 招爲從者，已忽不見：《府志》作「招已爲從，忽不見」。

20. 陳遂與神俱化：與神俱，《府志》無。

21. 眾郵異之：郵，《府志》作「尤」。

22. 乃周爰諮謀，即巾山之麓：《府志》作「乃謀於巾山之麓」。

23. 昭其異也：《府志》無。

24. 赫聲濯靈日以著，人遂共尊爲化王，以爲界石之神：《府志》作「聲靈日著，人稱化王，共尊爲界石之神」

25. 眾禱於神而響答：眾，《府志》無；響答，《府志》作「霽」。

26. 織婦耕男，欣欣衎衎：婦、欣欣，《府志》作「女」、「忻忻」。

    按：韓愈《潮州祭神文五首》之四云：「織婦耕男，忻忻衎衎。」〔註429〕

27. 是神之庇庥乎人也：庇庥，《府志》作「休庇」。

    按：韓愈《潮州祭神文五首》之四作「庥庇」〔註430〕。

28. 則神有大造於民也尚矣：《府志》作「則大有造於民也尚矣」。

〔註429〕　（唐）韓愈著，馬其昶校注《韓昌黎文集校注》，古典文學出版社1957年版，第186頁。

〔註430〕　（唐）韓愈著，馬其昶校注《韓昌黎文集校注》，古典文學出版社1957年版，第186頁。

29. 潮守侍監王某赴愬於神：赴，《府志》無。

30. 鋃兵敗北：敗北，《府志》作「大敗」。

31. 南海以太：太，《府志》作「平」。

32. 忽睹金甲神人：《府志》作「見金甲神三人」。

33. 師遂大捷：遂，《府志》無。

34. 劉繼元以降：以，《府志》無。

35. 有旗見於城上雲中，曰『潮州三山神』：《府志》作「復見於城上，或以潮州三山神奏」。

36. 乃詔封明山爲清化威德報國王：乃，《府志》無；威，《府志》作「盛」。

37. 獨山爲惠感宏應豐國王：感，《府志》作「威」。

38. 敕本郡增廣廟宇：廣，《府志》無。

39. 『明道中』至『豈小補哉』一節：《府志》作「則神大有功於國亦尚矣。潮及梅惠二州，在在有廟，遠近士人歲時走集。嗚呼！爲神之明，故能鑒人之誠；惟人之誠，故能格神之明。雨暘時若，年穀屢登，其所以福吾民而寧吾國者豈小補哉」。

40. 『雖然，愛克厥威』至文末：《府志》無。

吳炳

46／498《祥符縣擬修三皇廟記》，《全元文》據清乾隆四年《祥符縣志》、光緒二十四年《祥符縣志》錄文。明代李濂《汴京遺跡志》卷15《藝文二》錄有此文，題爲《三皇廟記》〔註431〕。今據以校文：

1. 於凡祭古帝王，有司擇日行事：祭，《遺跡志》無；有司，《遺跡志》上有「明聖功德之載祀典者有大詔令則即其所祭之」。

2. 歲有常禮：歲，《遺跡志》無。

3. 祥符治開封尹，省憲咸在：祥符，《遺跡志》無；省憲，《遺跡志》上有「故地總州縣數十爲大府」。

4. 李之來也：李，《遺跡志》下有「侯」。

5. 登豆簠簋爵坫罍象之尊：象，《遺跡志》上有「犧」。

6. 更命吏籍官田二百五畝有奇：此句，《遺跡志》作「粥銀五流造用器命吏籍之分官田二千五百畝有奇」。

〔註431〕（明）李濂《汴京遺跡志》，中華書局1999年版，第278～280頁。

7. 議定，會朝廷有停役之命：議定，《遺跡志》下有「代期及之」。

8. 幾不自主：自主，《遺跡志》作「在我」。

李文仲

46／512《字鑒自序》，《全元文》據清光緒十四年《澤存堂五種》本《字鑒》錄文。今據《叢書集成初編》本《字鑒》〔註432〕校：

1. 倉頡仰觀天文奎星圓曲之象：倉頡，《初編》本前有「黃帝史」。

   按：四庫本《字鑒》闕五字。

2. 施之高文大冊□□□□□奏章箋表：□□□□□，四庫本、《初編》本同，《六藝之一錄》卷 249〔註433〕無。

周南

46／539《跋方回續宋魏了翁古今考》，《全元文》據清抄《海昌叢載》錄文。實則《海昌叢載》所載不全，全文見張金吾《愛日精廬藏書志》卷 24〔註434〕、陸心源《皕宋樓藏書志》卷 56〔註435〕。今據以校補：

1. 以先君深嗜《易》學：以，張本、陸本上有「間嘗論《易》，蓋」；學，張本、陸本下有「者也」。

2. 每以魏文靖公《易》學為言：《易》學為言，張本、陸本無。

3. 十七家《易》集義為言：《全元文》文僅至此，此下有大量脫文。張本、陸本下有「謂辭變象占乃易綱領而繇象爻象之辭畫爻位虛之別至反飛伏之說乘承比應之例一有不知則義理缺焉。文靖公仲子靜齋先生知徽州時，嘗以集義與九經要義同刊於紫陽書院，墨本則藏於虛谷家。南於侍旁，猶及見之，今亦已矣。又以漢高之時，去古未遠，可復三代之舊。惜乎一時君臣，不足以知此，遂使古制益不可考。故即遷《史》本紀所載，論其得失，考禮樂制度名數，作《古今考》及著

〔註432〕 （元）李文仲《字鑒》，中華書局 1985 年版，第 12～16 頁。
〔註433〕 （清）倪濤《六藝之一錄》，景印文淵閣四庫全書第 835 冊，臺灣商務印書館 1986 年版，第 377～378 頁。
〔註434〕 （清）張金吾《愛日精廬藏書志》，中華書局 2012 年版，第 529～330 頁。
〔註435〕 （清）陸心源《皕宋樓藏書志》，《續修四庫全書》第 928 冊，上海古籍出版社 1996 年版，第 620 頁。

《皇極經世書考》。書成而皆未脫稿，其未備者則虛谷先生續之。知
州悉出三稿以示，先君歎曰：當宋之季，真魏之學大鳴於南北。《讀
書記》乃義理之本根，《九經要義》乃典故之淵藪，誠學者所由入之
門也。今又得觀此二書，則知文靖公之學實真切之學也，豈習於簡陋
者可窺測哉。遂親校讎其故稿，俾能書者謄寫二本。擇楷正者歸於知
州，圖壽諸梓，以次本藏於家。後十年知州來吳，則知其所藏者皆燬
於火。又十年，先君亦奄棄，二書卒未能板行。丙申兵興，南家所留
《經世書考》亦失之，僅有存者《古今考》耳、竊嘗考之西山先生真
文忠公。建寧浦城人；鶴山先生魏文靖公。邛州蒲江人。天下謂之真
魏，同生淳熙五年，戊戌，同登慶元五年己未進士第，同顯於朝。文
靖公以權工部侍郎坐言事忤時相，謫靖州，囚繫閒僻，日從經史，精
研極討。臥五溪，窮處踰七年，類聚成編，遂傳於時。然不如是，則
後世焉得是書而讀之耶？噫！聖如孔子，天不使之居周公位；大儒如
濂洛諸賢，天亦不使之得行道於一時。而使之立言於萬世，其有以哉。
南晚生，學疏材下，而力有所不逮，未能卒成先君之志。姑以《古今
考》與世同志者，抄寫數十本，以廣其傳云。至正二十年傳云至正二
十年庚子十一月甲寅後學周南拜手謹書於卷末」。

第 47 冊

姚疇

47／22《知州郭侯德政序》，《全元文》據清《宛委別藏》本《編類運使
復齋郭公敏行錄》錄文。今據元至順刻本《編類運使復齋郭公敏行錄》
校〔註436〕：

1. 屬州為梁：州，至順本作「舟」。
2. 其為學不務小末：其，至順本前有「見」。
3. 延祐丙辰仲秋□□十雙溪姚疇謹序：十，至順本作「士」。

〔註436〕 （元）鄧文原《編類運使復齋郭公敏行錄》，《續修四庫全書》第550冊，上
海古籍出版社1996年版，第660～661頁。

顏堯煥

47／59《字鑑序》，《全元文》據清光緒十四年《澤存堂叢書》本《字鑑》錄文。今據《叢書集成初編》本《字鑑》〔註437〕校：

1. 作《類韻》十卷：十，《初編》本作「三十」，是。
   清代丁丙《善本書室藏書志》卷 5 著錄《字鑑》，云「文仲之從父伯英嘗輯《類韻》三十卷，閱十載甫成，至治中有前進士顏堯煥爲之序」〔註438〕。

2. 於是乎書：《初編》本下有題署，云「□□□□□□□□□□□□日顏堯煥序」。

陳謨

47／138《周石初集序》，今據《豫章叢書》集部第 7 冊《石初集》卷首校，題爲《石初周先生文集序》〔註439〕：

1. 吾雖不識：不，《石初集》「未」。
2. 嘗得其著作一二於他許：嘗、著，《石初集》作「然」、「制」。
3. 乃今其門人張彥文編集其亂離諸作：張，《石初集》作「晏」。
4. 以借予讀之，且曰：予、且，《石初集》作「余」、「乃」。
5. 幸爲我序之：序，《石初集》作「敘」。
6. 石初之文：石初，《石初集》作「先生」。
7. 復奚容贊：贊，《石初集》作「贄」。
8. 今歸然靈光獨存：靈光，《石初集》無。
9. 使石初幸乃澗一第：石初，《石初集》作「先生」。
10. 必不洟涊仡倪：泥，《石初集》作「倪」。
11. 必將有傳於後：必，《石初集》上有「先生之詩」。
12. 安能如畫：畫，《石初集》作「是」。
13. 文末，《石初集》有「洪武六年臘月陳謨心吾敘」。

〔註437〕　（元）李文仲《字鑑》，中華書局 1985 年版，第 1～3 頁。
〔註438〕　（清）丁丙《善本書室藏書志》，中華書局 1990 年版，第 222 頁。
〔註439〕　（元）周霆震《石初集》，陶福履、胡思敬原編《豫章叢書》集部第 7 冊，江西教育出版社 2004 年版，第 633 頁。

林同生

47／323《四靈賦》，今據《歷代賦匯》〔註440〕校：

1. 九淵之龍不騰：不，《賦匯》作「乍」。
2. 惟口信達順之所使：□，《賦匯》作「體」。
3. 驗王德之遐著：王，《賦匯》作「皇」。
4. 成律呂之矩長：矩，《賦匯》作「短」。
5. 鼓舞文明：鼓舞，《賦匯》作「宇宙」。
6. 而其貞興多士：貞，《賦匯》作「賓」。
7. 舉眞口之用：□，《賦匯》作「儒」。

林以順

47／324《續軒渠集序》，今據陸心源《皕宋樓藏書志》卷99〔註441〕校：

1. 至大二年：《藏書志》作「至正十二月」，誤。
2. 洪先生獨慨念祖宗之阨：阨，《藏書志》作「厄」。
3. 頗費工夫：工，《藏書志》作「功」。

王澤

47／362《普潤蘭若記》，《全元文》據清光緒三十二年《富陽縣志》錄文，今據《成化杭州府志》卷53《寺觀》校〔註442〕：

1. 雨久則泥淖載道：載，《府志》作「滿」。
2. 行者病之：之，《府志》作「焉」。
3. 余自幼有志平治：平治，《府志》作「治平」。
4. 垂老僅得募工伐石：得，《府志》作「能」。
5. 始於辛酉二月：辛酉二月，《府志》作「至治辛酉春二月」。
6. 訖工壬戌多十二月：二，《府志》作「一」。
7. 安奉觀音大士：大士，《府志》下有「像」。

〔註440〕（清）陳元龍輯《歷代賦匯》，江蘇古籍出版社、上海書店1987年版，第729頁。
〔註441〕（清）陸心源《皕宋樓藏書志》，《續修四庫全書》第929冊，上海古籍出版社1996年版，第438頁。
〔註442〕（明）陳讓、夏時正纂修《成化杭州府志》，《四庫全書存目叢書》史部第175冊，齊魯書社1996年版，第752頁。

8. 捐田一十畝：一，《府志》作「三」。

9. 贍積羨餘以修庵路：《府志》作「以歲蓄羨餘修庵路」。

10. 請前婺州路蘭溪州顯教禪師住持長老淳公開山住領焚修：禪師住持、住，《府志》作「寺」、「主」。

11. 尤以利濟爲第一義：第，《府志》無。

12. 允葉子孫與我同志：允葉，《府志》作「迨」。

13. 天曆二年歲己巳六月朔日東山野叟王澤記：歲，《府志》無；王澤記，《府志》作「撰」。

李好文

47／421《感志賦》，今據元代蘇天爵《元文類》卷 1〔註 443〕、《歷代賦匯》〔註 444〕校：

1. 鬻眾金於大冶兮：鬻，《賦匯》作「鑄」。

2. 瑟假道於書林兮：瑟，《元文類》、《賦匯》作「思」。

3. 泊余有志於古人兮：泊，《賦匯》作「汩」，誤。

4. 闃闇漠而無聞：闃，《賦匯》作「闈」。

5. 昔樊須之請稼兮：昔，《賦匯》無。

第 48 冊

陳櫟仁

48／18《重修鑒亭記》。光緒 23 年《新修潼川府志》卷 8《輿地志》之八《古蹟》亦載此文，題為《鑒亭記》。校文如下〔註 445〕：

1. 遂寧州南有邑：州，《府志》作「之」。

2. 逮延祐丁巳、丙辰之間：延祐，《府志》無。

3. 先君子嘗遊此縣定明禪寺：嘗，《府志》作「常」。

〔註 443〕 （元）蘇天爵《元文類》，商務印書館 1936 年版，第 7～8 頁。

〔註 444〕 （清）陳元龍輯《歷代賦匯》，江蘇古籍出版社、上海書店 1987 年版，第 233 頁。

〔註 445〕 （清）阿麟修、王龍勳等纂；何向東、習光輝、黨元正等校注《新修潼川府志校注》（上），巴蜀書社 2007 年版，第 338～339 頁。

4. 「曰：『鶴山眞跡走龍蛇』」至「何人爲我把亭修」：《府志》無。

5. 後成。余偶抵遂寧：後成、余，《府志》作「後亭成」、「予」。

6. 舍弟夔壽請余記其事：記，《府志》作「紀」。

7. 余嘗觀橫川勝狀：嘗，《府志》無。

8. 「又況大象」至「實一方之勝概也」：《府志》無。

9. 人無於水鑒：於，《府志》無。

李天應

48／29《上秦郵使君郭公善政頌並序》，《全元文》據清《宛委別藏》本《編類運使復齋郭公敏行錄》錄文。今據元至順刻本《編類運使復齋郭公敏行錄》校〔註446〕：

1. 既曰難治，公處以憂：既，至順本作「號」。

2. 玉笈闚口，嘉雪呈祥：□，至順本作「秘」。

3. 祇頌盛德，配古示今：《全元文》錄文至此。至順本後面尚有文字，云：「頌畢，復繫之以詩。九天辭冕旒，一麾來南陬。遙遙數千里，駐馬臨秦郵。兒童夾道迎，再拜稱賢侯。黃堂視事初，剖決無停留。民懷下知畏，善政日以憂。青青子衿輩，烝徒楫其舟。課試嚴朔望，德業勉進修。勳名慕臯契，事業齊伊周。美哉君侯德，乃與天者遊。丹宸眷注，隆國賦勞紆籌。促裝向淛右，盂城焉可留。同握漕使符，指揮數十州。秦郵去賢守，老稺思悠悠。浙江萬餘竈，坐使恩波流。懸知使君心，報國先民謀。至治三年歲在癸亥正月望前三日翠壁隱者李天應拜手書於寓隱書房。」

蔣易

48／49《清江碧嶂集序》。今據明末汲古閣刊本《清江碧嶂集》卷首校〔註447〕：

1. 先生之詩，平日未殆存稿：之詩，汲古閣本無；殆，汲古閣本作「嘗」。

2. 先生歎曰：歎，汲古閣本作「笑」。

3. 然觀文藝志所載古人家集：文藝志，汲古閣本作「藝文志」；所，汲古閣本無；家集，汲古閣本作「文集」。

4. 奚翅千百：奚，汲古閣本作「何」。

〔註446〕 （元）鄧文原《編類運使復齋郭公敏行錄》，《續修四庫全書》第550冊，上海古籍出版社1996年版，第675～676頁。

〔註447〕 （元）杜本《清江碧嶂集》，臺灣學生書局1973年版，第1～3頁。

5. 易事先生武夷山中時：時，汲古閣本無。

6. 仲弘嘗言取材於楚：楚，汲古閣本作「漢」。

7. 易始知先生詩學：學，汲古閣本作「法」。

8. 高者逼仲弘：高者，汲古閣本上有「而」。

9. 是以當時不惟好之者鮮，而知者亦希矣：鮮而知者，汲古閣本無。

10. 則述其所問於先生者：問，汲古閣本作「見聞」。

11. 文末，汲古閣本有「至正十有七年五月初吉諸生建陽蔣易拜手謹序」。

危素

48／143《別友賦送葛子熙》。四庫本、光緒間雙梧書屋俞樾校本《歷代賦匯》題作《別友賦》。〔註448〕今據以校證：

1. 並匪匪之良馬兮：匪匪，四庫本、光緒本均作「騑騑」。

2. 且交修乎子之愿：乎子，四庫本、光緒本均作「予」。

3. 歲冉冉焉遲莫：焉，四庫本、光緒本均作「而」。

4. 颿高帆以度海兮：度，四庫本、光緒本均作「渡」。

5. 仍群仙於雲陽：仍，四庫本、光緒本均作「揖」。

6. 凌榑桑而退矚兮：榑，四庫本、光緒本均作「扶」。

7. 玩曾峰於翠雲兮，金溪有翠雲峰，射麋鹿以爲樂：金溪有翠雲峰，四庫本無，是。

   按：尋繹文意，「金溪有翠雲峰」乃注文。

8. 海芒芒茫茫兮：芒芒，四庫本、光緒本均作「茫茫」。

48／143《三節堂賦》，《全元文》以四庫本《歷代賦匯》參校，然有失校。今據光緒間雙梧書屋俞樾校本《歷代賦匯》〔註449〕校。（《全元文》失校之處以按語說明）：

1. 矢赤心而奮鬥兮：矢，《賦匯》作「失」。

2. 憫無父之何怙兮：《賦匯》作「閔」。

   按：四庫本《賦匯》亦作「閔」。

〔註448〕 （清）陳元龍輯《歷代賦匯》，江蘇古籍出版社、上海書店 1987 年版，第 593 頁。

〔註449〕 （清）陳元龍輯《歷代賦匯》，江蘇古籍出版社、上海書店 1987 年版，第 325～326 頁。

3. 峙堂構於東吳：吳,《賦匯》作「湖」。
4. 葆遺器以櫝藏兮：葆,《賦匯》作「保」。
　　按：四庫本《賦匯》亦作「保」。
5. 振羽儀於天朝兮：儀,《賦匯》作「翰」。
　　按：四庫本《賦匯》亦作「翰」。

48／143《存存齋賦》。四庫本、光緒間雙梧書屋俞樾校本《歷代賦匯》題作《別友賦》。〔註450〕今據以校證：

1. 竟昏蒙於塵垢：昏,四庫本、光緒本均作「皆」。
2. 闕冰壺之交暎兮：闕,四庫本、光緒本均作「炯」。
3. 爰紬書於史館兮：紬,四庫本、光緒本均作「校」。
4. 詹雲霄之軒翥兮：詹,四庫本、光緒本均作「瞻」。
5. 著懿戒於坐隅：坐,四庫本、光緒本均作「座」。

48／193《山菴圖序》,今據清代婁近垣《重修龍虎山志》卷 15《藝文》〔註451〕校：

1. 裴回久之：裴回,《山志》作「徘徊」。
2. 予家雖鄰境：予,《山志》作「余」。
3. 彥輔君國人：國,《山志》作「里」。
4. 幾莫可辨矣：矣,《山志》作「天」。
5. 遊從已：此句,《山志》作「雖從遊矣」。
6. 魯國大長公主好名畫以自娛玩：公,《山志》無。
7. 故持以相示：持,《山志》作「特」。
8. 其古之交誼然耶：其,《山志》下有「亦」。

48／209《仙岩圖序》,今據清代婁近垣《重修龍虎山志》卷 15《藝文》〔註452〕校：

1. 居民繫長緪大樹上：緪,《山志》作「緶」。
2. 其橫流氾濫：濫,《山志》作「溢」。
3. 惡得至此境耶：惡,《山志》作「烏」。

〔註450〕（清）陳元龍輯《歷代賦匯》,江蘇古籍出版社、上海書店 1987 年版,第343 頁。
〔註451〕（清）婁近垣《重修龍虎山志》,乾隆庚申年棲碧堂刊本。
〔註452〕（清）婁近垣《重修龍虎山志》,乾隆庚申年棲碧堂刊本。

4. 浮圖師架岩爲宮室：圖，《山志》爲「屠」。

5. 漢張天師煉丹處猶彷彿可見：彷彿，《山志》作「髣髴」。

6. 瀑流瀉厓上：厓，《山志》作「崖」。

7. 鶺鴒之類：鶺，《山志》作「蹲」。

8. 否則雖一筆不輕與之：之，《山志》無。

9. 求余志之：志，《山志》作「識」。

48／242《臨川吳文正公年譜序》，今據清乾隆二十一年萬璜刻《草盧吳文正公集》本《臨川吳文正公年譜》〔註453〕校：

1. 其長孫當常草定其次序：常，《年譜》作「嘗」。

2. 數詔素刊訂公書：公，《年譜》作「其」。

3. 當以江西肅政廉訪使奉詔招捕盜賊：以，《年譜》作「□」。

4. 其流之弊往往馳逐於空言：逐，《年譜》作「騖」。

5. 要之無意爲世之用：無意，《年譜》下有「於」。

6. 方成之英彥：成，《年譜》作「來」。

7. 侵尋衰暮：暮，《年譜》作「莫」。

8. 文末，《年譜》有「至正二十五年正月既望門人榮祿大夫嶺北等處行中書省危素撰」。

48／255《洪杏庭集序》，今據陸心源《皕宋樓藏書志》卷102〔註454〕校：

1. 先生諱焱祖：祖，《藏書志》無。

2. 年二十有六：二十，《藏書志》作「廿」。

3. 富民不敢□□：□□，《藏書志》作「蹲門」。

4. 一爲正之：一，《藏書志》作「壹」。

5. 甲或驅乙瀕死：驅，《藏書志》作「毆」。

6. 從故教授四明戴公表元遊：故，《藏書志》作「學」。

7. 予則解之曰：予，《藏書志》作「余」。下文「屬予序其篇端」同。

8. 根柢理要：柢，《藏書志》作「極」。

9. 超然遊意於語言文字之表：文字，《藏書志》無。

〔註453〕 （元）危素《臨川吳文正公年譜》，《北京圖書館藏珍本年譜叢刊》第36冊，北京圖書館出版社1999年版，第311～313頁。

〔註454〕 （清）陸心源《皕宋樓藏書志》，《續修四庫全書》第929冊，上海古籍出版社1996年版，第472～473頁。

48／248《檜亭集序》，今據陸心源《皕宋樓藏書志》卷 101〔註455〕校：

1. 有志之士寧湮沒草萊：有志之士，《藏書志》上有「故」。

2. 不見知於當世而不悔也：不見，《藏書志》上有「雖」。

3. 浮沉里巷：沈，《藏書志》作「湛」。

4. 其婿饒君介之梓而成編：君，《藏書志》作「介」。

    按：《檜亭集》序甚多。李桓《序》稱「婿饒氏介之」、李孝光《序》稱「其子婿饒介」、楊翮《序》稱「其壻饒君介之」、諭立敬《序》稱「其壻饒介之」。元代陶宗儀《書史會要》卷 7 載：「饒介，字介之，番易人。博學有口才，草書亦飄逸。」〔註456〕

5. 以余辱君爲忘年之交：余，《藏書志》作「予」。

48／249《續復古編序》，今據陸心源《皕宋樓藏書志》卷 15〔註457〕、蔣光煦《東湖叢記》卷 1〔註458〕校：

1. 不數人而已：不，《叢記》下有「過」。

2. 古學之泯絕可知矣：矣，《叢記》無。

3. 然猶稀闊寂寥若此其久：久，《藏書志》作「人」。

4. 屢言於當路有氣力者：屢，《藏書志》作「婁」。

5. 嘗代撰《三皇饗祀樂章》：饗，《藏書志》作「享」。

    按：清代阮元《四庫未收書提要》卷 1 著錄《續復古編》四卷，其提要云：「元曹本撰。本字子學，大名人。嘗爲都昌丞，後出外佐信州幕。與太樸危素相友善。素撰《三皇饗禮樂章》，本爲之書。詔藏秘閣。」〔註459〕則危素所作，文題又有不同。

48／251《子淵詩集序》，今據陸心源《皕宋樓藏書志》卷 102〔註460〕校：

1. 其子奉禮部郎殯狀公之行：其，《藏書志》作「從」，是。

〔註455〕 （清）陸心源《皕宋樓藏書志》，《續修四庫全書》第 929 冊，上海古籍出版社 1996 年版，第 455 頁。

〔註456〕 （元）陶宗儀《書史會要》，景印文淵閣四庫全書第 814 冊，臺灣商務印書館 1986 年版，第 759 頁。

〔註457〕 （清）陸心源《皕宋樓藏書志》，《續修四庫全書》第 929 冊，上海古籍出版社 1996 年版，第 493 頁。

〔註458〕 （清）蔣光煦《東湖叢記》，遼寧育出版社 2001 年版，第 14 頁。

〔註459〕 （清）阮元《揅經室集》（下），中華書局 1993 年版，第 1192 頁。

〔註460〕 （清）陸心源《皕宋樓藏書志》，《續修四庫全書》第 929 冊，上海古籍出版社 1996 年版，第 469～470 頁。

按：許有壬《宋顯夫文集序》（38／125）云：「孤籲奉《燕石集》拜且
泣曰：『此先子所遺，兄曠編次者也』」、「曠由奉禮郎爲丞相束曹掾，
匯從父之文」。可知宋曠乃宋褧之從子。

2. 間公與伯氏正獻公自江湖北歸：湖，《藏書志》無。

3. 聲名藉甚：甚，《藏書志》作「藉」。

4. 然其志之所存者徒託諸簡冊而已：簡，《藏書志》無。

5. 石敬瑭割其土地賂契丹：瑭，《藏書志》作「塘」。

48／255《子淵詩集序》，今據陸心源《皕宋樓藏書志》卷 104〔註461〕校：

1. 榜枻越人擁棹而歌：榜，《藏書志》作「□」。

2. 他日郭囉洛易之至京師：郭囉洛，《藏書志》作「葛邏祿」。

3. 即是詩可以窺子淵之存矣：存，《藏書志》上有「所」。

4. 鄞故越地：地，《藏書志》作「邑」。

5. 余往至鄞：余，《藏書志》作「予」。

6. 輒敘而歸之易之：敘，《藏書志》作「序」。

48／367《文獻書院記》，今據楊訥、李曉明編《文淵閣四庫全書補遺（集
部）》〔註462〕校：

1. 臺之士杜燁與弟知仁獲從公遊：燁，《補遺》作「煜」，係清代避康熙玄
燁諱而改。下文並同。

2. 燁、知仁以所聞於公者授從孫範字成之：之，《補遺》作「己」，是。

　　按：杜範字成己，見劉宰所作《杜正己字說》一文〔註463〕。

3. 江浙行省左司郎中劉仁本言於行省：左，《補遺》作「左右」。

4. 臺祭徐溫節先生：臺，《補遺》作「合」。

5. 割私田二頃以供其實：供，《補遺》作「共」。

6. 《祭法》所謂以勞定國：勞定，《補遺》作「定於」。

7. 出黃岩並丞相畫像於杜曲：出，《補遺》上有「予」；並，《補遺》作「拜」。

〔註461〕（清）陸心源《皕宋樓藏書志》，《續修四庫全書》第 929 冊，上海古籍出版
　　　　社 1996 年版，第 493 頁。

〔註462〕楊訥、李曉明編《文淵閣四庫全書補遺（集部）》（第 3 冊），北京圖書館出版
　　　　社 1997 年版，第 690～693 頁。

〔註463〕曾棗莊、劉琳主編《全宋文》第 300 冊，上海辭書出版社、安徽教育出版社
　　　　2006 年版，第 48 頁。

48／395《桂隱劉先生傳》，今據楊訥、李曉明編《文淵閣四庫全書補遺（集部）》〔註464〕校：

1. 亦間嘗有急急功名意：功，《補遺》作「切」。
2. 君非不能：君，《補遺》作「吾」。
3. 羅如麂、羅見太等：太，《補遺》作「大」。

　　按：夏以忠爲劉桂隱所撰《行狀》（《全元文》失收，已輯錄）中稱「若
　　　　進士顏成子、羅見大如麂韋，皆門弟子也」。疑危素所載有誤。

黃玠

48／554《汲冢周書敍》，今據陸心源《皕宋樓藏書志》卷23〔註465〕校：

1. 亦不類西京文字：京，《藏書志》作「□」。
2. 逸民處士之所纂輯：輯，《藏書志》作「緝」。
3. 至正甲午冬十二月：二，《藏書志》作「一」。
4. 四明後學黃玠謹誌：玠，《藏書志》作「玠」。

48／555《弁山小隱吟錄原序》，今據陸心源《皕宋樓藏書志》卷99〔註466〕、約園刊本《四明叢書》之《弁山小隱吟錄》卷首〔註467〕校：

1. 有丘岑蔚：丘，《藏書志》、《四明叢書》作「邱」。下文「某水某丘」同。
2. 是余所題江山歸興圖詩也：也，《四明叢書》作「□」。

馮庚

48／565《大學要略序》，《全元文》未交代錄文來源，今據朱彝尊《經義考》卷157〔註468〕校：

1. 承顏接詞之間：詞，《經義考》作「辭」。

〔註464〕楊訥、李曉明編《文淵閣四庫全書補遺（集部）》（第4冊），北京圖書館出版
　　　　社1997年版，第202～206頁。
〔註465〕（清）陸心源《皕宋樓藏書志》，《續修四庫全書》第928冊，上海古籍出版
　　　　社1996年版，第246頁。
〔註466〕（清）陸心源《皕宋樓藏書志》，《續修四庫全書》第929冊，上海古籍出版
　　　　社1996年版，第436～437頁。
〔註467〕（元）黃玠《弁山小隱吟錄》，《四明叢書》本。
〔註468〕（清）朱彝尊撰，林慶彰、蔣秋華、楊晉龍等點校《經義考新校》第6冊，
　　　　上海古籍出版社2010年版，第2881～2882頁。

2. 揭來常武路達魯花赤朵兒赤：達魯花赤朵兒赤，四庫本《經義考》作「達嚕噶齊多爾齊」。

3. 視篆未幾：篆，《經義考》作「籀」。

4. 實穹蒼間之一大奇書也：蒼，《經義考》作「壤」。

柯芝

48／560《仰高堂記》，《全元文》據明崇禎《瑞州府志》錄文。今據明正德《瑞州府志》卷13〔註469〕校：

1. 尊卑長幼之倫：尊卑長幼，正德本作「尊長卑幼」。

2. 參牆□：□，正德本作「甂」。

3. 列□垣：□垣，正德本作「椪桓」。

4. 重官書器具：重，正德本作「置」。

    按：此句句讀有誤，當讀爲「而後門堂有章。置官書，具器用，嚴工課」。

5. 獨監役頗浩：監，正德本作「斯」。

6. 先課於廉訪僉事蔣公：課，正德本作「諏」。

7. 扉榻濯□：濯□，正德本作「璀錯」。

8. 皆□心微古：□、微，正德本作「師」、「徵」。

9. 而後來者無所仰則也：無，正德本作「未」。

張翥

48／584《島夷志略原序》，今據陸心源《皕宋樓藏書志》卷34〔註470〕校：

1. 其外爲州者復九：爲，《藏書志》作「之」。

2. 與夫貿易賚用之所宜：夫，《藏書志》無。

3. 則信乎其可徵者與：與，《藏書志》無。

4. 又言海中自多鉅魚：又，《藏書志》作「夫」。

5. 今乃以耳目弗迨：迨，《藏書志》作「逮」。

6. 翰林修撰河東張翥敘：敘，《藏書志》作「序」。

〔註469〕 （明）熊相《正德瑞州府志》，《天一閣藏明代方志選刊續編》第42冊，上海古籍書店1990年版，第1209～1213頁。

〔註470〕 （清）陸心源《皕宋樓藏書志》，《續修四庫全書》第928冊，上海古籍出版社1996年版，第381頁。

48／586《圭塘小稿序》，今據陸心源《皕宋樓藏書志》卷 101〔註471〕校：

　　1. 公題曰《圭塘小稿》：公，《藏書志》作「卷」。

第 49 冊

聶炳

49／33《大別山賦》，今據《歷代賦彙》〔註472〕校：

　　1. 觀古今於俯仰：於，《賦彙》作「其」。

余闕

49／117《與子美先生書》，今據鄭玉《師山集·附錄》〔註473〕校：

　　1. 鄉人施子有家童往婺源：婺源，《附錄》下小字注云「闕」。

49／133《貢泰父文集序》，今據陸心源《皕宋樓藏書志》卷 105〔註474〕校：

　　1. 得一人焉，曰貢泰父：父，《藏書志》作「甫」。下文並同。

　　2. 則相與問曰：相，《藏書志》無。

　　3. 無所之也：之，《藏書志》作「止」。

　　4. 王公貴人能求賢常少：王，《藏書志》作「在」。

　　5. 面紅白如常：常，《藏書志》作「□」。

　　6. 而世且貴而傳之者：且，《藏書志》作「亦」。

　　7. 文末，《藏書志》有「年月日青陽山人余闕序」。

傅若金

49／304《衡府判於公復學田記》，今據鄧洪波輯校《石鼓書院志補遺》卷 3〔註475〕校：

〔註471〕（清）陸心源《皕宋樓藏書志》，《續修四庫全書》第 929 冊，上海古籍出版社 1996 年版，第 464 頁。

〔註472〕（清）陳元龍輯《歷代賦彙》，江蘇古籍出版社、上海書店 1987 年版，第 84 頁。

〔註473〕（元）鄭玉《師山集》，景印文淵閣四庫全書第 1217 冊，臺灣商務印書館 1986 年版，第 113 頁。

〔註474〕（清）陸心源《皕宋樓藏書志》，《續修四庫全書》第 929 冊，上海古籍出版社 1996 年版，第 499～500 頁。

〔註475〕（明）李安仁，（明）王大韶，（清）李揚華撰《石鼓書院志》，嶽麓書社 2009 年版，第 277～278 頁。

1. 校官力勿能制：勿，《補遺》作「弗」。下文「公勿受」同。
2. 俾余序之：序，《補遺》作「敘」。
3. 將使司平於下也：司，《補遺》作「事」。
4. 猶必眠其曲直而理之：眠，《補遺》作「視」。
5. 以爲邦家育材者乎：以，《補遺》作「而」。

49／304《書鄧敬淵所藏大明曆後》，據清白潢等修，查慎行等纂，康熙五十九年刊本《西江志》卷 196《藝文》〔註476〕校：

1. 置閏差則時不定：則，《西江志》無。

49／307《跋廖敬亮所藏乃祖字說》，據清白潢等修，查慎行等纂，康熙五十九年刊本《西江志》卷 196《藝文》〔註477〕校：

1. 右新喻廖敬亮所藏故宋太常丞太山蕭先生所爲：丞太，《西江志》作「寺大」。
2. 卒隱聖以歿：歿，《西江志》作「沒」。
3. 是有非人力所能也：有，《西江志》作「固」。

梁寅

49／430《詩演義原序》，《全元文》據四庫全書本《詩演義》卷首錄文。今據陸心源《皕宋樓藏書志》卷 5〔註478〕校：

1. 然初學誦之：初，《藏書志》作「新」。
2. 多爲臆度：爲，《藏書志》無。
3. 今之讀經者宜壹尊程朱，難復互異：壹、難，《藏書志》作「一」、「勿」。
4. 故余之所論者：者，《藏書志》作「昔」，誤。
5. 則耄言之或傳也：也，《藏書志》上有「於後」。

〔註476〕（清）白潢等修，查慎行等纂《康熙西江志》，《中國方志叢書》華中地方第 783 號，成文出版社 1989 年版，第 3656～3657 頁。
〔註477〕（清）白潢等修，查慎行等纂《康熙西江志》，《中國方志叢書》華中地方第 783 號，成文出版社 1989 年版，第 3656～3657 頁。
〔註478〕（清）陸心源《皕宋樓藏書志》，《續修四庫全書》第 928 冊，上海古籍出版社 1996 年版，第 62 頁。

49／431《玉笥集序》，《全元文》據四庫全書本《玉笥集》卷首錄文。今據
陸心源《皕宋樓藏書志》卷110〔註479〕校：

　　1. 梁寅書：梁寅，《藏書志》上有「蒙陽」。

49／432《吾吾類稿序》，《全元文》據四庫全書本《吾吾類稿》卷首錄文。
今據陸心源《皕宋樓藏書志》卷107〔註480〕校：

　　1. 余留郡城：余，《藏書志》作「予」。下文並同。

　　2. 而先生歿矣：歿，《藏書志》作「沒」。

49／432《劉仲修文集序》，今據陸心源《皕宋樓藏書志》卷103〔註481〕校：

　　1. 郡城之世家也：也，《藏書志》作「焉」。

　　2. 能文辭：辭，《藏書志》下有「矣」。

　　3. 文章之傳者咸辨其醇疵高下：辨，《藏書志》作「辯」。

　　4. 其遣辭發詠：辭，《藏書志》作「詞」。

　　5. 矩度悉合：矩，《藏書志》作「榘」。

　　6. 而旁岐曲術弗迷所之焉：之，《藏書志》作「知」。

　　7. 君之追古與之亦同也：與之亦，《藏書志》作「作者亦與之」。

　　8. 後人慕子昂名：人，《藏書志》作「之」。

　　9. 久傳不泯：久，《藏書志》作「又」。

　　10. 而君之可不泯：可不，《藏書志》作「不可」。

　　11. 山陰先生交相知未深：深，《藏書志》無。

49／434《傅與礪文集原序》，《全元文》據四庫全書本《傅與礪文集》卷首
錄文。今據陸心源《皕宋樓藏書志》卷103〔註482〕校：

　　1. 繇其學之富：繇，《藏書志》作「由」。

　　2. 其官止於□□□□□廣州文學：□□□□□，《藏書志》無。

　　3. 學識亦卓越：亦，《藏書志》無。

〔註479〕（清）陸心源《皕宋樓藏書志》，《續修四庫全書》第929冊，上海古籍出版
　　　　　社1996年版，第554～555頁。

〔註480〕（清）陸心源《皕宋樓藏書志》，《續修四庫全書》第929冊，上海古籍出版
　　　　　社1996年版，第526頁。

〔註481〕（清）陸心源《皕宋樓藏書志》，《續修四庫全書》第929冊，上海古籍出版
　　　　　社1996年版，第478～479頁。

〔註482〕（清）陸心源《皕宋樓藏書志》，《續修四庫全書》第929冊，上海古籍出版
　　　　　社1996年版，第478～479頁。

3. 自少承其面論口傳者爲多：面論，《藏書志》無。

4. 詩文俱嘗刻之梓：梓，《藏書志》作「棒」，誤。

5. 三先生爲之序：序，《藏書志》作「敘」。

6. 流傳於四方也久矣：也，《藏書志》無。

49／667《彭士隼冠字視辭》，此文見明代程敏政《皇明文衡》卷98，題爲《彭士隼冠字祝辭》〔註483〕。今據以校：

1. 乃爲之視辭：視，《文衡》做「祝」。

2. 隼之揚矜捷速：矜，《文衡》作「務」。

第 50 冊

陳基

50／314《金佗粹編序》，今據陸心源《皕宋樓藏書志》卷26〔註484〕校：

1. 亦非若曩時馮異伏劍而崛起者：伏，《藏書志》作「仗」。

2. 加以重熙累洽，仁漸義摩：仁，《藏書志》上又「之」；義，《藏書志》無；摩，《藏書志》下有「浸漬」。故此句當讀爲「加以重熙累洽之仁，漸摩浸漬」。

3. 盡復高帝舊物：高帝，《藏書志》作「高皇帝」。

4. 光武考之烈乎：武，《藏書志》作「祖」。

50／325《通鑒續編序》，今據陸心源《皕宋樓藏書志》卷22〔註485〕校：

1. 別定義例：定、例，《藏書志》作「以」、「列」。

2. 爲《綱目》以正百王之大統：百，《藏書志》作「伯」。

3. 此著作之事：著作，《藏書志》作「作者」。

4. 述作之家類爲世遠而難長：爲，《藏書志》上有「以」。

5. 豈無近理而可徵者：者，《藏書志》下有「乎」。

6. 自五代而降：自，《藏書志》無。

〔註483〕 （明）程敏政《皇明文衡》，《四部叢刊》本。

〔註484〕 （清）陸心源《皕宋樓藏書志》，《續修四庫全書》第928冊，上海古籍出版社1996年版，第237頁。

〔註485〕 （清）陸心源《皕宋樓藏書志》，《續修四庫全書》第928冊，上海古籍出版社1996年版，第288～289頁。

7. 嘗推宗《綱目》：宗，《藏書志》作「崇」。

8. 嘗甲以爲圖：甲，《藏書志》作「申」。

9. 下據三史：史，《藏書志》作「世」。

10. 子經父子世守而罔敢失焉者：罔，《藏書志》作「弗」。

11. 成一家言：《藏書志》無。

12. 當爲《前編》並行：爲，《藏書志》作「與」。

13. 以伺知者：伺，《藏書志》作「俟」。

14. 文末，《藏書志》有「至正十八年三月甲子臨海陳基序」。

50／358《崑山州重建城隍廟記》，今據《吳郡文編》校〔註486〕：

1. 史侯元章來爲是州：來，《文編》無。

2. 增創常平際留之倉：際，《文編》作「濟」。

3. 瑛嘗夢與神接：瑛，《文編》作「暎」，誤。

4. 神語若曰：神，《文編》無。

5. 地既湫隘：隘，《文編》作「溢」。

6. 吾宮當大：大，《文編》作「新」。

7. 是使吾父兄子弟：是，《文編》無。

8. 世世依神以徼福者：者，《文編》無。

9. 予聞城隍之神：之，《文編》無。

10. 且徙治要害地：地，《文編》上有「之」。

11. 而神者亦從有賴乎：者，《文編》無。

12. 不煩有司：不，《文編》上有「然」。

13. 其不繫於廟者：繫，《文編》作「輸」。

50／361《思順堂記》，今據《吳郡文編》校〔註487〕：

1. 又屬予發其義以記之：屬，《文編》作「囑」。

2. 恆在於崇者：崇，《文編》作「從」。

3. 出時遏惡揚善：出時，《文編》作「於以」。

4. 今可立既克以大有而作室：今，《文編》作「之」。

5. 其來也孰得而御之乎：乎，《文編》無。

〔註486〕 （清）顧沅《吳郡文編》（三），上海古籍出版社2011年版，第233頁。

〔註487〕 （清）顧沅《吳郡文編》（四），上海古籍出版社2011年版，第68～69頁。

50／367《梓軒記》，今據《吳郡文編》校〔註488〕：

1. 吳郡徐君孟達東野之南榮有樹曰梓：東野，《文編》上有「於」。

2. 因名其軒曰：軒，《文編》作「居」。

3. 東野乃其釣遊之處也：之，《文編》無。

4. 余蓋見其手植：余，《文編》作「予」。

5. 今也吾與其子若婿遊而見其長：婿，《文編》作「壻」。

6. 使雨露之養克遂乎其天：克，《文編》作「充」。

7. 至正十一年冬十月也：《文編》無。

50／387《光福觀音顯應記》，今據《吳郡文編》校〔註489〕：

1. 江浙中書右丞西域買術丁：術丁，《文編》作「木於」。

2. 作諸佛寺：寺，《文編》作「事」。

3. 文書訥拜淮南行省參知政事：拜，《文編》上有「適」。

4. 傳之玉環以衣之：傳，《文編》作「傅」。

5. 鏗鎬震動：鎬，《文編》作「匐」。

6. 允恭復俾善畫者寫銅像：銅，《文編》作「斯」。

7. 古者水旱之祭：古者，《文編》上有「嘗考」。

8. 郡縣則祭其界內所得祭者焉：得，《文編》作「能」。

9. 蓋無所祈穀實：所，《文編》作「非」。

10. 以爲聖天子養元元無疆惟休之計也：天，《文編》作「世」。

11. 至正十四年歲甲午秋七月：十四年歲，《文編》無。七月，《文編》下有「下澣書」。

50／391《虞麓精舍記》，今據《吳郡文編》校〔註490〕：

1. 以《虞麓精舍記》示余：余，《文編》作「予」，下文中並同。

2. 雅知公懋賢：賢，《文編》上有「之」。

3. 而西河之民：河，《文編》作「湖」。

4. 其耴人：耴，《文編》作「取」。

5. 彼文辭之工否：辭，《文編》作「詞」。

〔註488〕 （清）顧沅《吳郡文編》（四），上海古籍出版社2011年版，第2頁。

〔註489〕 （清）顧沅《吳郡文編》（三），上海古籍出版社2011年版，第468～469頁。

〔註490〕 （清）顧沅《吳郡文編》（四），上海古籍出版社2011年版，第195頁。

6. 覽仲雍之流風：覽，《文編》無。

7. 考太公之遺跡：公，《文編》作「古」。

50／391《虞麓精舍記》，今據《吳郡文編》卷校〔註491〕：

1. 余友陳季周氏嘗謂余：余，《文編》作「予」，下文不同。

2. 亦貴王賤霸而已：亦，《文編》作「在」。

3. 因自題其所居之齋曰『皡皡齋』：因、皡皡齋，《文編》作「固」、「皞皞」。

4. 子幸為吾記之：幸，《文編》無。

5. 登天椒：天，《文編》作「夫」，是。

　　按：夫椒乃地名。文曰「浮三江，道五湖，登夫椒，望洞庭」，恰相吻合。

6. 唅菽緼絮之民：唅，《文編》作「含」。

7. 立之斯立，道之斯行，綏之斯來，動之斯和：之，《文編》均無。

8. 孔子既殁：殁，《文編》作「沒」。

9. 而有志之士所宜勉焉者：者，《文編》無。

10. 文末，《文編》有「至正庚子辜月朔」。

50／408《重修三皇廟記》，今據《吳郡文編》卷校〔註492〕：

1. 郡侯岳烈始即吳縣故阯遷而大之：即，《文編》下有「其」。

2. 至順辛未郡推官李君德眞：至、君，《文編》無。

3. 則又諰諰然圖所以興其廢而補其弊：諰諰，《文編》作「肕肕」。

4. 庀工於二十年庚子四月戊子：子，《文編》作「午」，是。

　　按：至正二十年四月，丁巳朔，無戊子日。戊午乃初二日。

5. 告成於八月庚申：告，《文編》作「考」。

50／421《聽雪齋記》，今據《吳郡文編》校〔註493〕：

1. 京兆杜徵君用隸古題其顏曰『聽雪齋』：齋，《文編》無。

2. 而其所以舒所以慘而凝且潤者：凝且潤，《文編》作「潤且凝」。

3. 而夫人之情：夫，《文編》無。

4. 雨霰交集：霰，《文編》作「雪」。

〔註491〕（清）顧沅《吳郡文編》（四），上海古籍出版社 2011 年版，第 2～3 頁。

〔註492〕（清）顧沅《吳郡文編》（四），上海古籍出版社 2011 年版，第 2～3 頁。

〔註493〕（清）顧沅《吳郡文編》（四），上海古籍出版社 2011 年版，第 2～3 頁。

5. 君子於此：此，《文編》作「斯」。

6. 潛聰以察其微：聰，《文編》作「聞」。

7. 宜其不以人之所樂者以爲樂：者，《叢編》無。

8. 吾聞井蛙不可語海：可，《文編》下有「以」，是。

9. 夏蟲不可以語冰：語，《文編》作「言」。

10. 今仲瑛處裕而不嗇：嗇，《文編》作「奢」。

11. 是爲記：《文編》無。

50／433《吳縣修學記》，今據《吳郡文編》校〔註494〕：

1. 實宋景祐間吳縣與學官舊址也：與，《文編》作「興」。

2. 縣令趙如趾更繕完之：趾，《文編》作「證」。

3. 縣尹張經斫石作櫺星門甚偉：櫺，《文編》作「靈」。

4. 概未遑有植其僕而剔其蠹者：僕，《文編》作「什」。

5. 茲縣尹楊侯由行中書掾使以閩敏亮達膺是選：茲，《文編》作「今」；行，《文編》無；膺，《文編》作「選爲」。

6. 而學廩告乏且久：乏，《文編》作「匱」。

7. 吳民雖困頓：頓，《文編》作「瘁」。

8. 侯今不鄙夷吳民：侯今，《文編》作「今侯」；吳，《文編》作「吾」。

9. 而欲以禮義畜之：畜，《文編》作「蓄」。

10. 非唯編戶者有賴：唯，《文編》作「維」。

11. 吾等獨敢私愛其力乎：私愛其力，《文編》作「愛其私力」。

12. 乃擇縣曾勸練有干局者：曾，《文編》作「曹」。

13. 司其出納：納，《文編》作「內」。

14. 親較百工惰勤：較，《文編》作「校」。

15. 中爲大成殿：大成殿，《文編》作「文宣王廟」。

16. 後爲明倫堂：明倫，《文編》作「論」。
    按：陳基《常熟州修學記》（50／435）亦載「內而禮殿、論堂，傍而兩廡、齋舍」。

17. 傍爲兩廡：傍，《文編》作「旁」。

18. 而以堅撤腐：而，《文編》下有「其」。

〔註494〕 （清）顧沅《吳郡文編》（二），上海古籍出版社 2011 年版，第 481～482 頁。

19. 缺者補之：缺，《文編》作「闕」。

20. 陘阰者填之使安：安，《文編》作「密」。

21. 兩序從祀先賢像：像，《文編》前有「之」。

22. 剝落而黝昧者：而，《文編》無。

23. 奠者益崇以嚴：奠、崇，《文編》作「尊」、「邃」。

24. 經始至正甲辰蠟月壬寅：至正甲辰蠟月，《文編》作「於至正二十三年十二月」。

25. 訖於明年如月甲子：訖，《文編》下有「工」；如，《文編》作「七」。

26. 學官與縣治俱麗郡城：官，《文編》作「宮」，是。

27. 有不得朝夕肄業於學者：有不得，《文編》作「其不得以」。

28. 以教若子弟：子弟，《文編》作「弟子」。

29. 孩誦相聞：孩，《文編》作「絃」。

30. 口誦《詩》《書》而身踐儒行者：而，《文編》無。

31. 此古今確論也：古今，《文編》下有「之」。

32. 當百戰瘡痍之際：際，《文編》作「後」。

33. 若可以少緩：緩，《文編》下有「矣」。

34. 以不繫於學：不繫於學，《文編》作「繫於學校」。

35. 縣曹史李質、沈瑞、學吏樊龍也：此句，《文編》作「縣曹史朱師顏、李文質、沈元祥、學吏樊應龍也」。

50／435《常熟州修學記》，今據《吳郡文編》校[註495]：

1. 方是時，兵興民困：方，《文編》無。

2. 方面將相不以吾為不省：省，《文編》作「肖」。

3. 辱委之民社：辱，《文編》作「屬」。

4. 執斧操墁者奔走後先：操，《文編》作「摻」。

5. 傍而兩廡：傍，《文編》作「旁」。

6. 庀役如干工：如干，《文編》作「於」。

7. 今領邦伯：今，《文編》作「令」。

8. 乃伐石：乃，《文編》作「及」。

9. 摺紳君子：摺，《文編》作「縉」。

〔註495〕 （清）顧沅《吳郡文編》（二），上海古籍出版社 2011 年版，第 566 頁。

10. 尚遑恤夫學校之廢興也哉：夫、哉，《文編》無。

11. 戮力與仇讐戰：與，《文編》無。

50／449《湯婆傳》，今據明代陳邦俊《廣諧史》〔註496〕校：

1. 大小方圜：圜，《廣諧史》作「圓」。

2. 婆銀色而鉛質：婆，《廣諧史》作「要」。

3. 擁被就床蓐：被，《廣諧史》作「衾」。

50／608《黃岩州新創文獻書院記》，今據楊訥、李曉明編《文淵閣四庫全書補遺（集部）》〔註497〕校：

1. 杜曄與弟知仁皆從公遊：曄，《補遺》作「煜」。下文中「同曄舉進士」、「泊南湖先生曄」並同。

   > 按：曄、煜均爲避清康熙帝之名諱。危素《文獻書院記》（48／367）「臺之士杜曄與弟知仁獲從公遊」可證。《宋代人物傳記資料索引》「杜燁」條稱「杜燁，一作曄，清代避諱改作煜」〔註498〕。

2. 今江浙行中書省左右司郎中劉君仁本言於省：行，《補遺》無。

3. 趙訥齋公師淵：訥，《補遺》作「納」，誤。

   > 按：趙師淵，字幾道，號訥齋。朱子門人。

4. 至濂洛而載明：載，《補遺》作「始」。

5. 顧惟斯道未墜：顧，《補遺》無。

第 51 冊

潘迪

51／6《重修子思書院記》，據明代于慎行編《兗州府志》（明萬曆二十四年刊本）卷 41《藝文志》3《碑記》〔註499〕校：

1. 文首至「謹按澆狀」：《府志》無。

〔註496〕（明）陳邦俊《廣諧史》，《四庫全書存目叢書》子部第 252 冊，齊魯書社 1997年版，第 272 頁。

〔註497〕楊訥、李曉明編《文淵閣四庫全書補遺（集部）》（第 3 冊），北京圖書館出版社 1997 年版，第 693～698 頁。

〔註498〕昌彼得等《宋人傳記資料索引》第 2 冊，臺灣鼎文書局 2001 年版，第 807 頁。

〔註499〕（明）于慎行《兗州府志》，齊魯書社 1985 年版。

2. 鄒邑郭南之巽隅：郭南之，《府志》無。

3. 耆宿傳疑爲沂國之故地。或云邑東隙地，乃子思講堂故基：宿傳疑，《府志》作「俗相」。

   沂國之故地或云邑東隙地乃，《府志》無。

4. 即孟子幼被母訓：被，《府志》作承。

5. 三徙其側就學遺址：其側就學，《府志》作「學傍」。

6. 元貞改元：改元，《府志》作「初」。

7. 扁以淵源。中肖思、孟燕居授受容：此句，《府志》作「肖思孟像」。

8. 春秋朔望祀之：朔望，《府志》無。

9. 然地卑堂隘：卑，《府志》作「痺」。

10. 前弗盈再筵。復濱因利溝：此句，《府志》作「前臨因利溝」。

11. 歲秋屢厄於水：《府志》作「潦水爲患」。

12. 『分憲按治至鄒』至「因循迄今」：《府志》無。

13. 以興學毓士爲急：急，《府志》作「己任」。

14. 『乃屬耆儒曰』至『視故基崇五尺許，乃』：《府志》無。

15. 『輦工成基』至『崇視深有加』：《府志》無。

16. 左侍走國亞聖公：公，《府志》無。

17. 制與殿稱：《府志》無。

18. 宮壖之東南，堅築堤防：之東南堅，《府志》作「外」。「防」以下至「崇三尺五寸」，《府志》無。

19. 自是泉水患息：息，《府志》上有「以」。

20. 『西起甬道六百步』至『民不病涉』：《府志》無。

21. 凡書院齋舍庖廚府藏：齋，《府志》作「宅」。府藏，《府志》無。

22. 翼東西爲左右齋：翼，《府志》無。

23. 以故講堂泊兩齋：《府志》無。

24. 館校官，大集弟子：館、大，《府志》無。

25. 落成於是年十有一月望：是年，《府志》無。

26. 若非鄧尹尊師重道，廢寢忘食：尊師重道，廢寢忘食，《府志》無。

27. 奚克致此：奚，《府志》作「何」。

28. 『況其廉正有守』至『可以述所聞以爲鄒人告』：《府志》無。

29. 殆將二千年矣：殆將，《府志》作「幾」。

30. 敢以思孟之所以爲思孟者：敢，《府志》無。
31. 『近代立四大書院』至『蓋不同科矣。矧吾』：《府志》作「蓋思孟愛諸夫子」。
32. 如大明中天：大明，《府志》作「日」。
33. 萬世攸仰：仰，《府志》作「賴」。
34. 則其道統：道統，《府志》無。
35. 又何俟迪言之贅：「贅」至文末，《府志》無。

劉君佐

51／42《詩集傳附錄纂疏序》，據清代莫友芝《宋元舊本書經眼錄》卷 1校〔註500〕：

1. 蜚英騞於場屋間者：騞，《經眼錄》作「聲」。

柳贇

51／44《故唐律疏議序》，據四庫本《唐律疏議》、元蘇天爵《元文類》卷36校：

1. 故凡垂之爲申令：申，四庫本《唐律疏議》、《元文類》均作「甲」。
2. 雖五經載道以行萬世：雖，四庫本《唐律疏議》、《元文類》均無。
3. 禮、刑取其初一物：刑，四庫本《唐律疏議》無；取，《元文類》無。
4. 而非以因民爲屬也：因，《元文類》作「罔」。
5. 復入學租錢：復，《元文類》作「沒」。

郭翼

51／75《與顧仲瑛書》，《全元文》據《林外野言・附錄》錄文，不知其所據何本。今據《又滿樓叢書》本《林外野言》、《吳郡文編》卷 6 校〔註501〕：

1. 文首有脫文，又滿樓本有「九月初一日翼再拜：向嘗（嘗，《吳郡文編》作「常」）見《續志》所書事蹟，往往感於卑下，雜亂無取（取，《吳郡文編》作「文」）文。昔揚子雲作《法言》，據（據，《吳郡文編》作「拒」）

〔註500〕 （清）莫友芝《宋元舊本書經眼錄》，中華書局 2008 年版，第 48 頁。
〔註501〕 （元）郭翼《林外野言》，《叢書集成續編》第 110 冊，上海書店 1994 年版，第 282～283 頁。

富者之金，曰圈中之鹿，闌中之羊，何以名為。而陳壽乃求米作佳傳，尚得為（為，《吳郡文編》作「謂」）信史耶（耶，《吳郡文編》作「邪」）？今必痛加繩（繩，《吳郡文編》作「刪」）削，正其繆（繆，《吳郡文編》作「謬」）誤，然後網羅漏失，振發幽潛，為一代（代，《吳郡文編》作「州」）盛典，豈不偉與（與，《吳郡文編》作「歟」）？夫一才一善，人所難能，生而積學，白首而成者十無二三，不幸老死岩谷，又蔑蔑無聞者，良可憫哉。然貴者可信而易白（白，《吳郡文編》作「云」），賤者多隱而難顯。易白（白，《吳郡文編》作「云」）者人皆傳之，難顯者人皆略之，此人之常情也。《春秋》美君子樂道人之善，所以使天下皆去惡為善。此磊落喜事之人立言著書以垂後世（世，《吳郡文編》作「者」），蓋為（為，《吳郡文編》作「謂」）此也。予自兒時目睹諸老先輩先生，及歷歷耳聞者。或仕或不仕，其才德文章書法畫品，雖高下不齊，要皆百年以來，育德成材，固非一朝一夕所能致也。若方外之清流、閨門之貞節，（《吳郡文編》有「是」）皆灼灼可書，（《吳郡文編》有「固」）不可有忽略而棄置也。」

2. 非他州所及：所，又滿樓本作「可」。此句下，《吳郡文編》另有「江海所傳，士君子之所稱道，非人賂千金、家置一啄而使之然也。蓋薰陶漸染，有所自來。昔聖人稱子賤為君子，而曰魯無君子，斯焉取斯。故敢列而陳之。竊不自揣其言之可信與否，惟執事察之。」

3. 有耆儒碩學若李季高、衛培、鄭漁溪、陳愛山：李季高、衛培、鄭漁溪，又滿樓本作「李季高蓉月先生、衛培月山、二山鄭漁溪」；《吳郡文編》作「有耆儒碩學李季高蓉月先生、衛培月山、二山鄭無溪」。

4. 皆師儒之宗也：《吳郡文編》於「皆」下有「表表模楷」。

5. 秦德卿之重厚：《吳郡文編》於「秦」下有「王」。

6. 汪德載之深沉：《吳郡文編》於「汪」下有「昰」。

7. 文學古之奇放：《吳郡文編》於「文」下有「質」。

8. 馬敬常之秀麗：《吳郡文編》於「馬」下有「庸」。

9. 若楊譓之著述：《吳郡文編》於「譓」下有「東溪」。

10. 盧均華之教子：君，《吳郡文編》作「君」。

11. 朱翶之標格：《吳郡文編》於「翶」下有「仲翔」。

12. 盧觀之淳古：《吳郡文編》於「觀」下有「彥達」。

13. 俞日強之文學：《吳郡文編》於「日強」下有「彥莊」。

14. 李簡之清介：《吳郡文編》於「簡」下有「士廉」。

15. 又不可以偏長而廢也：廢，《吳郡文編》作「廢棄」。

16. 則朱旭之好古博雅：朱旭，又滿樓本作「朱次山」，《吳郡文編》作「朱旭次山」。

17. 朱仲高之倜儻愛客：高、愛，又滿樓本作「山」、「好」。

18. 馬廷玉之好文雅：又滿樓本、《吳郡文編》於「廷玉」下有「君瑞」。

19. 楊仲元之世其家：《吳郡文編》於「仲元」下有「伯振祖成」。

20. 顧善夫之墨妙：《吳郡文編》於「顧」下有「信」。

21. 則宋尹文為之魁：尹文，《吳郡文編》作「伊文文璧」。

22. 申屠雲岩：申，又滿樓本作「甲」，誤。

　　按：上下文均為人名。

23. 楊景文又皆鏗鏘於浙操者也：皆，又滿樓本作「能」。

24. 理獨間者：間，又滿樓木作「聞」。

25. 秉白雲之千林閣：林，又滿樓本作「秋」，下注云「一作林」；閣，《吳郡文編》作「蓉」。

26. 是又不可以其疏遠而棄之也：此句，又滿樓本作「是亦不可盡棄之者也」。

27. 題詠記述：記，《吳郡文編》作「紀」。

28. 又若袁子英之高節樓：又，《吳郡文編》無，但前多「今也因其所稱，不沒其實」一句；「袁」下有「華」。

29. 瞿惠夫之壽豈堂：《吳郡文編》於「瞿」下有「智」；壽，《吳郡文編》作「事」。

30. 姚文奐之書聲齋：《吳郡文編》於「文奐」下有「子章」；齋，《吳郡文編》無。

31. 秦文仲之鶴冢：冢，又滿樓本作「冢」；《吳郡文編》於「秦」下有「約」。

32. 張師賢之芝蘭室：《吳郡文編》於「師賢」下有「希」。

33. 呂敬夫之來鶴亭：《吳郡文編》於「呂」下有「誠」。

34. 盧伯融觀雲之軒：《吳郡文編》於「盧」下有「昭」。

35. 陸良貴乾乾之室：《吳郡文編》於「陸」下有「仁」。

36. 盧公武之鹿城隱居：《吳郡文編》於「盧」下有「熊」。

37. 又若顧伯衡、顧子達、嚴孟賓、項叔馭、俞復初：《吳郡文編》作「又若顧權伯衡、顧兼善子達、嚴寅孟賓、項篤叔馭、俞善復初」。

38. 所謂不傳於今：《吳郡文編》於此句前有「凡此皆考其事，瞭然明白」。

39. 萬萬無一可疑者：一，又滿樓本無。《吳郡文編》於此句下有「夫農工醫卜亦有可觀，況其才學足以名當世，德譽足以為人望，而焯然高絕者乎？然古人亦有以名過其實者」。

40. 惟執事持至公之論：惟執事，《吳郡文編》作「惟在執事信而行之」。

41. 文末，又滿樓本有「翼再頓首」。而《吳郡文編》有「方今之時，人皆以縱橫自高，或偷安自恣事，以論載事為直史，掛名其中，自託不腐。又欲使諸名無窮，此誠磊落喜事之為也。誠如是也，雖執事之玉山草堂，無一字之褒，亦將有以盛傳於後世矣。區區之見忘其疎愚，遂言其概。伏惟更加搜訪，使滄海無遺珠之歎。惜乎時不可失也。惟執事諒之。」

高明

51／90《大成樂賦》，《全元文》據明嘉靖三十四年《瑞安縣志》錄文，今據《歷代賦匯》〔註502〕校：

1. 聆控揭之迭奏：控揭，《賦匯》作「椌楬」。
2. 悠然而聞歌：聞，《賦匯》作「間」。
3. 彼夷惠於伊尹：於，《賦匯》作「與」。
4. 若朦膔之所為者哉：朦膔，《賦匯》作「矇瞍」。

51／91《華孝子故址記》，今據明代《無錫縣志》卷4下〔註503〕校：

1. 孝子之事不以歿而不著：歿，《縣志》作「沒」。下文「歿於齊」、「以至歿身不替」並同。
2. 尚元虛，賤名檢：元，《縣志》作「玄」。

51／203《烏寶傳》，《全元文》據明嘉靖三十四年《瑞安縣志》錄文。此文

〔註502〕（清）陳元龍輯《歷代賦匯》，江蘇古籍出版社、上海書店 1987 年版，第 374～375 頁。

〔註503〕（明）佚名《無錫縣志》，景印文淵閣四庫全書第 492 冊，臺灣商務印書館 1986 年版，第 778 頁。

見載元代陶宗儀《南村輟耕錄》卷 13〔註 504〕、明代陳邦俊《廣諧史》〔註 505〕、詹景鳳《古今寓言》卷 10〔註 506〕。今據以參校：

1. 其術亦頗相類：其，《輟耕錄》、《廣諧史》、《古今寓言》上有「然」。
2. 大小輕重：大小，《輟耕錄》、《廣諧史》、《古今寓言》作「小大」。
3. 則官爲聚其屍而焚之：官，《古今寓言》作「宮」，誤。
4. 蓋知墨之末俗也：蓋，《古今寓言》作「盡」。
5. 人爭迎取邀致：爭，《廣諧史》、《古今寓言》作「子」。
6. 歲有暫時相與來往者：來往，《輟耕錄》、《廣諧史》、《古今寓言》作「往來」。
7. 烏氏見於《春秋》、《世本》，姓宛若存，余技烏獲，皆爲顯仕：宛，《輟耕錄》、《廣諧史》、《古今寓言》作「苑」。

     按：技烏，疑爲「枝鳴」之誤。烏存、烏餘、烏枝鳴、烏獲均未典籍記載之人。烏存、烏餘、烏枝鳴，分見《左傳》昭公 23 年、襄公 24 年、昭公 21 年。考韓愈《烏氏廟碑銘》云：「烏氏著於《春秋》、譜於《世本》、列於《姓苑》。在莒者存，在齊有餘、枝鳴，皆爲大夫。秦有烏獲，爲大官」〔註 507〕，此處當本韓文。

8. 賢之學雖出於墨：賢，《輟耕錄》、《廣諧史》、《古今寓言》作「寶」。
9. 然刖寶之得行其志者：刖，《輟耕錄》、《廣諧史》、《古今寓言》作「則」。

胡翰

51／203《華川集序》，今據清代陸心源《皕宋樓藏書志》卷 111〔註 508〕校：

1. 吾鄉以學術稱者：鄉，《藏書志》作「婺」。
2. 汲仲子後：子，《藏書志》作「之」。

     按：四庫本《胡仲子集》亦作「之」，《全元文》失校。

3. 人物非可億計：非可，《藏書志》作「不可以」。

〔註 504〕 （元）陶宗儀《南村輟耕錄》，中華書局 1959 年版，第 157～158 頁。
〔註 505〕 （明）陳邦俊《廣諧史》，《四庫全書存目叢書》子部第 252 冊，齊魯書社 1997 年版，第 271 頁。
〔註 506〕 （明）詹景鳳《古今寓言》，《四庫全書存目叢書》子部第 252 冊，齊魯書社 1997 年版，第 159～160 頁。
〔註 507〕 （唐）韓愈著，馬其昶校注《韓昌黎文集校注》，古典文學出版社 1957 年版，第 229 頁。
〔註 508〕 （清）陸心源《皕宋樓藏書志》，《續修四庫全書》第 929 冊，上海古籍出版社 1996 年版，第 561～562 頁。

4. 以婺爲稱首：稱首，《藏書志》作「首稱」。

5. 則是數君子實□礪焉：□，《藏書志》作「表」。

　　按：四庫本《胡仲子集》亦作「表」，《全元文》失校。

6. 黃公猶秉筆中朝：中朝，《藏書志》上有「居」。

7. 於是淪謝始盡：始，《藏書志》作「殆」。

8. 遊吳中者久之矣：矣，《藏書志》無。

　　按：四庫本《胡仲子集》亦無「矣」，《全元文》失校。

9. 留輦轂之下久之：此句下有脫文，《藏書志》有「嘗用薦者檢討經筵編修史館」。

10. 則必出其文以示予：必，《藏書志》無；予，《藏書志》作「余」。

11. 馳騁縱橫，如風雲虵鳥：縱橫、虵，《藏書志》作「分佈」、「蛇」。

12. 雜乎並奏而天韻逸發也：此句，《藏書志》作「勃乎水湧山立而其進未已也」。

13. 垂三十年：三，《藏書志》作「二」。

14. 搢紳學者不必才且賢：搢，《藏書志》作「縉」。

15. 不旋踵而摧敗：不，《藏書志》上有「然」；敗，《藏書志》作「折」。

16. 身蹈死地：蹈，《藏書志》作「陷」。

17. 天苟使之遇合而措諸行事：遇合，《藏書志》作「有位」。

18. 吾見其無不至矣：吾，《藏書志》無。

19. 必待此而後知其道焉：焉，《藏書志》無。

20. 然則子充之文不可不傳也：子充，《藏書志》上有「吾」。

21. 揆之於道：之，《藏書志》作「□」。

22. 文末，《藏書志》有「至正十八年歲次戊戌十月朔同郡胡翰序」。

51／204《淵穎吳先生文集序》，今據清代陸心源《皕宋樓藏書志》卷 111〔註509〕校（四庫本《淵穎集》卷首有此文，題為《淵穎集序》）：

1. 是則吾德之所被而吾功之所樹者亦斬矣：樹，《藏書志》上有「所」。

　　按：四庫本《淵穎集》亦有「所」，「斬」作「斬」。

2. 殆猶未盡其緼也：緼，《藏書志》作「蘊」。

　　按：四庫本《淵穎集》亦作「蘊」。

〔註509〕　（清）陸心源《皕宋樓藏書志》，《續修四庫全書》第 929 冊，上海古籍出版社 1996 年版，第 561～562 頁。

3. 言語若不出諸口：語，《藏書志》作「訥」。

4. 然則先生之所負抱者爲何如哉：負抱，《藏書志》作「抱負」。

柯九思

51／362《四書箋義自序》，今據清代陸心源《皕宋樓藏書志》卷 10〔註 510〕校：

1. 余嘗陳《四書》幾間：陳，《藏書志》作「呻」。

51／389《薛尚功摹鍾鼎彝器款識真跡》，今據清代陸心源《皕宋樓藏書志》卷 14〔註 511〕校：

1. 予舊於山陰錢德平家屢閱之：予，德，《藏書志》作「余」、「懷」。

許有孚

51／433《圭塘小稿序》，《全元文》據清道光間《沅湘耆舊集》錄文。今據清代陸心源《皕宋樓藏書志》卷 101〔註 512〕、楊訥、李曉明編《文淵閣四庫全書補遺（集部）》中《圭塘小稿》〔註 513〕參校：

1. 故試之，始信：試，《補遺》上有「嘗」。

2. 不可以淺見闚：闚，《藏書志》作「間」。

3. 十襲傳玩：十，《補遺》作「什」。

4. 三十不去左右：三十，《藏書志》、《補遺》下有「年」。

羅曾

51／464《石鼓賦》，《全元文》據宛委別藏本《青雲梯》、《古今圖書集成》、文淵閣四庫全書本《歷代賦匯》整理。今據光緒間雙梧書屋俞樾校本《歷代賦匯》〔註 514〕、《日下舊聞考》卷 68《官署》〔註 515〕、倪濤《六藝之一

〔註 510〕（清）陸心源《皕宋樓藏書志》，《續修四庫全書》第 928 冊，上海古籍出版社 1996 年版，第 120 頁。

〔註 511〕（清）陸心源《皕宋樓藏書志》，《續修四庫全書》第 928 冊，上海古籍出版社 1996 年版，第 153 頁。

〔註 512〕（清）陸心源《皕宋樓藏書志》，《續修四庫全書》第 929 冊，上海古籍出版社 1996 年版，第 464～465 頁。

〔註 513〕楊訥、李曉明編《文淵閣四庫全書補遺（集部）》（第 4 冊），北京圖書館出版社 1997 年版，第 652～654 頁。

〔註 514〕（清）陳元龍輯《歷代賦匯》，江蘇古籍出版社、上海書店 1987 年版，第 259 頁。

〔註 515〕（清）于敏中等編纂《日下舊聞考》，北京古籍出版社 1985 年版，第 1143～1144 頁。

錄》卷 27《石刻文字三》校：

1. 此賦，《日下舊聞考》、《六藝之一錄》有序，云：「岐山石鼓，或謂周成王時故物，又或以爲宣王。後來北方學者乃有以爲宇文周所作者。蓋未有可考也。觀其文往往與《車攻》、《吉日》之詩相表裏，故知其爲宣王作無疑。讀昌黎石鼓之歌，誦坡公岐山之詠，遂依託爲之賦。其辭曰」。

2. 予嘗訪遺跡於岐下：跡，諸本均作「蹤」。

3. 漢原廟之彝乎：廟，《賦匯》、《六藝之一錄》作「廣」（yǎn）。

4. 非秦人詛楚人之辭乎：乎，《日下舊聞考》、《六藝之一錄》無。

5. 其魚魴鱮：鱮，《賦匯》、作「鯊」，《六藝之一錄》作「鯉」。

   按：此爲《詩經·吉日》之詩，原作「其魚魴鱮」。

6. 吉日之宴語燕喜也：宴語，《賦匯》作「燕喜」。

7. 彼頑者不可扣之鳴兮：頑，諸本下均有「然」。

林昉

51／468《白雲集序》，據陸心源《皕宋樓藏書志》卷 95〔註516〕校：

1. 上人嘗自道之矣：嘗，《藏書志》作「當」。

熊復

51／475《息州重修公門記》，《全元文》據清嘉慶四年《息縣志·藝文志》卷 6 錄文。今覆檢，此文見載《息縣志》卷 7《藝文志上》，《全元文》著錄爲「卷 6」有誤。另錄文有誤，補校如下〔註517〕：

1. 不壯麗□整，其何□□神育體清出洽之源：□、□□，《息縣志》作「嚴」、「以儲」。

2. 勸人之觀□□□鄰子罕曰：□□□鄰，《息縣志》作「感敬畏也鄭」。

3. 吾儕小人，皆有閭廬：閭，《息縣志》作「闔」，是。

   按：此乃春秋鄭國子罕之語，見《左傳·襄十七年》。

4. 而在公之□，其可玩□□舍視之□哉：□、□□、□，《息縣志》作「署」、「愒傳」、「也」。

〔註516〕 （清）陸心源《皕宋樓藏書志》，《續修四庫全書》第 929 冊，上海古籍出版社 1996 年版，第 393 頁。

〔註517〕 （清）劉光輝修、任鎮及纂《嘉慶息縣志》，清嘉慶四年刊本。

5. 《春秋》於一□之築：□，《息縣志》作「城」。

6. 然□是之泮□□斯□之史、克謹之經不書者：□是、□□、□、謹，《息縣志》作「魯僖」、「閟矣」、「董」、「誦」。

7. □得爲國之分務□：□、分務□，《息縣志》作「以」、「先務」。

第 52 冊

楊宗瑞

52／15《辟雍賦》，據《歷代賦匯》卷 76〔註 518〕校：

1. 方壺屹然中峙：然，《賦匯》作「兮」。

2. 長虹嫻乎四垂：嫻乎，《賦匯》作「爛兮」。

3. 簷甍翊於翬飛：於，《賦匯》作「兮」。

4. 羅石鼓兮庭閣：閣，《賦匯》作「闈」。

5. 爾威鳳兮來儀：爾，《賦匯》作「肅」。

6. 朋來況乎□□：乎□□，《賦匯》作「兮總龜」。

7. 聳冠蓋兮後先：聳，《賦匯》作「紛」。

8. 擬鴻休兮六詩：詩，《賦匯》作「時」。

9. 是皆紊丘園之賁而來賓上國之輝者也：紊，《賦匯》作「素」。

10. 氂□仰聽而諮嗟：□，《賦匯》作「倪」。

11. 聞橋門而觀聽：聞，《賦匯》作「圓」。

12. 頌聲媲美乎韶□：□，《賦匯》作「夏」。

13. 於是益窮至治：至，《賦匯》作「致」。

14. 簡榷士林：榷，《賦匯》作「擢」。

15. 集天下之英才：才，《賦匯》作「林」，誤。

16. 捫膺語心：語，《賦匯》作「拊」。

17. 隔璧水兮作辟雍：隔，《賦匯》作「環」。

18. 建聖治兮啓淳風：聖，《賦匯》作「文」。

〔註 518〕 （清）陳元龍輯《歷代賦匯》，江蘇古籍出版社、上海書店 1987 年版，第 316 頁。

揭汯

52／76《九靈山房集原序》,《全元文》據四庫本《九靈山房集》卷首錄文。
今據陸心源《皕宋樓藏書志》卷 108〔註 519〕校:

1. 又學詩於余忠宣公闕:闕,《藏書志》無。

2. 不為纖穠之體:穠,《藏書志》無。

3. 而亦無矯亢之氣:亢,《藏書志》作「元」。

4. 蓋其典實嚴整則得之於柳先生者也,縝密明潔則得之於黃文獻公者也:
   柳先生者也縝密明潔則得之於,《藏書志》無。

5. 故意無不達:達,《藏書志》作「遠」。

6. 其詩則詞深興遠,而有鏘然之音……所以必就有道而正焉者此也:「興
   遠」至「所以」一節,《藏書志》作「奧」。

汪克寬

52／87《夫子之牆賦》,據《歷代賦匯》〔註 520〕校:

1. 瞻玄聖至攸居:玄,《賦匯》作「至」。

2. 粵自二龍繞室:室,《賦匯》作「空」。

3. 乃其畚插之具:插,《賦匯》作「鍤」。

4. 主人展然而笑曰:展,《賦匯》作「鞺」。

52／89《無逸圖賦》,據《歷代賦匯》〔註 521〕校:

1. 實盛代之弘摹也:摹,《賦匯》作「謨」。

2. 摭芳逞妍:妍,《賦匯》作「追」。

3. 絛不紊兮:絛,《賦匯》前有「有」。

4. 惜哉!唐虞皇功,虧九仞兮:虞,《賦匯》無。故此句當讀作「惜哉唐
   皇,功虧九仞兮」。

〔註 519〕 (清)陸心源《皕宋樓藏書志》,《續修四庫全書》第 929 冊,上海古籍出版
　　　　社 1996 年版,第 531 頁。

〔註 520〕 (清)陳元龍輯《歷代賦匯》,江蘇古籍出版社、上海書店 1987 年版,第
　　　　280 頁。

〔註 521〕 (清)陳元龍輯《歷代賦匯》,江蘇古籍出版社、上海書店 1987 年版,第
　　　　196 頁。

52／92《皇極賦》，據《歷代賦匯》〔註522〕校：

　1. 天不畢乎此疇兮：畢，《賦匯》作「界」。

　2. 惟蝌蚪之未沫兮：沫，《賦匯》作「昧」。

　3. 述敷言以爲世訓詰兮：詰，《賦匯》無。

52／93《紫微垣賦》，據《歷代賦匯》〔註523〕校：

　1. 若大微象明堂之房：大，《賦匯》作「太」。

　2. 紫辰倚空兮金墉截嶪：辰，《賦匯》作「宸」。

52／95《鳳凰來儀賦》，據《歷代賦匯》〔註524〕校：

　1. 稟乎太一之粹：一，《賦匯》作「乙」。

　2. 代變風醨：醨，《賦匯》作「漓」。

　3. 符秦謠讖之支離：符，《賦匯》作「苻」。

52／96《無逸圖賦》，據《歷代賦匯》〔註525〕校：

　1. 爲治厲精兮：厲，《賦匯》作「勵」。

52／97《吳山賦》，據《歷代賦匯》〔註526〕校：

　1. 緤予馬於虎林：予，《賦匯》作「余」。

　2. 天日渺以西至兮：日，《賦匯》作「目」。

　3. 闍婆流球會同而至止：流，《賦匯》作「琉」。

52／98《泮宮賦》，據《歷代賦匯》卷76〔註527〕校：

　1. 降殺於辟廱之度兮：廱，《賦匯》作「雍」。

　2. 象玉潢之泮璧：泮，《賦匯》作「半」。

　3. 侈橫舍於列城：橫，《賦匯》作「黌」。

〔註522〕（清）陳元龍輯《歷代賦匯》，江蘇古籍出版社、上海書店1987年版，第195頁。

〔註523〕（清）陳元龍輯《歷代賦匯》，江蘇古籍出版社、上海書店1987年版，第22頁。

〔註524〕（清）陳元龍輯《歷代賦匯》，江蘇古籍出版社、上海書店1987年版，第234頁。

〔註525〕（清）陳元龍輯《歷代賦匯》，江蘇古籍出版社、上海書店1987年版，第200頁。

〔註526〕（清）陳元龍輯《歷代賦匯》，江蘇古籍出版社、上海書店1987年版，第92頁。

〔註527〕（清）陳元龍輯《歷代賦匯》，江蘇古籍出版社、上海書店1987年版，第316頁。

52／101《三友堂賦》，據《歷代賦匯》卷 78〔註 528〕校：

1. 幹修然而外植：植，《賦匯》作「直」。
2. 折含黃之滿筐：折，《賦匯》作「拆」。
3. 偉昆季之壇欒：壇，《賦匯》作「檀」。

52／102《九夏賦》，據《歷代賦匯》卷 90〔註 529〕校：

1. 則歌與鍾鼓並作：作，《賦匯》無。
2. 固睿哲之工巧兮：睿，《賦匯》作「濬」。
3. 竽瑟鏗其雜糅：糅，《賦匯》作「糅」。
4. 命檮蓍爲余占之：余，《賦匯》作「予」。
5. 嘉賓式宴而既醉兮：宴，《賦匯》作「燕」。
6. 階西階之踧踖兮：階，《賦匯》作「偕」。
7. 實王心之所怡：怡，《賦匯》作「始」。
8. 何宇文之郊疇兮：疇，《賦匯》無。
9. 高齊以授私：高，《賦匯》上有「噫」。
10. 儗大明於螢爝兮：儗，《賦匯》作「擬」。

52／120《重訂四書集釋序》，據陸心源《皕宋樓藏書志》卷 10〔註 530〕校：

1. 東魯聖師以及顏曾思孟傳心之要：及，《藏書志》作「暨」。
2. 孟子歿：歿，《藏書志》作「沒」。
3. 於是取子朱子平生之所以語學者：生，《藏書志》作「日」。
4. 並其弟子訓釋之辭：弟子，《藏書志》上有「高第」。
5. 祝氏有《附錄》：錄，《藏書志》作「祿」，誤。
6. 缺略者足以己意：足，《藏書志》上有「又」。
7. 胡先生著《四書通考》：考，《藏書志》無，是。
   按：《全元文》小傳（17／84）載胡炳文「有《四書通》二十六卷」。
8. 友人倪君仲弘實從遊於陳先生：弘，《藏書志》作「和」，誤。
   按：倪士毅，字仲弘。

〔註 528〕 （清）陳元龍輯《歷代賦匯》，江蘇古籍出版社、上海書店 1987 年版，第 325
頁。
〔註 529〕 （清）陳元龍輯《歷代賦匯》，江蘇古籍出版社、上海書店 1987 年版，第 376
～378 頁。
〔註 530〕 （清）陸心源《皕宋樓藏書志》，《續修四庫全書》第 928 冊，上海古籍出版
社 1996 年版，第 123 頁。

9. 名曰《四書集釋》：集，《藏書志》作「輯」，是。

　　按：《全元文》小傳（49／36）載倪士毅「有《四書輯釋》三十六卷」。

10. 間出是書，請余序其所以然者：間出是書請，《藏書志》作「徵」。

11. 乃序而書之：序，《藏書志》作「敘」。

12. 文末，《藏書志》有「時至正丙戌長至後七日新安汪克寬謹書」。

52／125《資治通鑑綱目凡例考異序》，《全元文》據《古今圖書集成》錄文。
此文見錄明代程敏政《皇明文衡》卷52〔註531〕、清代曹本榮《古文輯略》
〔註532〕校，題為《綱目凡例考異》。今據以參校：

1. 蓋不翅霄壤矣：翅霄壤，《文衡》、《輯略》均作「霄壤翅」。

52／176《師山先生鄭公行狀》，今據鄭玉《師山集・附錄》校〔註533〕：

1. 湖省平章三旦八公率大軍來討：三旦八，《附錄》作「薩木丹巴勒」。

2. 監郡按敦海牙公率僚屬至山中：按敦海牙，《附錄》作「阿敦哈雅」。

3. 若屬知之否乎：否，《附錄》作「不」。

4. 時湖東元帥八爾思不花公、監郡濟都沓兒公：八爾思不花、濟都沓兒公，
《附錄》作「巴5. 爾斯布哈」、「呼都克岱爾」。

6. 晨起薰沐：薰，《附錄》作「薰」。

7. 夫人聞之，使人語之曰：使人，《附錄》作「使」。

8. 襟度坦平：平，《附錄》作「夷」。

9. 夫人汪氏病癭若石榴然以歿：歿，《附錄》作「沒」。

10. 惜夫傳之者不知經之大用，言異人殊：異，《附錄》作「人」。

11. 命曰春秋傳闕疑：春秋，《附錄》下有「傳」。

12. 清淑之氣凝萃於是：萃，《附錄》作「粹」。

13. 屬弟璉曰「吾歿」：歿，《附錄》作「沒」。

14. 文末，《附錄》有「戊戌歲八月望日祁門汪克寬謹狀」。

〔註531〕（明）程敏政《皇明文衡》，四部叢刊本。
〔註532〕（清）曹本榮《古文輯略》，《四庫全書存目叢書》集部第392冊，齊魯書社
　　　　1996年版，第750頁。
〔註533〕（元）鄭玉《師山集》，景印文淵閣四庫全書第1217冊，臺灣商務印書館1986
　　　　年版，第102～106頁。

舒頔

52／195《貞素齋自序》，據陸心源《皕宋樓藏書志》卷 107〔註 534〕校：

1. 自題曰《古澹稿》、《華陽稿》、《貞素齋文集》：古澹稿、貞素齋文集，《藏書志》作「古澹」、「貞素齋集」。
2. 不過紀其所歷所見：過紀，《藏書志》作「周」。
3. 關於民風，繫於世事：民、世，《藏書志》無。
4. 或者有關於時：有，《藏書志》下有「時」。

52／229《讀汪康範先生行狀》，《全元文》據清道光十八年舒啟恭等校刊本《貞素齋文集》錄文。此文亦見汪康範《康範詩集・附錄》〔註 535〕，今據以參校：

1. 或者惜其不見用於世：世，《附錄》作「時」。
2. 五世孫疇卿，經喪亂後：卿，《附錄》作「既」。

    按：汪澤民、俞希魯、翟思忠《曾子全書序》均稱汪康範「五世孫疇」。

盧琦

52／341《遊凌溪記》，今據明代何喬遠《閩書》卷 10〔註 536〕校：

1. 惠安之北鄉：安，《閩書》無。
2. 獨菱溪爲最勝：獨、爲，《閩書》無。
3. 狀若相敵而不相讓者：狀，《閩書》無。
4. 魚之往來可數也：魚之，《閩書》無。
5. 水東而過：東，《閩書》作「束」。
6. 予亦未暇究其所窮也：其，《閩書》無。
7. 曩余來訪親舊：余，《閩書》作「予」。
8. 然信宿則去，不能留也：不能留也，《閩書》無。
9. 予與莆陽人方君同寓烏石精舍：予，《閩書》無。
10. 溪出烏石山之背：出，《閩書》作「山」；山，《閩書》無。

〔註 534〕（清）陸心源《皕宋樓藏書志》，《續修四庫全書》第 929 冊，上海古籍出版社 1996 年版，第 516～517 頁。

〔註 535〕（宋）汪康範《康範詩集》，景印文淵閣四庫全書第 1175 冊，臺灣商務印書館 1986 年版，第 594 頁。

〔註 536〕（明）何喬遠《閩書》，福建人民出版社 1994 年版，第 232 頁。

11. 主人輒相命以出：以，《閩書》無。

12. 出則之菱溪：菱溪，《閩書》作「溪上」。

13. 至則上汾下流以釣：上汾下流，《閩書》作「沿流上下」。

14. 故夕率一至焉：焉，《閩書》無。

15. 主人野服芒履，客亦如之：此句，《閩書》作「主人與客野服芒屬」。

16. 一僮釣竿以從：以從，《閩書》無。

17. 酌罷則釣如故：如故，《閩書》無。

18. 已而復得石橋數間：而，《閩書》無。

19. 雖欲常賞諸勝：諸勝，《閩書》無。

20. 其可得乎：《閩書》作「不可得已」。

21. 「昔柳子遭事讁南州」至文尾：《閩書》無。

馬宗成

52／391《碧霞洞慶真閣記》，《全元文》據希古樓《八瓊室金石補正》錄文。
此文亦載於《桂林石刻總集輯校》，題為《碧霞洞慶真閣之記碑》，今據以
校證〔註537〕：

1. 臨江胡雲興整葺碧霞洞天：整葺，《石刻》作「□正圖」。

2. 裝飾元帝聖相：元，《石刻》作「玄」。

3. 南北東西環繞皆山也：環，《石刻》無。

4. 其有口岩空洞：□，《石刻》作「山」。

5. 沿隍池東去二百步：隍，《石刻》作「□」

6. 此後人來登臨者：者，《石刻》無。

7. 遇夜則天漢相連：遇，《石刻》作「過」。

李震孫

52／423《廣西道平蠻記》，據《桂林石刻總集輯校》校〔註538〕：

1. 貍鼠負穴：貍，《輯校》作「狸」。

2. 翼日旦：翼，《輯校》作「翌」。

3. 昔交阯女子徵側反：《輯校》無。

〔註537〕 杜海軍輯校《桂林石刻總集輯校》（上），中華書局 2013 年版，第 390～391 頁。
〔註538〕 杜海軍輯校《桂林石刻總集輯校》（上），中華書局 2013 年版，第 399～400 頁。

4. 遺毒螫生民十年：民，《輯校》作「靈三」。

5. □□□茲舉文學宜紀：□□□，《輯校》作「猗蠍□□」。

6. 橐負我贏：橐，《輯校》作「索」。

7. 遐哉帝德：遐，《輯校》作「假」。

8. 元統二年十月□□日：□□，《輯校》無。

柳宗監

52／439《清湘書院記》，《全元文》均據清光緒七年《廣西通志》錄文，今據清代金鉷《雍正廣西通志》卷 104《藝文》〔註539〕校：

1. 名開，字仲塗：《雍正廣西通志》作「柳開仲塗」。

2. 郡守程榆奏請清湘書院額：請，《雍正廣西通志》作「賜」。

3. 以位在外門：在，《雍正廣西通志》作「作」。

4. 柱砌堂闥：闥，《雍正廣西通志》作「關」。

5. 宮□迭奏：□，《雍正廣西通志》作「徵」。

傅貴全

52／461《金石例序》，《全元文》據清乾隆三十九年《歷城縣志》錄文，今以陸心源《皕宋樓藏書志》卷 118 校〔註540〕：

1. 六卷至八卷，卒葬月日之筆削：筆削，《藏書志》作「則述唐韓文括例，而於家世、宗族、職名、妻子、死喪」。

2. 則思得為而為，不口為而不為：□，《藏書志》作「得」，是。

3. 觀其筆削之旨：旨，《藏書志》作「言」。

4. 是豈特為文者之助：特，《藏書志》作「惟」。

5. 出是書以示予：予，《藏書志》作「余」。

6. 賜同進士出身：同，《藏書志》無。

7. 前慶元錄事鄱陽後學傅貴全：傅貴全，《藏書志》下有「序」。

〔註539〕 （清）金鉷《雍正廣西通志》，景印文淵閣四庫全書第 568 冊，臺灣商務印書館 1986 年版，第 171～173 頁。

〔註540〕 （清）陸心源《皕宋樓藏書志》，《續修四庫全書》第 929 冊，上海古籍出版社 1996 年版，第 647 頁。

—368—

譚愷

52／475《虞臺嶺觀音堂記》,《全元文》據民國二十四年《張北縣志》錄文,今據明代葉盛《水東日記》卷 37 〔註 541〕校:

1. 偕弟達識貼睦邇既成景賢書院:達識貼睦邇,《日記》作「達世貼睦爾」。
2. 轂交彎錯:轂交彎錯,《日記》作「轂彎交錯」。
3. 嘗建堂兩楹於道傍,先生爲吾記之:於,《日記》無。

   按:《日記》句讀爲「嘗建堂兩楹,道傍先生爲吾記之」。以道傍先生爲人名,誤。

4. 吾儒雖罕言:儒,《日記》作「儔」。
5. 達識貼睦邇今爲侍御史:達識貼睦邇,《日記》作「達世貼睦爾」。

吳尚志

52／476《禮記纂言後序》,《全元文》據《古今圖書集成》錄文,今據朱彝尊《經義考》卷 143 〔註 542〕校:

1. 子曾子之易簀:簀,四庫本《經義考》作「簀」。

   按:《經義考新校》失校。

2. 稿成尚請錣木得命:尚,《經義考》下有「志」,是。
3. 始於至順癸酉之春:始,四庫本《經義考》無。

周汝霖

52／517《轂亭閘記》,《全元文》據清康熙三十年刻本《魚臺縣志》錄文,然實爲節文。其原文俱在,見明代謝肇淛《北河紀》卷四,題爲《都水監創建轂亭石閘記》。今錄文如下〔註 543〕:

至順二年,歲在辛未季夏之月,會通河轂亭石閘成。凡用工九十日,金石土木之工百有八十人,徒八百二十人,石以塊計者二千七百三十,木以株計者一萬二百七十,甓以口計者二十五萬三千,灰以斤計者三十三萬五千,

---

〔註 541〕 (明) 葉盛《水東日記》,中華書局 1980 年版,第 359〜360 頁。
〔註 542〕 (清) 朱彝尊撰,林慶彰、蔣秋華、楊晉龍等點校《經義考新校》第 6 冊,上海古籍出版社 2010 年版,第 2638〜2639 頁。
〔註 543〕 (明) 謝肇淛《北河紀》,景印文淵閣四庫全書第 576 冊,臺灣商務印書館 1986 年版,第 631〜632 頁。

鐵亦以斤計者三萬一千四百。其餘麻枲、瓴甋、斧錯、瑙細、覬縷,各若干。除金木糧儲出於有司,他皆監司採煉陶冶,仍資傭工錢二萬五千緡。閘身縱二丈又七尺,衡二丈又二尺,高如之雁翅。四各互五十尺,址表八十尺,廣百又二十尺。奉直大夫都水監丞阿里公命汝霖作文以紀之。詞曰:

欽惟聖元,混一區夏,定鼎幽薊。九州內外,罔不臣順。航四海,泛九江,浮於淮,入於河。職貢糧運,商旅懋遷,以供給京師。然自東阿抵臨清,二百餘里,捨舟從陸,車挽以進御河,每值夏秋,霖雨泥淖,馬瘠車僨,公私病之。至元二十六年,朝廷用令史邊君、同知馬公言,開會通漕河。自安民山,引汶、泗、洸等水屬之御河。度其地勢穹下,前後建石閘三十餘座,以制蓄泄。於是川途無壅,舟楫憧憧,方諸陸運,利相十百。以故國用充而民不匱,四十年於茲矣,惟棗林至孟陽薄七十餘里,湍激迅洑,沙土潰㳛,閘再啓鑰,舟方一洠。嘉議大夫都水盧公因壕寨楊溫等議,宜於穀亭北郵傳西創建石閘,匯黃良艾河等泉以厚水勢,則免齟齬之患。詢謀僉同乃上之省堂,允請。令下之日,奉議大夫少監德安帥僚屬董其事。未幾,會監丞阿里馳驛分治山東,下車之初,首以斯閘為己任,指畫夫匠,親臨監督,靡憚晨久,分任其事。公威嚴謹恪,寬以濟猛,人皆獻力,惟恐弗逮,故能克底厥功。經始於是歲之二月,訖功於六月中。樹巨闥,傍羅鉏砌,龍鱗錯落,雁翼翬飛,冠以虹梁,縣以金鉤,周致縝密,混若天成。於是割牲釃酒,祠河伯。會群屬於河上以落之,舉酒作樂,伐鼓啓鑰。水平舟行,颿檣翳空,舳艫相接,進退閑暇,莫不歡喜歌詠。噫!是役也,始則盧公建言之力,中則德安公經營之勤,終則阿里公躋成之功。於國於民,永賴以濟,於斯見聖朝人才之盛,守職者不苟祿而勤於效忠矣。因撼其所聞而為之記。

李仲謀

52／526《刑名通義序》,《全元文》據民國二十四年刊《永嘉縣志》錄文,今據孫詒讓《溫州經籍志》卷 16 校〔註 544〕:

1. 文首至「明刑者之高抬貴手也」:此句,《經籍志》作「嘗讀《康叔》之誥,《甫刑》之訓,其言刑期無刑之旨,藹乎仁人之用心也」。
2. 其所以欲民之不犯:其所以欲,《經籍志》作「冀」。

〔註 544〕孫詒讓《溫州經籍志》(中),上海社會科學院出版社 2005 年版,第 657 頁。

3. 其習談孔孟者：其，《經籍志》無；談，《經籍志》作「譚」。

4. 若能知爲治者之本矣：能、者，《經籍志》無。

5. 然而刑不能以不用：而，《經籍志》無。

6. 其議法律：其，《藏書志》作「乃斷」。

7. 輒取具於臨時：具，《經籍志》作「辨」。

8. 然於義之所取，文之所措：《經籍志》作「然於起義措辭」。

9. 又或有所不知焉：又，《經籍志》無；知，《經籍志》作「譜」。

10. 而肄業於儒：而肄，《經籍志》作「孫」。

11. 始由儒而入吏：入，《經籍志》作「從事於」。

12. 深病世之爲吏治者：治，《經籍志》無。

13. 而疏於法理：法，《經籍志》無。

14. 遂取古今法律之文：遂，《經籍志》無。

15. 犁然有得於其心：其，《經籍志》無。

16. 其有補於吏治，固不自少：其，《經籍志》無；固不自少，《經籍志》作「既難以更僕」。

17. 復慮不能遍以語人也：語，《經籍志》下有「諸」。

18. 名之曰《刑名通義》：之，《經籍志》無。

19. 以補二集之遺缺：缺，《經籍志》作「闕」。

20. 「其意若曰」至「則何敢竊取其義焉」：此句，《經籍志》作「多方訓迪，不憚精詳，將以救爲吏者之失焉」。

21. 余一日得君所爲稿而觀之：一日、所爲，《經籍志》無。

22. 見其章分句釋，援古證今：章分句釋、援，《經籍志》作「分章明白」、「據」。

23. 亦可謂之有補於孔孟之教者：亦、之，《經籍志》無。

24. 致政承直郎、樂清縣尹：此句，《經籍志》作「致政邑宰」。

25. 澤及其子，而子孫且賢：此句，《經籍志》作「澤及子孫」。

26. 而操守不衰，行不扶杖：此句，《經籍志》作「而步履不衰」。

27. 於此已可見其爲忠厚之報矣：於此已，《經籍志》作「亦」。

28. 至正三年癸未，書於永嘉郡學：此句，《經籍志》作「至正三年龍集癸未清明日，臨川李仲謀書於永嘉之郡學」。

馮勉

52／556《解試清廟瑟賦》，《全元文》據清道光五年《建德縣志》錄文。今據《歷代賦匯》亦錄有此文，題為《清廟瑟賦》〔註545〕。今據以參校：

1. 猗歟瑟之良兮：良，《賦匯》下有「材」。
2. 將需材之制瑟兮：之，《賦匯》作「以」。
3. 侃離婁以察微兮：侃，《賦匯》作「伉」。
4. 藏祀事之孔嚴兮：藏，《賦匯》作「蕆」。
5. 聲求陽其渾融：求，《賦匯》作「朱」。
6. 互周旋而條理：而，《賦匯》作「其」。
7. 上君王而下臣民兮：王，《賦匯》無。
8. 天門決兮地根開：門，《賦匯》作「關」。
9. 夫瑟列於堂上之樂：夫，《賦匯》作「蓋」。

郭性存

52／571《張文龍墓銘》，《全元文》據清光緒《上海志》錄文，今據明代唐錦《弘治上海志》卷6《古蹟志》〔註546〕校：

1. 有口金符：□，《弘治上海志》作「華」。

第 53 冊

李廷傑

53／609《啟》，《全元文》據清《宛委別藏》鈔本《編類運使復齋郭公敏行錄》錄文。今據元至順刻本《編類運使復齋郭公敏行錄》校，題為《安成下士李成傑啟》〔註547〕：

1. 孟傳因民謠而按舉：傳，至順本作「博」。
2. 猥多士興：興，至順本作「典」。
3. 取移乙，乙移丙：取，至順本作「甲」。

〔註545〕 （清）陳元龍輯《歷代賦匯》，江蘇古籍出版社、上海書店1987年版，第392頁。
〔註546〕 （明）唐錦《弘治上海志》，明弘治刻本。
〔註547〕 （元）鄧文原《編類運使復齋郭公敏行錄》，《續修四庫全書》第550冊，上海古籍出版社1996年版，第713～713頁。

4. 朝市既權其資才：權，至順本作「擢」。

5. 矧權賢誨士之規：權，至順本作「禮」。

6. 卑棲掌布：掌，至順本作「韋」。

7. 奈何刻才之侵濂：才、濂，至順本作「木」、「漁」。

8. 草木無聲橈之鳴：橈，至順本作「撓」。

徐持敬

53／597《蛟峰先生塑像記》，《全元文》據清順治十五年刻本《淳安縣志》錄文。今考明代方中續輯《蛟峰外集》，卷三錄有徐持敬《拜觀先師蛟峰先生歷任歲月與平生著述有感詩》、《立蛟峰先生塑像記》、《立塑像祭文》。今據以參校〔註548〕：

1. 至順四年多十月朔：四年，《蛟峰外集》作「三年」。

2. 諸生持敬以下四十二人乃捨菜以告：持敬，《蛟峰外集》上有「徐」。

3. 以教學爲事：以，《蛟峰外集》上有「一」。

4. 今始爲塑像坐於是：像坐，《蛟峰外集》作「坐像」。

5. 新櫺星門：新，《蛟峰外集》下有「作」。

6. 繼而尹劉彭壽：尹，《蛟峰外集》上有「令」。

7. 惟先生尙有光於斯文：尙，《蛟峰外集》下有「其」。

8. 西挾紫陽以聯其芳：芳，《蛟峰外集》作「峩」，是。

   按：贊文韻腳爲「波」、「和」、「阿」。

9. 徐持敬撰：《蛟峰外集》無。

張復

53／609《上運使復齋郭公啟》，《全元文》據清《宛委別藏》鈔本《編類運使復齋郭公敏行錄》錄文。今據元至順刻本《編類運使復齋郭公敏行錄》校〔註549〕：

1. 賴使君造化之恩：使，至順本作「東」。

2. 喜甚群科之匯進：科，至順本作「材」。

〔註548〕 （宋）方逢辰《蛟峰集》，景印文淵閣四庫全書第 1187 冊，臺灣商務印書館 1986 年版，第 624 頁。

〔註549〕 （元）鄧文原《編類運使復齋郭公敏行錄》，《續修四庫全書》第 550 冊，上海古籍出版社 1996 年版，第 713～714 頁。

53／613《內外服制通釋序》，《全元文》據清光緒三年刻本《黃岩縣志》錄文。此文乃跋文，見錄宋代車垓《內外服制通釋》書末〔註550〕、朱彝尊《經義考》卷137〔註551〕、陸心源《皕宋樓藏書志》卷6〔註552〕、沈德壽《抱經樓藏書志》卷5〔註553〕、繆荃孫《嘉業堂藏書志》〔註554〕，故文題當作《內外服制通釋跋》。今據諸本參校：

1. 余聞其書舊矣：書，四庫本《經義考》作「事」。
2. 其發明朱夫子《家禮》，殆無遺蘊：遺，《內外服制通釋》、《皕宋樓》、《嘉業堂》作「餘」。
3. 小子眞能以隅反矣：隅，《內外服制通釋》、《皕宋樓》、《嘉業堂》上有「三」。
4. 玉峰先生之季也：諸本均作「委」。
5. 時至元後庚辰六月：此句，《內外服制通釋》、《皕宋樓》、《嘉業堂》下有「望日東海布衣此山張復謹跋」。

釋雪礀法禎

53／622《重修華嚴堂經本記》，今據雲桂榮主編《雲居寺貞石錄》校〔註555〕：

1. 以啓迪而誘引之：而，《貞石錄》無。
2. 大禧宗禋等院使明里董阿：大、里，《貞石錄》作「太」、「理」。
3. 厥積甚懋：積，《貞石錄》作「績」。
4. 寺宇靜深：靜，《貞石錄》作「靖」。
5. 余以山澤之臞：臞，《貞石錄》作「曜」。
6. 第惟山野開法之初：第，《貞石錄》作「弟」。
7. 示修苦行：示，《貞石錄》作「亦」。
8. 迨成心覺：心，《貞石錄》作「正」。

〔註550〕（宋）車垓《內外服制通釋》，景印文淵閣四庫全書第111冊，臺灣商務印書館1986年版，第767頁。
〔註551〕（清）朱彝尊撰，林慶彰、蔣秋華、楊晉龍等點校《經義考新校》第6冊，上海古籍出版社2010年版，第2538頁。
〔註552〕（清）陸心源《皕宋樓藏書志》，《續修四庫全書》第928冊，上海古籍出版社1996年版，第74頁。
〔註553〕（清）沈德壽《抱經樓藏書志》，中華書局1990年版，第61頁。
〔註554〕繆荃孫等撰，吳格整理點校《嘉業堂藏書志》，復旦大學出版社1997年版，第1214頁。
〔註555〕雲桂榮主編《雲居寺貞石錄》，北京燕山出版社2008年版，第92～93頁。

第 54 冊

王理

54／3《元名臣事略序》，今據《皕宋樓藏書志》卷 27〔註 556〕校：

1. 元名臣事略序：元，《藏書志》作「國朝」。
2. 訓誡宇內：誡，《藏書志》作「咸」。
3. 完顏璟割虐下民：璟，《藏書志》作「景」，誤。
4. 或規模弘遠：弘，《藏書志》作「宏」。

54／5《國朝文類序》，今據《皕宋樓藏書志》卷 116〔註 557〕校：

1. 與世與變：與，《藏書志》作「興」。
2. 薈粹其言：薈，《藏書志》作「萃」。
3. 朝廷以群造士：群，《藏書志》作「郡」。
4. 燁燁然歸其辭：燁燁，《藏書志》作「煜煜」，當係避諱而改。
5. 意眞辭愨：眞，《藏書志》作「其」。
6. 墓誌碑碣喪傳第十五：喪，《藏書志》作「表」。

馬治

54／25《荊南倡和詩集序》，《全元文》據清光緒《常郡八邑藝文志》錄文，今據《四庫全書》本《荊南倡和詩集》〔註 558〕、陸心源《皕宋樓藏書志》卷 117 校：

1. 荊南倡和詩集序：序，四庫本作「原序」。
2. 凡山之群峰錯出者：錯，四庫本作「簇」，《藏書志》作「族」。
3. 唯荊南爲然：唯，四庫本、《藏書志》均作「惟」。
4. 四方賓客苟以事來義興者：苟，《藏書志》無。
5. 而亦未極披覽：披，《藏書志》作「搜」。
   按：下文有云「蓋今二年之間，亦稍稍事搜覽。」

〔註 556〕（清）陸心源《皕宋樓藏書志》，《續修四庫全書》第 928 冊，上海古籍出版社 1996 年版，第 303～305 頁。
〔註 557〕（清）陸心源《皕宋樓藏書志》，《續修四庫全書》第 929 冊，上海古籍出版社 1996 年版，第 620～621 頁。
〔註 558〕（元）周砥、馬治《荊南倡和詩集》，景印文淵閣四庫全書第 1370 冊，臺灣商務印書館 1986 年版，第 230～231 頁。

6. 天高氣清，間相與登銅官：官，四庫本、《藏書志》均作「棺」。

　按：《荊南倡和詩集》中有馬治《至銅官最高處》二絕。其二有云：「丹
　　崖翠壁半空浮，秋盡銅官思一遊。」

7. 若奔走來會可喜者：喜，《藏書志》作「嘉」。

8. 乃得於一邱一壑盡心焉：邱，四庫本、《藏書志》均作「丘」。

9. 十五年秋七月序：序，四庫本、《藏書志》均作「馬治序」。

盧亙

54／28《平章布呼密贈諡制》，《全元文》據涵芬樓《古今文鈔》錄文。
今據元代蘇天爵《元文類》卷 12〔註 559〕、清代王先謙《駢文類纂》卷 24
〔註 560〕下校：

1. 藻勵忠規：藻，《類纂》作「早」。

2. 當佇而歎：佇，《文類》、《類纂》均作「寧」。

3. 詠裴度於邱禱：邱，《文類》、《類纂》均作「丘」。

張敏

54／101《聞喜縣湯王廟記》，《全元文》據《山右石刻叢編》錄文，今以明
代胡謐《成化山西通志》卷 12〔註 561〕校：

1. 覆□□於天地：□□，《通志》作「墓所」。

2. 亦與天地相爲終始而無窮也：終始，《通志》作「始終」。

3. 湯□□在：□□，《通志》作「墓所」。

4. 加以民務叢□：□，《通志》作「集」。

5. □□□□仕者弗能□美之先：□□□□，《通志》作「廟制漏略」。

6. 仁起聖□：《通志》作「仍設聖像」。

7. □□□□□□□□□□之：《通志》作「元統癸酉則祇復之□□之」。

8. 補行潦之涂齧：潦，《通志》作「廢」。

9. 廣拓其區□□尋丈之口墉□□□宮口庚□□□□榭口內□□應門於

〔註 559〕 （元）蘇天爵《元文類》，商務印書館 1936 年版，第 155～156 頁。

〔註 560〕 （清）王先謙《駢文類纂》，浙江古籍出版社 1998 年版，第 510 頁。

〔註 561〕 （明）李侃、胡謐纂修《成化山西通志》，《四庫全書存目叢書》史部第 174
　　　　冊，齊魯書社 1996 年版，第 534 頁。

前：此句，《通志》作「廣拓其區，築尋丈之垣墉，繚□其宮。歲庚寅，又構臺榭於內，迺立應門於前」。

10. 始稱聖王之□□□□□欽瞻□□之管社凡六社：□□□□□、□□，《通志》作「居遂吾民之」、「耳廟」。故此句當讀爲「始稱聖王之居，遂吾民之欽瞻耳。廟之管社凡六社」。

11. 規爲有序：爲，《通志》作「畫」。

12. □此嘉□：《通志》作「然此嘉事」。

13. 實賴監縣邑侯吳希賢、白鳳儀前後率以就緒：監縣，《通志》下有「伯顏不花」。

14. □□□□比落成：《通志》作「己卯秋訖功落成」。

15. 敏適過而□社耆劉澤孟寬郭□懇乞誌之：□、□，《通志》作「會」、「顏」。

16. 用紀□□□□□□□□時成功以□□苟違之而欲速則弊眾以勞勞以興讟：□□□□□□□□、□□、違、以，《通志》作「歲月之實切聞事因」、「歲具」、「爲」、「矣」。故此句讀爲「用紀歲月之實。切聞事因時成，功以歲具。苟爲之而欲速，則弊眾矣。勞勞以興讟」。

17. 人不獲安，神亦不□。以□□□□不□□威：□、□□□□、□□，《通志》作「依」、「行矣今既」、「迫於」。故此句當讀爲「人不獲安，神亦不依以行矣。今既不迫於威」。

18. 則歲時薦享，誠□□嚴□□□□禱而皆通：誠□□嚴□□□□，《通志》作「成敬有儼兩暘災殄」。故此句當讀爲「則歲時薦享成敬，有儼雨暘災，殄禱而皆通」。

19. 尙永祀而勿忘於□！□記：忘、□、□，《通志》作「忽」、「是」、「乎」。故此句當讀爲「尙永祀而勿忽，於是乎記」。

趙汸

54／293《送鄭徵君應詔入翰林詩序》，今據《師山集・附錄》校〔註562〕：

1. 親勸爲之駕：爲，《師山集》無。

2. 乃命趣裝：乃、趣，《師山集》作「即」、「促」。

〔註562〕（元）鄭玉《師山集》，景印文淵閣四庫全書第1217冊，臺灣商務印書館1986年版，第110～112頁。

3. 郡長貳縣大夫與寓公縉紳之士張郡南門外：張、外，《師山集》作「於」、「之外」。

4. 休陽趙汸病不能陪縉紳之後：陽，《師山集》作「寧」。

5. 先生應詔趨朝：趨，《師山集》作「入」。

6. 得極言天子事：子，《師山集》作「下」。

7. 今爲天下患者：天下，《師山集》無。

8. 據於江湖：據，《師山集》作「延」。

9. 然雄傑怙眾有功名字力足以橫鶩四出者：功、字，《師山集》無。

10. 視前代中世巨寇不能什一：寇，《師山集》作「賊」。

11. 民力以屈：以，《師山集》作「已」。

12. 有未能以是而全師制勝者也：有未能以是而，《師山集》作「未有以是而能」。

13. 求要會形便之地：會，《師山集》作「害」。

14. 爲四五巨鎮：四，《師山集》無。

15. 凡辟士、募兵、刑賞、律令、訓諫、程序、進退、節度、出功：訓諫、出功，《師山集》作「訓練」、「土功」。

16. 首尾如一：如，《師山集》作「爲」。

17. 外可以消奸雄之心：消，《師山集》作「銷」。

18. 犄而攻之：犄，《師山集》作「掎」。

19. 而四五大藩皆握成軍：握，《師山集》作「控」。

20. 昔漢以六萬討西羌微族：六萬，《師山集》下有「人」。

21. 軍中利害有將帥不知而廟堂輒知之者：者，《師山集》無。

22. 得居中制外之宜也：居，《師山集》無。

23. 今群盜散據：散據，《師山集》作「麼麼」。

24. 當其避地間關：避地，《師山集》無。

25. 每恨民間利害不能上聞：能，《師山集》作「得」。

26. 是以於鄉先生之行而竊致其忨歜之思焉：而，《師山集》無。

54／329《滋溪文稿序》，據陸心源《皕宋樓藏書志》卷 103〔註563〕校：

1. 皆直有所據：直，《藏書志》作「眞」。

〔註563〕 （清）陸心源《皕宋樓藏書志》，《續修四庫全書》第 929 冊，上海古籍出版社 1996 年版，第 481～482 頁。

2. 海內儒者各以其所學授教鄉里：其，《藏書志》無；授教，《藏書志》作「教授」。

3. 足以潛心大業而不惑於他岐：心，《藏書志》作「修」。

4. 深識博文：《藏書志》作「聞」。

   按：四庫本《東山存稿》亦作「聞」，《全元文》失校。

5. 至於德已建而閒之愈嚴：建，《藏書志》作「盛」。

6. 出入中外三十餘年，嘉謨愈積：愈積，《藏書志》作「偉績」。

   按：四庫本《東山存稿》亦作「偉績」，《全元文》失校。

7. 自國朝治亂之原：亂，《藏書志》作「化」。

   按：此句，四庫本《東山存稿》亦作「自治朝國化之原」，《全元文》失校。

8. 名公卿大夫士德言功烈：大夫，《藏書志》上有「賢」。

9. 與夫先儒述作闢奧：夫先儒，《藏書志》作「儒先」。

   按：先儒，四庫本《東山存稿》亦作「儒先」，《全元文》失校。

10. 未知三公視程夫子何如：未知，《藏書志》上有「抑」。

    按：四庫本《東山存稿》亦有「抑」，《全元文》失校。

11. 必以程朱為模範：朱，《藏書志》作「子」。

12. 文末，《藏書志》有「至正十一年十有一月辛未日南至諸生新安趙汸謹書」。

54／331《潛溪後集序》，今據程敏政《皇明文衡》卷 38、《新安文獻志》卷 20、黃宗羲《明文海》卷 233〔註564〕校：

1. 潛溪前集止丙申：止丙申，《文衡》、《文獻志》無。

2. 浦陽義墩既刻而傳之：墩，《文衡》、《文獻志》、《文海》作「塾」。

3. 後集起丁酉：起丁酉，《文衡》、《文獻志》、《文海》無。

4. 再在閱歲無以覆命：在，《文衡》、《文獻志》、《文海》無。

   按：四庫本《東山存稿》「在」作「再」，《全元文》失校。

5. 汸既不敢讓之，其又奚辭：之，《文衡》、《文獻志》、《文海》作「知」。

   按：四庫本《東山存稿》亦作「知」，《全元文》失校。

6. 以善屬文見之人主：之，《文衡》、《文獻志》、《文海》作「知」。

   按：四庫本《東山存稿》亦作「知」，《全元文》失校。

〔註564〕（明）黃宗羲《明文海》，景印文淵閣四庫全書第 1455 冊，臺灣商務印書館 1986 年版，第 575～577 頁。

7. 而孔爲傳，謂子別修辭：《文衡》、《文獻志》、《文海》作「而孔子弟子別爲傳，謂修辭」。

8. 猶誦法且表章：誦法且，《文衡》、《文獻志》、《文海》作「且誦法」。

   按：四庫本《東山存稿》亦作「且誦法」，《全元文》失校。

9. 而知所宗上者：上，《文衡》、《文獻志》、《文海》作「尚」。

   按：四庫本《東山存稿》亦作「尚」，《全元文》失校。

10. 是以君子上論浙東先達：上，《文衡》、《文獻志》、《文海》作「尚」。

    按：四庫本《東山存稿》亦作「尚」，《全元文》失校。

11. 雖擬於孔門游夏之倫而無媿也乎：擬於，《文衡》、《文海》作「儗諸」，《文獻志》作「擬諸」。

12. 則百年間：百，《文衡》、《文獻志》、《文海》下有「余」。

    按：四庫本《東山存稿》亦有「余」，《全元文》失校。

13. 其善於侍講黃公者矣：其，《文衡》、《文獻志》、《文海》作「莫」。

    按：四庫本《東山存稿》亦作「莫」，《全元文》失校。

14. 而嘗遊於黃公之門：嘗，《文衡》無，《文獻志》、《文海》作「久」。

15. 不宜而未嘗有意於爲作：不宜，《文衡》、《文獻志》、《文海》上有「無適」。

16. 葩藻爲宿機：機，《文衡》、《文獻志》、《文海》作「穢」。

17. 得失之機：《文衡》、《文獻志》、《文海》作「幾」。

    按：四庫本《東山存稿》亦作「莫」，《全元文》失校。

18. 蓋汸所知景濂父者如此：知，《文衡》、《文獻志》、《文海》下有「於」。

    按：四庫本《東山存稿》亦有「於」，《全元文》失校。

19. 袁公伯長嘗問虞公伯生：問，《文衡》、《文獻志》、《文海》下有「於先師」。

20. 擇取柔甘：擇，《文衡》、《文獻志》、《文海》上有「皆」。

    按：四庫本《東山存稿》亦有「皆」，《全元文》失校。

21. 視之冷然水也：冷，《文衡》、《文海》作「泠」。

    按：四庫本《東山存稿》亦作「泠」，《全元文》失校。

22. 故余謂爲文之妙：余，《文衡》、《文海》作「予」。

23. 善觀斯集：集，《文衡》、《文獻志》、《文海》下有「者」。

    按：四庫本《東山存稿》亦有「者」，《全元文》失校。

24. 文末，《文獻志》有「歙諸生趙汸題」。

54／333《治世高抬貴手序》，據陸心源《皕宋樓藏書志》卷 41〔註 565〕校：

1. 昔者帝王盛時：帝，《藏書志》作「先」。
2. 子孫以據依爲治：以，《藏書志》作「得有」。

   按：四庫本《東山存稿》「以」作「得以」，《全元文》失校。

3. 其君臣上下：其，《藏書志》作「而」。
4. 相與鑒視前代：視前，《藏書志》作「觀三」。
5. 以保天命而繫民心者：以，《藏書志》下有「前；而，《藏書志》無。
6. 無時敢忘：無時敢，《藏書志》作「不敢少」。
7. 其治於未亂者如是：治，《藏書志》作「制」。
8. 故雖或蘗芽其間：蘗，《藏書志》作「孽」。
9. 取二帝三王所以維持天下之具：二帝三王，《藏書志》作「凡三代聖人」。
10. 皆蕩滅掃除之：皆，《藏書志》作「悉」。
11. 不但燔詩書：不，《藏書志》上有「蓋」；但、詩，《藏書志》作「特」、「經」。
12. 爲足以亡其國家也：國家，《藏書志》作「家國」。
13. 自是以來：來，《藏書志》作「還」。
14. 守成者無所持修：修，《藏書志》作「循」。

    按：四庫本《東山存稿》亦作「徇」，《全元文》失校。

15. 其不輕而重也明矣：輕而重，《藏書志》作「可忽」。
16. 然簡編之所存：簡編之，《藏書志》作「歷代簡冊」。
17. 或用之而未既：既，《藏書志》作「究」。
18. 得失可以考之具知：可以，《藏書志》上有「具」；之，《藏書志》無。

    按：考之，四庫本《東山存稿》作「具知」，《全元文》失校。

19. 由今觀之：由，《藏書志》作「而自」。
20. 則所善皆可以爲勸：則，《藏書志》下有「其」。
21. 而所戒無不可懲也：戒，《藏書志》下有「者」。

    按：四庫本《東山存稿》無「所」，《全元文》失校。

22. 若夫其貫串古今：其貫串，《藏書志》作「夫上下」。

    按：夫，四庫本《東山存稿》亦作「其」，《全元文》失校。

〔註 565〕（清）陸心源《皕宋樓藏書志》，《續修四庫全書》第 928 冊，上海古籍出版社 1996 年版，第 451～452 頁。

23. 以示方來：《藏書志》作「以貽當世而示來哲」。

24. 使先王經世之意一二有見：使先王、意，《藏書志》作「庶幾聖賢」、「志」。

25. 參政趙郡蘇公早歲居館閣：參政，《藏書志》上有「江浙行省」；早歲居館閣，《藏書志》無。

26. 嘗即經史百氏書：即，《藏書志》作「採」。

27. 采其切於治道政要者：采其，《藏書志》無。

28. 通爲一編：通，《藏書志》作「輯」。

29. 名曰《治世高抬貴手》：名，《藏書志》無。

30. 通疏練達而公平之規著：公平，《藏書志》作「正大」。

31. 親切確苦而正大之體存：苦，《藏書志》作「實」。

　　按：苦，四庫本《東山存稿》亦作「古」，《全元文》失校。

32. 信爲謀王斷國者之元龜寶鑒也：此句下有脫文，《藏書志》有「民有言：所貴於中國者，以有上世帝王以來，千數百年之議論也。漠然無所鏡考，而徒肆其胸臆，亦公之所爲深憂者乎」。

33. 屹然不阿：不，《藏書志》作「弗」。

34. 皆勤於庶事：此句下有脫文，《藏書志》有「尤拳拳焉，以護惜國元氣爲心」。

35. 嘗奉詔宣撫畿甸：畿甸，《藏書志》作「京畿」。

36. 而又酌理道之中正：此句，《藏書志》下有「存大體於幾微」。

37. 雖一時或不見察於用事者：一時，《藏書志》作「用事者」；於用事者，《藏書志》無。

38. 未嘗少廢其討論之工也：廢、功，《藏書志》作「輟」、「工」。

　　按：功，四庫本《東山存稿》亦作「工」，《全元文》失校。

39. 蓋公學本先王而志存當世：當世，《藏書志》作「天下」。

40. 其見於行事者如此：其，《藏書志》下有「見」。

　　按：四庫本《東山存稿》亦作有「見」，《全元文》失校。

41. 則是編之作：編，《藏書志》作「書」。

42. 豈欲託諸空言者哉：諸，《藏書志》作「之」。

43. 新安諸生趙汸序：此句，《藏書志》作「至正壬辰正月初吉諸生新安趙汸謹書」。

54／334《共學齋記》，今據程敏政《皇明文衡》卷 30、《新安文獻志》卷
15、黃宗羲《明文海》卷 327 校：

1. 於時有君子者出：時，《文衡》、《文獻志》、《文海》作「是」。

  按：四庫本《東山存稿》亦作「是」，《全元文》失校。

2. 主忠信以飾其躬：飾，《文衡》、《文獻志》、《文海》作「飭」。

  按：四庫本《東山存稿》亦作「飭」，《全元文》失校。

3. 使先王之義赫然白於天下：先王，《文衡》、《文獻志》、《文海》作「在
  三」；下，《文衡》作「中」。

  按：四庫本《東山存稿》亦作「在三」，《全元文》失校。

4. 名一行則有遠矣：有，《文衡》、《文獻志》、《文海》作「又」。

5. 本經訓以淑斯人：淑，《文衡》作「叔」。

6. 自秦漢以來學術多失：自，《文衡》、《文獻志》、《文海》無；失，《文衡》、
  《文獻志》、《文海》作「矣」。

7. 至是始歸於大中：《文衡》、《文獻志》、《文海》同。

  按：四庫本《東山存稿》「至」作「於」，《全元文》失校。

8. 以同志者居而勉焉：以，《文衡》、《文獻志》、《文海》作「與」。

  按：四庫本《東山存稿》亦作「與」，《全元文》失校。

9. 則情識利害之間：識，《文衡》、《文海》作「熾」。

10. 每起於茫忽而不自知：茫，《文衡》、《文獻志》、《文海》作「芒」；而不
  自知，《文衡》、《文獻志》、《文海》無。

  按：四庫本《東山存稿》亦作「芒」，《全元文》失校。

11. 以自拔於凡污者：污，《文衡》、《文獻志》、《文海》作「行」。

54／337《華川之舍記》，今據程敏政《皇明文衡》卷 30、《新安文獻志》
卷 16、黃宗羲《明文海》卷 327 校，均題為《華川書舍記》：

1. 婺州烏義縣有澤曰華川：烏義，《文衡》、《文獻志》、《文海》作「義烏」。

2. 歷敘上世以來爲文者之得失：得失，《文衡》、《文獻志》、《文海》作「失
  得」。

3. 辨博精詣：辨，《文衡》、《文海》「辯」。

4. 正十一年冬：《文衡》、《文海》作「邇者」。

5. 謂之《禮經》：禮，《文衡》、《文獻志》、《文海》無。

6. 吾夫子順王先詩書六藝以設教：王先，《文衡》、《文獻志》、《文海》作「先王」。

按：四庫本《東山存稿》亦作「先王」，《全元文》失校。

7. 彌論一綸益著而非外求：論一，《文衡》、《文獻志》、《文海》作「綸益」。

按：四庫本《東山存稿》亦作「綸益」。《全元文》校出「一」作「益」，「論」失校。

8. 范希文鞠躬盡力而未足以有明矣：矣，《文衡》、《文獻志》、《文海》作「也」。

按：四庫本《東山存稿》亦作「也」，《全元文》失校。

9. 修辭而繼事：繼，《文衡》、《文獻志》、《文海》作「斷」。

按：四庫本《東山存稿》亦作「斷」，《全元文》失校。

10. 而浙江以東：江，《文衡》、《文獻志》、《文海》作「河」。

11. 學者於斯得以窺見聖人制作之盛焉：以，《文衡》、《文獻志》、《文海》作無。

12. 陸子靜出於臨川：出，《文衡》、《文獻志》、《文海》作「氏起」。

按：四庫本《東山存稿》亦有「氏」，《全元文》失校。

13. 呂氏則無間然：呂氏，《文衡》、《文獻志》、《文海》上有「而」。

按：四庫本《東山存稿》亦有「而」，《全元文》校出「然」作「焉」，然「而」失校。

14. 所宜慎思而明辨也：辨，《文衡》、《文海》作「辯」。

15. 則雖俯仰一時：時，《文衡》、《文獻志》、《文海》作「室」。

按：四庫本《東山存稿》亦作「室」，《全元文》失校。

16. 昔余嘗欲往遊而未能也：余，《文衡》、《文獻志》、《文海》作「予」；也，《文衡》、《文獻志》作無。

17. 至正十一年冬十一月辛未，趙汸謹記：《文衡》、《文海》作無。

54／340《櫟軒記》，今據程敏政《皇明文衡》卷30、《新安文獻志》卷15、黃宗羲《明文海》卷327校：

1. 鄭之恆僑居歙水之南：歙，《文衡》、《文獻志》、《文海》作「黟」。

2. 深山之柟、梓：柟梓，《文衡》、《文獻志》、《文海》作「梗柟」。

3. 然社有變置，而奉或廢之：然，《文衡》、《文獻志》無；奉，《文衡》、《文獻志》、《文海》作「舉」。

按：奉，四庫本《東山存稿》亦作「舉」，《全元文》失校。

4. 則櫟、櫔豈能自全邪：櫔，《文衡》、《文獻志》、《文海》下有「與」。

　　按：四庫本《東山存稿》亦有「與」，《全元文》失校。

5. 不若不材者不知無用也：不知，《文衡》、《文獻志》、《文海》作「之」。

6. 故為是不已之言：不，《文衡》、《文獻志》、《文海》下有「得」。

　　按：四庫本《東山存稿》亦有「得」，《全元文》失校。

7. 將自處於材不材之間，似是而非：似是而非，《文衡》、《文獻志》、《文海》上有「然材不材之間」。

8. 愚賢不肖皆困而莫知除其憂：皆，《文衡》、《文獻志》、《文海》作「俱」。

9. 子之以不材自處：以，《文衡》、《文獻志》無。

10. 死生旦夜也：旦夜，《文衡》、《文獻志》作「夜旦」。

11. 角兵無所容其刃：角，《文衡》、《文獻志》作「甲」。

12. 則材與不材不足為子累矣：不足，《文衡》、《文獻志》作「皆不」。

13. 請書是說於軒中為記：為，《文衡》、《文獻志》、《文海》上有「以」。

　　按：奉，四庫本《東山存稿》亦有「以」，《全元文》失校。

54／436《黃楚望先生行狀》，今據趙汸《春秋師說・附錄》、清代黃廷桂《雍正四川通志》卷43〔註566〕校：

1. 除大理寺評事兼監察御史：寺，《春秋師說》無。

2. 即盡通當代進士經義論策之學：即盡通當代進士，《四川通志》作「即通」。

3. 復苦思如故：復，《春秋師說》、《四川通志》上有「則」。

4. 詩文皆不集而能：集，《春秋師說》、《四川通志》作「習」。

5. 乃夢夫子親授所校六經：校，《四川通志》作「授」，誤。

　　按：此即王叔岷「涉上文而誤」之例。〔註567〕

6. 屢悟聖經隱牘之義：牘，《春秋師說》、《四川通志》作「賾」。

7. 極言聖容之盛：聖，《春秋師說》、《四川通志》下有「人德」。

〔註566〕（清）黃廷桂《雍正四川通志》，景印文淵閣四庫全書第561冊，臺灣商務印書館1986年版，第463～468頁。（按：題為《黃澤世家》，選文不全。「師明長子知權知丹山縣事」至「而貧日甚矣」、「嘗見邵子論天地自相依附」至「弗得弗措也」、「時郡守寓公猶有能敬重先生者」至「其孰能與於此」、「娶某氏，子男二」至「孫男二，女一」、「立象以盡意」、「聖人言《易》之為教如此」、「内夏外夷」無。）

〔註567〕王叔岷《斠讎學》，中華書局2007年版，第284頁。

8. 歡然如有三牲之養也：歡，《春秋師說》、《四川通志》作「驩」。

9. 月廩大豐：大，《春秋師說》、《四川通志》作「太」。

10. 時先生不復能教授：先生，《春秋師說》、《四川通志》下有「老」。

11. 貧屢空乏以終其身：屢，《春秋師說》、《四川通志》作「窶」。

12. 以郡人王仁甫所歸棺斂：仁，《春秋師說》、《四川通志》作「儀」。

13. 惟待人接物，則無貴賤長幼：惟，《春秋師說》、《四川通志》作「唯」；
    長幼，《春秋師說》、《四川通志》無。

14. 或得諸顛沛流離之須：須，《春秋師說》、《四川通志》作「頃」。

15. 沿而下之：沿，《四川通志》作「等」。

16. 如示諸掌：示，《四川通志》作「視」。

17. 於是《易》《春秋》傳注之失：失，《四川通志》作「釋」。

18. 皆冰解凍釋，怡然各就條理：凍、怡，《四川通志》作「霧」、「昭」。

19. 每自以爲天開其愚：每，《四川通志》無。

20. 以因孔子之言上求文王周公之意爲主：以，《四川通志》作「惟」。

21. 而其機栝則盡在《十翼》：栝，《四川通志》作「括」。

22. 作《十翼舉要》：作，《四川通志》上有「故」。

23. 以爲《易》起於數：數，《四川通志》作「象」。

24. 漢儒區區掇拾凡陋：區區，《四川通志》無。

25. 不足以得聖人之意：足以，《四川通志》無。

26. 而王輔嗣忘象之說興：而，《四川通志》無。

27. 李鼎祚綴於王氏棄擲之餘：綴，《春秋師說》、《四川通志》下有「輯」。

28. 有一定之幾：幾，《四川通志》作「機」。

29. 周公因不謂之大：因，《春秋師說》、《四川通志》作「固」。

30. 有大象、有小象、有大傳、有繫辭：「有繫辭」之「有」，《春秋師說》、
    《四川通志》無。

31. 學者當隨處用功：功，《春秋師說》、《四川通志》作「工」。

32. 至於一以貫之：於，《四川通志》無。

33. 其大要則在考核三傳：其，《四川通志》上有「主」；則，《四川通志》無。

34. 以求向上之工：求，《四川通志》作「來」，誤。

35. 又作《諸侯娶女立子通考》：娶，《春秋師說》、《四川通志》作「取」。

36. 《作丘甲辯》：作丘，《春秋師說》作「丘作」。

37. 而春秋則有經有權：而，《四川通志》無。

38. 各有二義貫一經之旨：有，《春秋師說》、《四川通志》作「以」。

39. 嘗曰「易象與春秋書法廢失之由」：嘗，《四川通志》作「常」。

40. 自九筮之法亡，凡筮人所掌者：筮，《四川通志》均作「筴」，誤。

41. 亦為歷世不通之義矣：矣，《四川通志》作「也」。

42. 又懼夫學者得於創聞：於，《四川通志》作「以」。

43. 示人以求端用力之方：以，《四川通志》下有「為」。

44. 祇排百家異義：排，《四川通志》無。

45. 而大體不能相遠：遠，《春秋師說》下有「者」。

46. 學者不深考世變：學者，《四川通志》作「若」。

47. 蓋孟子所言固殷之制：固，《春秋師說》、《四川通志》作「因」。

48. 《周官》乃周家之制也：乃，《四川通志》無。

49. 自當用周制爾：爾，《春秋師說》、《四川通志》作「耳」。

50. 四時祀五天帝於四郊：祀，《四川通志》作「祭」。

51. 祖禘嚳以后稷配：禘，《春秋師說》、《四川通志》作「帝」，是。

52. 蓋天神地示：示，《四川通志》作「祇」。

53. 傳記亦罕言之：傳，《四川通志》下有「諸」。

54. 祀五帝亦如之，則五帝之祀與昊天上帝非一祭矣：則，《春秋師說》、《四川通志》上有「既曰亦如之」。

55. 殷薦之以配上帝祖考：以配上帝祖考，《春秋師說》、《四川通志》作「上帝以配祖考」，是。

　　按：此句明言援引《周易·豫卦》。《豫》象傳云：「先王以作樂崇德，殷薦之上帝，以配祖考。」〔註568〕

56. 若鄭氏之樂九變之祭：之，《春秋師說》、《四川通志》作「知」。

57. 並方圓二丘而祭南：祭，《春秋師說》、《四川通志》作「祀」。

58. 二社以享水土穀之神：土，《四川通志》作「上」，誤。

59. 其名高下不同如此：名，《春秋師說》、《四川通志》下有「義」。

60. 則變置社稷，是貴之也：《春秋師說》、《四川通志》作「責」。

61. 則希冕以社稷：以，《四川通志》作「一」。

〔註568〕（魏）王弼，（晉）韓康伯注，（唐）孔穎達疏《周易正義》，《十三經注疏》本，中華書局 1980 年版，第 31 頁。

62. 不得與先王先公四望山川比：王，《四川通志》作「生」。

63. 蓋郊祀上帝：郊，《四川通志》下有「社」。

64. 天地之道高深玄遠：玄，《四川通志》作「幽」。

65. 而水土之變：土，《四川通志》作「上」，誤。

66. 此古人立社深意也：社，《春秋師說》、《四川通志》作「祀」。

67. 必通其本源而後禮意可得：源，《春秋師說》、《四川通志》作「原」。

68. 故主北神而曰天神皆降：神，《春秋師說》、《四川通志》作「辰」。

69. 分上下四方而言：分，《春秋師說》、《四川通志》作「合」。

70. 皆天神之分祀者也：祀，《四川通志》作「配」。

71. 望其方而祀之曰四望：之，《春秋師說》、《四川通志》無。

72. 山川川澤山林丘陵墳衍原隰之祀曰五土：陵、土，《四川通志》作「林」、「上」。

73. 其辯趙伯循王者禘其始祖所自出之帝於始祖之廟：所，《四川通志》上有「之」。

74. 士有善省於其君：善，《四川通志》作「事」；其，《四川通志》無。

75. 通上下文見之也：見，《四川通志》作「言」。

76. 諸侯及其太祖：太，《春秋師說》作「大」。

77. 而又上及其所自出之帝：及其，《春秋師說》、《四川通志》下有「太祖高祖故謂之祫天子則於七廟及祧廟之上更及」。

78. 而率子孫以共尊一禘：《春秋師說》、《四川通志》作「帝」。

79. 《禮》曰天子犆礿祫禘合嘗祫烝：合，《春秋師說》、《四川通志》作「祫」。

80. 陰時皆用也：陰，《春秋師說》、《四川通志》作「隨」。

81. 故以倫伐之：倫伐，《春秋師說》、《四川通志》作「襰代」。

82. 故命魯以殷諸侯之盛禮記周公：記，《春秋師說》、《四川通志》作「祀」。

83. 亦則用諸侯之禮而已：亦則，《春秋師說》、《四川通志》作「則亦」。

84. 則廟周亦應用禘：廟周，《春秋師說》、《四川通志》作「周廟」。

85. 魯鄭周廟，晉有禘祀，見《祀博》：祀博，《春秋師說》、《四川通志》作「左傳」。

86. 而折衷百氏之說如此：如此，《春秋師說》、《四川通志》上有「多」。

87. 其辨說詩之失：辨，《春秋師說》、《四川通志》作「辯」。

88. 有錄於史官而非太師所採者：太，《春秋師說》、《四川通志》作「大」。

89. 王巡狩則太史太師同車：狩，《春秋師說》、《四川通志》作「守」。太，《春秋師說》作「大」。

90. 太師掌其事而太史錄其時世：太，《春秋師說》、《四川通志》作「大」。

91. 及巡狩禮廢，太師不復采詩：狩，《春秋師說》、《四川通志》作「守」。太，《春秋師說》作「大」。

92. 傷人倫之廢衰：衰，《春秋師說》、《四川通志》作「哀」。

93. 不可不辨采詩之時世也：辨，《春秋師說》、《四川通志》作「辯」；辨，《四川通志》下有「其」。

94. 《黍離》降於《國風》：於，《春秋師說》、《四川通志》作「為」。

95. 此時王澤猶未衰也：衰，《春秋師說》、《四川通志》作「竭」。

96. 則雖國風不亦可復見：不亦，《春秋師說》、《四川通志》作「亦不」。

97. 則書契以來文治之跡始劃絕矣：劃，《春秋師說》、《四川通志》作「剗」。

98. 惟臨川吳文正公《辨學正誼》盡通諸經：惟、辨，《春秋師說》、《四川通志》作「唯」、「辯」。

99. 讀《易》《春秋》《周官禮》，起為之辨釋補注：起、辨，《春秋師說》、《四川通志》作「記」、「辯」。

100. 昭揭大者而遺其小：《春秋師說》、《四川通志》作「昭揭其大而不遺其小」。

101. 究意謹審：意，《春秋師說》、《四川通志》作「竟」。

102. 假館廬山，授一經之學：授，《春秋師說》、《四川通志》作「受」。

103. 輒期歲之功何經不可明：輒，《春秋師說》、《四川通志》作「輟」。

104. 藏先生家：藏，《春秋師說》、《四川通志》作「藏」。

105. 斯亦勤矣：斯，《四川通志》作「期」；亦，《春秋師說》、《四川通志》作「以」。

106. 始以聰明博學之資：學，《春秋師說》、《四川通志》作「洽」。

107. 晚歲拳拳禮學：晚歲，《春秋師說》、《四川通志》下有「猶」。

54／411《賀鄭師山先生書》，四庫本《東山存稿》題為《賀鄭師山先生受詔命書》。今據鄭玉《師山集・附錄》校〔註569〕：

1. 見道路東行者皆卻走：者，《師山集》無。

按：四庫本《東山存稿》無「道路」，《全元文》失校。

〔註569〕 （元）鄭玉《師山集》，景印文淵閣四庫全書第 1217 冊，臺灣商務印書館 1986 年版，第 107～108 頁。

2. 恐旬月間不得亟見：間，《師山集》無；得，《師山集》作「能」。

　　按：四庫本《東山存稿》亦作「能」，《全元文》失校。

3. 有謂先生當受命即行者：先生，《師山集》無。

　　按：四庫本《東山存稿》亦無「先生」，《全元文》失校。

4. 有謂先生可無行者：無，《師山集》作「毋」。

　　按：四庫本《東山存稿》無「先生」，《全元文》失校。

5. 此四人者，非惟不知朝廷之意：人，《師山集》無；惟，《師山集》作「唯」。

　　按：此四人者，四庫本《東山存稿》作「然此」，《全元文》失校。

6. 曩者如汴梁吳彥輝：輝，《師山集》作「暉」。

　　按：四庫本《東山存稿》亦作「暉」，《全元文》失校。

7. 然則或謂可為吾郡賀者：或，《師山集》作「特」。

8. 若愚，非惟不敢為先生賀，而亦不敢為吾郡賀，直以謂當為天下賀爾：非惟，《師山集》作「則非唯」；而，《師山集》無。

　　按：此句，四庫本《東山存稿》作「若愚，則當為天下賀爾」，《全元文》失校。

9. 蓋以時義之不齊：之，《師山集》無。

　　按：四庫本《東山存稿》無「之」，《全元文》失校。

10. 則其為人謀也：為，《師山集》作「與」。

11. 然則或謂可無行者：或、者，《師山集》無；無，《師山集》作「毋」。

12. 若愚，則非惟不敢贊先生以必行：惟，《師山集》作「唯」；不敢，《師山集》下有「以」。

　　按：此句，四庫本《東山存稿》作「若愚，則非惟不敢贊之以必行」，《全元文》失校。

13. 而亦不敢尼先生之以無行：無，《師山集》作「毋」。

　　按：先生、無，四庫本《東山存稿》作「之」、「毋」，《全元文》失校。

14. 夫天下之患：患，《師山集》作「大患」。

　　按：四庫本《東山存稿》亦作「大患」，《全元文》失校。

15. 且士夫言於丞相者：士夫，《師山集》作「士大夫」。

　　按：四庫本《東山存稿》亦作「士大夫」，《全元文》失校。

16. 必曰鄭先生惟不出耳：惟、耳，《師山集》作「唯」、「爾」。

　　按：四庫本《東山存稿》亦作「爾」，《全元文》失校。

17. 其可不思所以報朝廷哉：以，《師山集》作「所以」。

按：四庫本《東山存稿》亦作「所以」，「朝廷」作「之」，《全元文》失校。

18. 而慮之如燭照而龜卜爾：而，《師山集》無。

19. 事固有難於口陳，而易以書道者。古之君子欲有言於上而遽數之不能終其物者，未嘗不以書也。事之敝者幾何，其所以致敝者何也，救之之道當何如，以先生素所積蓄出而書之，出而書之，如辨蒼白數一二爾：「而易以書道者」句中的「以書」、「不能終其物者」句中的「不」、「未嘗不以書也」句中的「也」，《師山集》無；「如辨蒼白數一二爾」句中的「辨」，《師山集》作「辯」。

按：《全元文》校記指出「『而慮之如燭照而龜卜爾』後數十子前後次序與四庫本異」，實則非惟次序不同，文字亦有差異。四庫本《東山存稿》作「以先生之德而處之，如辨蒼白而數一二爾。何難之有哉、然則事固難於口陳。而易以書道者」。

20. 極言無隱，通爲一書：同，《師山集》作「通」。

按：無隱、同，四庫本《東山存稿》作「時弊」、「通」，《全元文》失校。

21. 先生言之而朝廷行之，而天下被其賜：後一「之而」，《師山集》無。

22. 先生雖不仕猶仕矣：此句，《師山集》下有「朝廷固無負於先生矣，先生固無負於天下矣」。

按：先生，四庫本《東山存稿》無。「先生雖不仕猶仕矣」至「士大夫固無負於君相也矣」，《東山存稿》作「雖不仕猶仕矣。朝廷固無負於士大夫矣，士大夫固無負於君相矣。各盡其職，以行其治安之策，則天下不足治矣」。《全元文》失校。

23. 先生言之而朝廷不爲行之：之，《師山集》無。

24. 士大夫固無負於君相也矣：固、於，《師山集》無。

25. 是仕不仕，猶不足計也，而況於行不行哉：《師山集》同。

按：是，《東山存稿》作「雖然先生之」；足，四庫本《東山存稿》無；況於，四庫本《東山存稿》下有「策之」，《全元文》失校。

26. 今朝廷之所以待先生者至矣：所以，《師山集》上有「之」。

按：四庫本《東山存稿》亦有「之」，《全元文》失校。

27. 先生其可但已乎：《師山集》同。

> 按：此句，四庫本《東山存稿》作「其可已乎然」，《全元文》失校。

28. 然則先生所以報朝廷者：先生、以、者，《師山集》無。

> 按：此句，四庫本《東山存稿》作「則所以報朝廷者」，《全元文》失校。

29. 尙圖走見以請爾：《師山集》無。

> 按：爾，四庫本《東山存稿》作「耳」，《全元文》失校。

54／416《讀貨殖傳》，今據《皇明文衡》卷 46〔註 570〕、《新安文獻志》卷 36〔註 571〕、黃宗羲《明文海》〔註 572〕卷 210、清代曹本榮《古文輯略》〔註 573〕校：

1. 即書中所斥不軌逐利之民也：即，《文衡》作「則」。
2. 以田畜富：富，《文衡》、《文獻志》、《文海》、《輯略》作「高」。
3. 末言富者必以奇勝：富，《文衡》作「當」、《輯略》作「富國」。

54／417《春秋屬辭序》，此文見載《春秋屬辭》卷首、明代唐順之《荊川稗編》卷 11〔註 574〕。今據《春秋屬辭》校〔註 575〕：

1. 曰辨名實，曰五曰謹華夷之辯……其五曰謹華夷之辯：華夷，《春秋屬辭》作「中外」。當係四庫館臣篡改。

> 按：《春秋集傳序》中「筆削之義有八」，其五曰謹華夷之辯可證。

54／419《春秋屬辭目錄後跋》，今據《春秋屬辭》〔註 576〕校：

1. 大抵史法相承而定：定，《春秋屬辭》作「一定」。

〔註 570〕 （明）程敏政《皇明文衡》，四部叢刊本。

〔註 571〕 （明）程敏政《新安文獻志》，景印文淵閣四庫全書第 1375 冊，臺灣商務印書館 1986 年版，第 467～468 頁。

〔註 572〕 （明）黃宗羲《明文海》，景印文淵閣四庫全書第 1455 冊，臺灣商務印書館 1986 年版，第 318～319 頁。

〔註 573〕 （清）曹本榮《古文輯略》，《四庫全書存目叢書》集部第 392 冊，齊魯書社 1996 年版，第 605～606 頁。

〔註 574〕 （明）唐順之《荊川稗編》，景印文淵閣四庫全書第 953 冊，臺灣商務印書館 1986 年版，第 239～240 頁。（按：《稗編》錄文不全。選文自文首至「豈不然哉」。）

〔註 575〕 （元）趙汸《春秋屬辭》，景印文淵閣四庫全書第 164 冊，臺灣商務印書館 1986 年版，第 444～446 頁。

〔註 576〕 （元）趙汸《春秋屬辭》，景印文淵閣四庫全書第 164 冊，臺灣商務印書館 1986 年版，第 459～460 頁。

54／436《送操公琬先生歸番陽序》，今據明代程敏政《皇明文衡》卷 38〔註 577〕、黃宗羲《明文海》卷 285〔註 578〕校：

1. 有詔召王子克於臨漳矣：漳，《文衡》、《文海》作「津」。
2. 先生學通諸經百氏述作諸家：諸，《文衡》、《文海》作「滿」。
3. 以得旨告，至旦爲別：告至旦，《文衡》、《文海》作「先生旦」。
4. 僅以職事成順宗實錄數卷：職，《文衡》、《文海》《文衡》、《文海》作「執」。
5. 作資治通鑒，垂九年始就：九，《文衡》、《文海》作「十九」。

    按：四庫本《東山存稿》亦作「十九」，《全元文》失校。

6. 有旨即舊志爲書：即，《文衡》、《文海》上有「姑」。
7. 蒙德至渥也：蒙，《文衡》、《文海》無。

54／446《春秋集傳序》，此文見錄明代程敏政《新安文獻志》卷 36〔註 579〕，題為《春秋集傳序序例》。亦載於明代唐順之《荊川稗編》卷 11，題為《春秋說》，題下小字云「即集傳序例」。今據《文獻志》、《稗編》、清代陸心源《皕宋樓藏書志》卷 9〔註 580〕校：

1. 諸侯背畔，群相侵陵：背、群相，《文獻志》、《稗編》、《藏書志》作「倍」、「戎狄」。
2. 吳入而盟諸夏：而，《藏書志》無。
3. 道足以興用：用，《文獻志》、《稗編》、《藏書志》作「周」。
4. 吾其爲東周乎：其，《藏書志》作「豈」。
5. 當今之時，以夫子而合諸侯：今，《文獻志》、《稗編》、《藏書志》作「是」。
6. 此其心豈一日而忘天下者：豈，《藏書志》下有「能」。
7. 列霸者之功過：霸，《文獻志》、《稗編》、《藏書志》作「伯」。
8. 以明尊天王內中國之義於天下：於天下，《稗編》、《藏書志》無。
9. 蓋天下之所命也：下，《文獻志》、《藏書志》無。此句，《稗編》無。

    按：四庫本《東山存稿》作「子」，《全元文》失校。

〔註 577〕 （明）程敏政《皇明文衡》，四部叢刊本。
〔註 578〕 （明）黃宗羲《明文海》，景印文淵閣四庫全書第 1456 冊，臺灣商務印書館 1986 年版，第 248～249 頁。
〔註 579〕 （明）程敏政《新安文獻志》，景印文淵閣四庫全書第 1375 冊，臺灣商務印書館 1986 年版，第 460～465 頁。
〔註 580〕 （清）陸心源《皕宋樓藏書志》，《續修四庫全書》第 928 冊，上海古籍出版社 1996 年版，第 108 頁。

10. 孟氏之言曰「王者之跡熄而《詩》亡，然後《春秋》作」：然後，《文獻
志》、《稗編》、《藏書志》上有「詩亡」，是。

　　按：《孟子·離婁下》作「王者之跡熄而《詩》亡，《詩》亡然後《春秋》
　　　　作」。此即王叔岷所謂「誤不迻」之例。〔註581〕

11. 此孔子之傳春秋學者之微言也：子之，《文獻志》、《稗編》、《藏書志》
作「門」。

　　按：四庫本《東山存稿》「之」作「所」，《全元文》失校。

12. 而先王詩書禮樂之數：樂之數，《文獻志》、《稗編》作「樂之」、《藏書
志》作「義之」。

13. 人情有不能忘於其上也：有，《文獻志》、《稗編》、《藏書志》作「猶」。

14. 桓、文之功不可誣也：功，《文獻志》、《稗編》、《藏書志》作「事」。

15. 非夫人所得議也：人，《藏書志》下有「之」。

16. 其義則丘竊取之矣：丘，《藏書志》作「邱」。

17. 故常據經以生義：常，《文獻志》、《稗編》、《藏書志》無，誤。

　　按：前句有「故常主史以釋經」。

18. 是不知其文之則史也：之，《藏書志》無。

19. 至永嘉，陳君舉始用二家之說：至，《藏書志》無。

20. 以其所書推其所不書：推，《文獻志》、《稗編》、《藏書志》下有「見」。

21. 皆史法也，非筆削之義：義，《文獻志》、《稗編》、《藏書志》作「旨」。

22. 《公羊》、《穀梁》所謂常事不書，乃筆削之一義耳，不可通於全經。陳
氏於左氏所錄而經不書者，每斷以常事不書之法：此句，《文獻志》、《稗
編》、《藏書志》作「《公羊》、《穀梁》每難疑以不書，發義實與左氏異
師。陳氏合而求之，失其本矣。故於左氏所錄而經不書者，皆以爲夫子
所削」。

23. 策書之例十有四：四，《文獻志》、《稗編》、《藏書志》作「五」。

　　按：《全元文》有脫文，脫去「七曰」一節，故而致誤。詳見下文。

24. 而筆削之義有十：十，《文獻志》、《稗編》作「八」、《藏書志》作「十
八」。

25. 策書之例十有四：四，《文獻志》、《稗編》、《藏書志》作「五」。

26. 君夫人薨，不成葬不書：葬，《文獻志》、《稗編》、《藏書志》作「喪」。

〔註581〕王叔岷《斠讎學》，中華書局 2007 年版，第 322 頁。

27. 葬不用夫人禮則書：此句，《文獻志》、《稗編》、《藏書志》下有「卒君見弒則諱而書薨」。故此句當讀爲「葬不用夫人禮則書卒，君見弒則諱而書薨」。

28. 公子夫人在位書卒：夫人，《文獻志》、《稗編》、《藏書志》作「大夫」。

29. 公子嫁爲諸侯夫人：子，《文獻志》、《稗編》、《藏書志》作「女」。

30. 納幣來逆女，歸姊，歸來琰：姊、來琰，《文獻志》、《稗編》、《藏書志》作「娣」、「媵」。

31. 爲夫人妻，書來逆而已：爲夫人，《文獻志》、《稗編》、《藏書志》作「若爲大夫」。

32. 此史氏之錄乎內者也：氏，《藏書志》作「書」。另此句前有脫文，《文獻志》、《稗編》、《藏書志》上有「七曰時祀。時田苟過時越禮則書之，軍賦改作踰制亦書於策」。

　　按：因《全元文》脫去「七曰」一節，故「策書之例十有五」訛爲「十有四」。下文「七曰」當作「八曰」，「八曰」當作「九曰」，以此類推，不另出校。

33. 崩薨不赴則不書：薨，《文獻志》、《稗編》、《藏書志》作「卒」。

34. 敗勝不告，敗勝不告克，不書於策：前一「敗勝不告」，《文獻志》、《稗編》、《藏書志》無。

　　按：四庫本《東山存稿》亦無前一「敗勝不告」，《全元文》失校。

35. 凡諸侯之女行，唯王后書適；諸侯之女行，唯王后書適：前一「唯」，《文獻志》、《稗編》、《藏書志》作「惟」。後一「諸侯之女行，唯王后書適」，《文獻志》、《稗編》、《藏書志》無。

36. 則玉帛之使則告：前一「則」，《文獻志》、《稗編》、《藏書志》作「有」。

37. 此史氏之錄乎外者也：氏，《藏書志》作「書」。

38. 君將不言師帥：師帥，《文獻志》、《稗編》、《藏書志》作「帥師」，是。

　　按：前句云：「將尊師眾稱某帥師」。

39. 凡物不爲災不書：物不爲災，《文獻志》、《稗編》、《藏書志》作「天災物異無」。

40. 此史氏之通錄乎外者也：外，《文獻志》、《稗編》、《藏書志》上有「內」。

41. 筆削之義有十：十，《文獻志》、《稗編》作「八」、《藏書志》作「十八」。

　　按：作「筆削之義有八」是，詳見下文。

42. 曰天道、曰王命、曰民力：王命、民力，《文獻志》、《稗編》、《藏書志》作「王事」、「土功」。

43. 曰公夫人薨葬，曰公子夫人，曰女歸，曰卒，曰外諸侯卒薨，曰內師，曰內特。相盟會：此句，《文獻志》、《稗編》、《藏書志》作「夫人至，曰世子生，公夫人外如，曰薨葬，曰孫，曰夫人不歸，曰內女卒葬，曰來歸，曰大夫公子卒，曰公大夫出疆，曰盟會，曰出師，曰國受兵，曰祭祀、蒐狩、越禮、軍賦改作踰制，曰外諸侯卒葬」。

44. 曰玉帛之使：此句，《文獻志》、《稗編》、《藏書志》下有「凡此之類」。

45. 其書於策書，皆有筆而無削：策書、有筆而無削，《文獻志》、《稗編》、《藏書志》作「策者」、「不削也」。

46. 「八曰辭從主人」至「十曰議而不辭」：此段，《文獻志》、《稗編》、《藏書志》作「主人謂魯君也。《春秋》本（按：《文獻志》、《稗編》無「本」）魯史成書。夫子作經，惟以筆削見義。自非有所是正，皆從史氏舊文，而所是正亦不多見。故曰辭從主人。此八者，實制作之權衡也。然聖人議而弗辯」。

    按：前文條舉「筆削之義」的前七條（「一曰存策書之大體」、「二曰假筆削以行權」、「三曰變文以示義」、「四曰辯名實之際」、「五曰謹華夷之辯」、「六曰特筆以正名筆」、「七曰因日月以明類」），《全元文》此段中依次「八曰辭從主人」、「九曰無達例」、「十曰議而不辭」。然《稗編》、《藏書志》均只言及八則。今考趙汸《春秋屬辭序》（54／417）考《春秋》史法，得其「筆削之大凡」：「一曰存策書之大體」、「二曰假筆削以行權」、「三曰變文以示義」、「四曰辯名實之際」、「五曰謹華夷之辯」、「六曰特筆以正名筆」、「七曰因日月以明類」、「八曰辭從主人」，與此相同。故「筆削之義有八」為是。

47. 策書有恆體也，不待加一辭也：此句，《文獻志》、《稗編》、《藏書志》無。

48. 其褒貶以千萬世人心之公而已：以，《文獻志》、《稗編》、《藏書志》作「於」。

49. 辭足以明義斯而已矣：而，《文獻志》、《稗編》、《藏書志》無。

50. 此一經之體要，所以通治乎內外者也：此句，《文獻志》、《稗編》、《藏書志》無。

51. 故「知我者其惟春秋乎，罪我者其惟春秋乎」：故，《文獻志》、《稗編》、《藏書志》下有「曰」。

52. 是故以存策書大體爲義，而治乎內恆異乎外：此句，《文獻志》、《稗編》、《藏書志》「是故知《春秋》存策書之大體，而治乎內折恆異乎外也」，是。
按：下文云：「知春秋以舉重爲義，而治乎外者恆異乎內也」。

53. 知春秋以舉重爲義：以舉重爲義，《文獻志》、《稗編》、《藏書志》作「假筆削以行權」。

54. 則謂之錄實事而已矣：錄實事而已矣，《文獻志》、《稗編》、《藏書志》作「實錄者」。

55. 所以通治乎內外者：此句，《文獻志》、《稗編》、《藏書志》作「議而弗辯」。

56. 則凡謂春秋賞人之功：謂，《藏書志》無。

57. 亦不足以知聖人矣：知，《文獻志》、《稗編》、《藏書志》作「論」。

58. 則凡以虛辭說經者，其刻深辨急之論：辭，《藏書志》作「詞」；論，《文獻志》、《稗編》、《藏書志》作「說」。

59. 苟知虛辭說經之無益：辭，《藏書志》作「詞」。

60. 使非孟氏之微言尙在：氏，《藏書志》作「子」；微，《文獻志》、《稗編》、《藏書志》作「遺」。

61. 沨自蚤歲獲聞資中黃楚望先生論五經旨要：蚤，《藏書志》作「早」。

62. 於是退而思之者十有餘年：退而，《藏書志》無。

63. 因其說以考三傳諸家及陳氏之書：諸家及，《藏書志》作「及諸家」。

64. 世經亂離：世，《稗編》作「浠」、《藏書志》作「薦」。

65. 故取左氏所傳之事，各麗於經，而地名之釋附焉：此句，《文獻志》、《稗編》、《藏書志》作「故取左氏傳爲之補注，欲學者必以考事爲先」。

66. 諸家之說苟有得其本眞者：有，《文獻志》、《稗編》、《藏書志》無。

67. 爲《春秋集傳》，凡若干卷：爲、若干，《文獻志》、《稗編》、《藏書志》作「名曰」、「十五」。

68. 尙慮學者溺於所聞：慮，《文獻志》、《稗編》、《藏書志》作「意」。

69. 未能無惑：未，《文獻志》、《稗編》、《藏書志》作「不」。

70. 別撰《屬辭》二篇：二，《文獻志》、《稗編》、《藏書志》作「八」。

71. 博諸同志：博，《稗編》、《藏書志》作「傳」。

54／461《答徐大年書》，今據明代唐順之《稗編》卷 23《禮》〔註 582〕、程敏政《皇明文衡》卷 25《書》〔註 583〕、黃宗羲《明文海》卷 147《書》〔註 584〕校：

1. 鄭村良便後：便，《文衡》、《文海》均作「過」。
2. 嘗言見足下所寄書：嘗言，《文衡》、《文海》均作「言嘗」。
3. 況於稽經考禮如面論者乎：考，《文衡》、《文海》均作「者」。
4. 又與典午氏爲婚姻：又，《文衡》作「文」。
5. 而孫仲然獨取《聖證論》駁而釋之：釋，《稗編》、《文衡》均作「擇」，誤。

   按：《聖證論》，王肅著，爲駁鄭玄而作。《隋書・經籍志》著錄《聖證論》十二卷〔註 585〕，《舊唐書・經籍志》〔註 586〕、《新唐書・藝文志》〔註 587〕於「甲部經錄經解類」著錄《聖證論》十一卷。孫仲然乃鄭玄門人，作《聖證論駁釋》，維護師說。

6. 其所辨證：辨，《文衡》作「辯」。
7. 陳史既不作志，其書復不傳：既，《稗編》、《文衡》、《文海》下均有「復」。
8. 千載而下，無所稽考：稽，《稗編》、《文衡》、《文海》均作「鏡」。
9. 謹據《周禮》，述舊聞以答來貺：據，《文衡》、《文海》均作「按」。
10. 蓋典瑞言「祀天旅上帝」，「祀地旅四望」，四望別言，既非祀地，則旅上帝別言，非祀天，明矣：四望別言，《稗編》、《文衡》、《文海》上有「旅」，是。

    按：《周禮・春官宗伯第三》載：「典瑞掌玉瑞、玉器之藏，辨其名物與其用事。……四圭有邸，以祀天、旅上帝。兩圭有邸，以祀地、旅四望。」〔註 588〕

〔註 582〕 （明）唐順之《稗編》，四庫全書本。（按：題爲《論周禮六天書》。 文首至「鄭康成三禘五帝六天緯書之說」、「是以先生行狀中凡」至「足下其察焉」、「乎春秋二百四十二年內外之說」之至文末，此三段無。《古今圖書集成》經濟彙編禮儀典第 166 卷天地祀典部亦錄有此文，題爲《論周禮六天書》，題下小字云「答徐大年書」。題前注明引自《文衡》，然文亦不全。）
〔註 583〕 （明）程敏政《皇明文衡》，四部叢刊本。
〔註 584〕 （明）黃宗羲《明文海》，景印文淵閣四庫全書第 1454 冊，臺灣商務印書館 1986 年版，第 535～539 頁。
〔註 585〕 （唐）魏徵《隋書》（第 4 冊），中華書局 1973 年版，第 938 頁。
〔註 586〕 （後晉）劉昫《舊唐書》（第 6 冊），中華書局 1975 年版，第 1983 頁。
〔註 587〕 （北宋）宋祁、歐陽修《新唐書》（第 5 冊），中華書局 1975 年版，第 1445 頁。
〔註 588〕 （漢）鄭玄注，（唐）賈公彥疏《周禮注疏》，《十三經注疏》本，中華書局 1980 年版，第 776～777 頁。

11. 而小宗伯「兆五帝於四望，四類亦如之」：四望，《稗編》、《文衡》、《文海》上有「四郊」，是。

　　按：《周禮·春官宗伯第三》載：「小宗伯之職，掌建國之神位，右社稷，左宗廟。兆五帝於四郊，四望、四類，亦如之。」〔註589〕

12. 以血祭貍沈疈辜：貍，《文衡》、《文海》均作「霾」，誤。

　　按：《周禮·春官宗伯第三》載：「大宗伯之職，掌建邦之天神、人鬼、地示之禮，以佐王建保邦國。以吉禮事邦國之鬼神示，以禋祀祀昊天上帝，以實柴祀日、月、星、辰，以槱祀司中、司命、飌師、雨師，以血祭祭社稷、五祀、五嶽，以貍沈祭山林川澤，以疈辜祭四方百物。」〔註590〕

13. 不得言禋祀明矣：得，《文衡》均作「能」。

14. 五帝之非人帝，無可疑矣：無可，《文衡》、《文海》均作「可無」。

　　按：四庫本《東山存稿》亦作「可無」，《全元文》失校。

15. 曰天子將出，曰師甸：師，《稗編》、《文衡》、《文海》均作「帥」，誤。

　　按：《周禮·春官宗伯第三》載：「肆師之職，掌立國祀之禮，以佐大宗伯。……凡師甸，用牲於社宗，則爲位，類造上帝，封於大神。」〔註591〕

16. 大宗伯禮四方作六玉言：作，《文衡》、《文海》上有「至」。

17. 足下謂大小名從其類：名，《稗編》、《文衡》、《文海》均作「各」。

18. 而太皞之屬配焉：太，《文衡》作「大」。

　　按：下文有云「大皞以降，雖有功德，亦人鬼也」，《全元文》亦作「大」，《稗編》、《文海》均作「太」。

19. 此孔子聞諸老聃而告季康子者也：聞，《稗編》、《文衡》、《文海》均作「問」。

20. 果以五人帝，則人帝之前，其無司四時者乎：五人帝，《文衡》下有「爲主帝」、《稗編》、《文海》下有「爲五帝」。

〔註589〕（漢）鄭玄注，（唐）賈公彥疏《周禮注疏》，《十三經注疏》本，中華書局1980年版，第766頁。

〔註590〕（漢）鄭玄注，（唐）賈公彥疏《周禮注疏》，《十三經注疏》本，中華書局1980年版，第757～758頁。

〔註591〕（漢）鄭玄注，（唐）賈公彥疏《周禮注疏》，《十三經注疏》本，中華書局1980年版，第768～769頁。

按：此句乃援引陳祥道、楊復齋之言。原文曰：「果以五人帝爲五帝，
則五人帝之前其無司四時者乎？」亦見載《禮記集說》卷 13、《欽
定禮記義疏》卷 8、《五禮通考》卷 1、卷 31、《文獻通考》卷 68。
故以作「爲五帝」爲是。

21. 朱子又謂：又，《文衡》作「文」。

22. 《國語》曰「郊帝之牛角繭栗」：帝，《稗編》、《文衡》、《文海》均作「禘」，
是。

按：《國語》卷 18《楚語下》：「郊禘不過繭栗，烝嘗不過把握。」〔註 592〕

23. 凡郊禘祖宗報五者：郊禘，《稗編》、《文衡》、《文海》均作「禘郊」，是。

按：《國語》卷 4《魯語上》：「凡禘郊宗祖報，此五者，國之典祀也。」

〔註 593〕

24. 以其祀言，則先廟而後郊：祀，《稗編》、《文衡》、《文海》均作「序」。

25. 大廟之不遷：大，《稗編》、《文衡》、《文海》均作「太」。

26. 一曰祖，二曰宗：二曰宗，《稗編》、《文衡》、《文海》均作「一曰宗」，
且下有「可乎」。

按：四庫本《東山存稿》亦作「一曰宗」，《全元文》失校。

27. 況周人立閟宮以祭姜嫄：閟，《文衡》作「悶」，誤。

28. 先生嘗謂：謂，《文衡》作「爲」。

29. 賢於孫仲然遠矣：賢於，《稗編》、《文衡》、《文海》均作「矣」。

30. 以辨明堂位之誣也：辨，《文衡》作「辯」。

31. 其謂魯帝文王於周廟者：帝，《稗編》、《文衡》、《文海》均作「禘」。

32. 明堂位之誣，無不至矣：之誣，《稗編》作「又誇」，《文衡》作「文誇」，
《文海》作「又考」。無，《文衡》、《文海》均作「典」。無不至矣，《稗
編》作「而不實矣」。

33. 下言以禘禮配周公於大廟：配，《文衡》、《文海》均作「祀」。

34. 以至樂舞廟飾：飾，《文衡》作「飭」。

35. 其論起於唐末：末，《文衡》作「未」，誤。

36. 向來嘗感楊信齋譏鄭玄讀《祭法》不熟：玄，《稗編》、《文衡》、《文海》
均作「康成」。

〔註 592〕徐元誥《國語集解》，中華書局 2002 年版，第 516 頁。
〔註 593〕徐元誥《國語集解》，中華書局 2002 年版，第 160 頁。

37. 罔乎後世：罔，《稗編》、《文衡》、《文海》均作「學」。乎，《稗編》作「者」。

38. 每為續禮儀通解君子惜之：為，《稗編》讀「謂」。續，《稗編》、《文衡》、《文海》均作「讀」。

39. 當俟後便圖之：之，《文衡》、《文海》無。

40. 汸遊湖間：湖，《文衡》、《文海》均作「江湖」。

41. 皆已概括入行狀：概，《文衡》、《文海》均作「隳」。

42. 而又早衰久病：又，《文衡》、《文海》下有「以」。

43. 臨楮神馳：神馳，《文衡》、《文海》均作「馳神」。

54／523《書所編李文公集篇目後》，今據明代程敏政《皇明文衡》卷 46〔註594〕、《新安文獻志》卷 25〔註595〕、黃宗羲《明文海》卷 210〔註596〕、清代曹本榮《古文輯略》〔註597〕校：

1. 百四篇：《文衡》、《輯略》作「凡百四篇」、《文獻志》作「凡百有四篇」、《文海》作「凡四百篇」。

2. 汸既從公傳寫：汸，《文衡》、《文獻志》、《文海》、《輯略》均作「某」。

3. 忍恥內愧，不能忍退：忍，均作「引」。

4. 其言牴牾，非事實甚明：牴牾，《文衡》、《輯略》作「抵捂」。

5. 則以韓諡易名而韓李並稱：易，《文衡》、《文獻志》、《文海》、《輯略》均無。

54／535《葬書問對》，今據明代程敏政《皇明文衡》卷 24〔註598〕、《新安文獻志》卷 37〔註599〕校：

1. 次二曰族墳墓：次，《文衡》、《文獻志》作「女」，誤。

〔註594〕（明）程敏政《皇明文衡》，四部叢刊本。

〔註595〕（明）程敏政《新安文獻志》，景印文淵閣四庫全書第 1375 冊，臺灣商務印書館 1986 年版，第 313～314 頁。

〔註596〕（明）黃宗羲《明文海》，景印文淵閣四庫全書第 1455 冊，臺灣商務印書館 1986 年版，第 321 頁。

〔註597〕（清）曹本榮《古文輯略》，《四庫全書存目叢書》集部第 392 冊，齊魯書社 1996 年版，第 605～606 頁。

〔註598〕（明）程敏政《皇明文衡》，四部叢刊本。

〔註599〕（明）程敏政《新安文獻志》，景印文淵閣四庫全書第 1375 冊，臺灣商務印書館 1986 年版，第 479～483 頁。

2. 豈有無其事而著其法者哉：無其事，《文衡》、《文獻志》無「其」。

3. 則葬地之法其肇派於斯乎：則，《文衡》、《文獻志》無。

4. 大略如今葬師尋龍捉脈之爲者：師，《文衡》、《文獻志》作「書」。

5. 至景純最好方技：技，《文衡》、《文獻志》作「伎」。

6. 世見其葬母暨陽：母，《文衡》、《文獻志》作「毋」，誤。

7. 問者曰「葬書世所有」：者，《文衡》、《文獻志》無。

8. 至宋司馬溫公：馬，《文衡》、《文獻志》作「同」，誤。

9. 蓋天命之所存：命之所存，《文衡》、《文獻志》作「之所命」。

10. 而神功之不可測度者也：度，《文衡》、《文獻志》無。

11. 則凡人之爲事：人之爲事，《文衡》、《文獻志》作「人事之」。

12. 固可以顛倒變亂伏藏擒制於方寸之隱：以，《文衡》、《文獻志》無；變，《文衡》、《文獻志》作「錯」。

13. 發以遂我私而無難：我，《文衡》、《文獻志》作「吾」。
    按：四庫本《東山存稿》亦作「吾」，《全元文》失校。

14. 豈非《葬書》之言有以誤之歟：言，《文衡》、《文獻志》無。

15. 則其事雖鄙：其，《文衡》、《文獻志》無。

16. 足以盡其蔽義：其蔽，《文衡》、《文獻志》作「蔽其」。
    按：四庫本《東山存稿》亦作「蔽其」，《全元文》失校。

17. 人有五藏，外應五行：五行，《文衡》、《文獻志》作「天行」。

18. 散精布氣以養形也：散，《文衡》、《文獻志》作「流」。

19. 葬書言方位：位，《文衡》、《文獻志》無。

20. 譬諸方技家：技，《文衡》、《文獻志》作「伎」。

21. 蓋形氣之治：治，《文衡》、《文獻志》作「冶」。

22. 輒大謬者：輒大，《文衡》、《文獻志》作「則太」。

23. 畫師喜模鬼神而憚作狗馬：而，《文衡》、《文獻志》無。

24. 惡肯攻所難以艱其衣食之途哉：攻，《文衡》、《文獻志》作「改」。

25. 則《葬書》所謂「反氣納骨以蔭所生」也者：納，《文衡》、《文獻志》同。
    按：《葬書·內篇》「納」作「入」〔註600〕。

〔註600〕 （晉）郭璞《葬書》，景印文淵閣四庫全書第808冊，臺灣商務印書館1986年版，第14頁。

26. 至其盛時竭力有求：有，《文衡》、《文獻志》作「以」。

27. 亦殖私規利之端爾：規、端，《文衡》、《文獻志》作「窺」、「一端」。

28. 水泉螻蟻之為患至深：水泉，《文衡》、《文獻志》上有「地風」。

29. 伊川程公謂死者安則生人安：公，《文衡》、《文獻志》作「子」。

30. 其自然之理爾：理，《文衡》、《文獻志》作「應」。

31. 然而君子之擇：擇，《文衡》、《文獻志》作「澤」。

32. 地不可以無擇也：以，《文衡》、《文獻志》無。

33. 對曰死葬之以禮：之，《文衡》、《文獻志》無。

34. 嚴於廟以盡人鬼之情：嚴，《文衡》、《文獻志》上有「致」。

35. 明理以擇術：明，《文衡》、《文獻志》作「用」。

36. 而亦可無憾於慎終之矣：亦可，《文衡》、《文獻志》無。

37. 然則孝經所謂卜其宅兆而安厝之者，果何事：果，《文衡》、《文獻志》下有「為」。

38. 聖人之心，吉凶與民同患：患，《文衡》、《文獻志》下有「也」。

39. 法不足以關後世而可以垂訓者：可以，《文衡》、《文獻志》無。

40. 若夫童斷過獨、空缺曠折、水泉砂礫、凶兆之速滅亡者：折、兆，《文衡》、《文獻志》作「拆」、「宅」。

    按：《葬書・內篇》載：「山之不可葬者五：氣以生和而童山不可葬也……氣因形來而斷山不可葬也……氣因土行而石山不可葬也……氣以勢止而過山不可葬也……氣以龍會而獨山不可葬也……經曰：『童斷石過獨，生新凶而消已福』。」〔註601〕《葬書・外篇》載：「左空右缺，前曠後折，生氣散於飄風」〔註602〕、「水泉、砂礫，皆為凶宅。」〔註603〕故作「折」、「宅」為是。

41. 雖鬼神之應無及於人：神，《文衡》、《文獻志》作「福」。

    按：四庫本《東山存稿》亦作「蔽其」，《全元文》失校。今考《葬書・內篇》稱「氣感而應，鬼福及人」，作「鬼福」為是。

〔註601〕（晉）郭璞《葬書》，景印文淵閣四庫全書第 808 冊，臺灣商務印書館 1986 年版，第 21〜22 頁。

〔註602〕（晉）郭璞《葬書》，景印文淵閣四庫全書第 808 冊，臺灣商務印書館 1986 年版，第 27 頁。

〔註603〕（晉）郭璞《葬書》，景印文淵閣四庫全書第 808 冊，臺灣商務印書館 1986 年版，第 28 頁。

42. 冥顛暗覆於一抔之壤而不自知者：顛暗，《文衡》、《文獻志》作「暗顛」。

43. 而葬地吉凶每存於身後：於，《文衡》、《文獻志》無。

44. 故未有能稽終知敝者也：敝，《文衡》、《文獻志》作「弊」。

45. 「吾友程君仲本最爲留意斯事」至文末：《文衡》、《文獻志》均未雙行小字注文。

46. 仲本之師，鄉先生朱君允升其人也：鄉先生，《文衡》、《文獻志》上有「則」。

47. 文字之源委：字，《文衡》、《文獻志》作「學」。

48. 邃古之初，萬化之源：化，《文衡》、《文獻志》作「物」。

49. 陰陽方技之本：技，《文衡》、《文獻志》作「伎」。

50. 誠窮鄉晚進之著龜水鑒也：水，《文衡》、《文獻志》作「冰」。

     按：四庫本《東山存稿》亦作「氷（冰）」，《全元文》失校。

51. 將有以得夫天人物理之大全：以、人物，《文衡》、《文獻志》無。

52. 文末，《文衡》、《文獻志》有「至正十三年十月既望趙汸子常書於東山精舍」。

劉性

54／568《石渠閣賦》，《全元文》據宛委別藏本《青雲梯》錄文，今據《歷代賦匯》校〔註 604〕：

1. 風連薄露：薄，《賦匯》作「溥」。
2. 忱於講論而相宜：忱，《賦匯》作「誠」。
3. 梁邱之經師：邱，《賦匯》作「丘」。
4. 於以廣大漢之宏規：宏，《賦匯》作「弘」。

陳可大

54／592《宣聖遺像碑記》，《全元文》據清嘉慶元年《湖廣圖經志書》錄文，今據明代盧希哲《弘治黃州府志》卷 10 校〔註 605〕：

1. 幕佐陶景山力斬移文：力，《府志》下有「請」。
2. 取於江陵崇文閣：取，《府志》下有「置」。

〔註 604〕 （清）陳元龍輯《歷代賦匯》，江蘇古籍出版社、上海書店 1987 年版，第 312 頁。
〔註 605〕 （明）盧希哲《弘治黃州府志》，天一閣藏地方志選刊。

3. 泰定丙寅秋：泰，《府志》作「太」。

4. 仰先聖之靈：仰，《府志》作「抑」。

第 55 冊

俞淖

55／8《刑統賦疏序》，《全元文》據枕碧樓叢書、叢書集成續編《刑統賦疏》〔註606〕卷首錄文，今據清代張金吾《愛日精廬藏書志》卷 21 校〔註607〕：

1. 不刻不汎：汎，《藏書志》作「汛」。

2. 不惟知其所畏而亦知有所警：其，《藏書志》作「有」。

3. 爲警則不入於法：爲，《藏書志》作「有」。

4. 敕法於難言之：於，《藏書志》作「以」。

5. 十二月二十日：二十，《藏書志》作「廿」。

周慧孫

55／17《樂府詩集序》，《全元文》據元至元刻本《樂府詩集》錄文，缺字甚多。今以清代張金吾《愛日精廬藏書志》卷 35、丁丙《善本書室藏書志》卷 38、陸心源《皕宋樓藏書志》卷 113。今據《皕宋樓藏書志》〔註608〕校：

1. 此口歌之所由作也：□，《藏書志》作「聲」。

2. 口以樂之爲樂：□，《藏書志》作「良」。

3. �金擊石：鏉，《藏書志》作「鏘」。

4. □□□之樂，□□□愁悶歡欣□□□□□□□□□□樂也：□□□、□□□、欣□□□□□□□□□，《藏書志》作「然後謂」、「凡羈窮」、「忻愉懌出於口而成聲者皆」。

5. 粵自□□□□□□□□□□□虞喜記之：□□□□□□□□□□□、記，《藏書志》作「擊壤康衢之謠興而唐」、「起」。

〔註606〕 《全元文》作「枕碧樓叢書、叢書集成續編《公刑統賦疏》卷首」，「公」爲衍字。

〔註607〕 （清）張金吾《愛日精廬藏書志》，中華書局 2012 年版，第 282 頁。

〔註608〕 （清）陸心源《皕宋樓藏書志》，《續修四庫全書》第 929 冊，上海古籍出版社 1996 年版，第 589 頁。

6. □□□岩廊□□此治世之音，□鈞天雲門不是通也：□□□、□□、□、通，《藏書志》作「歌播於」、「之上」、「縱」、「過」。故此句當讀爲「歌播於岩廊之上，此治世之音，縱《鈞天》、《雲門》不是過也」。

7. 侈靡華惡之習：惡，《藏書志》作「麗」。

8. 皆足以□湮沒無□：此處有脫文。《藏書志》作「皆足以懲創而興起，聖人未嘗去彼而取此□曰□□樂歌□□如笙由庚南陔白華之什先儒已辨□□□□□□自聲詩絕響之後。太原郭茂倩編類古今歌曲，上際唐虞，下迄五季，目之曰《樂府詩集》。凡歌詞之典雅純正，曲調之清□靡麗□□俚語，長謠短謳，鮮不該盡□□□夫風雅頌之變而世代推移，可一覽而周知。而騷人墨客，採觚弄翰，於欲□斜陽之外，亦足以□□□幽情者□憲臺幕賓濟南彭公弓儀父憫茂倩之用以悼古樂今樂之異趣□□湮沒無聞」。

9. 郡博士壺君萬元又孔先意承志：壺、孔，《藏書志》作「□」、「能」。

10. 只有以知時雍了化□蒸民之歌：只，《藏書志》無；了化□，《藏書志》作「□□」。

11. 下有以□□麗□□□□而□於正則樂□□□□□□□□□□□□□□□：□□、□□□□、□、□□□□□□□□□□□□□，《藏書志》作「極清」、「之習一返」、「歸」、「府之詩非特爲禮義性情之助」。故此句當讀爲「下有以極清麗之習一返而歸於正，則樂府之詩非特爲禮義性情之助」。

12. 而樂之□□□□□□□□□吾民以歸□□□春□之□□。至正初元菊月朔，文學□祿周慧孫序：□□□□□□□□、□□□、□、□□、音、祿，《藏書志》作「本陰陽原性情又足以躋」、「於壽域」、「臺」、「上矣」、「時」、「掾」。故此句當讀爲「而樂之本陰陽、原性情，又足以躋吾民以歸於壽域春臺之上矣。時至正初元菊月朔，文學□掾周慧孫序」。

王儒眞

55／19《菁茅賦》，《全元文》據《湖南通志》錄文。此文亦載於明代廖道南《楚紀》卷 23《昭文外紀前篇》〔註 609〕，文字與此相同。今據明代陳

〔註 609〕 （明）廖道南《楚紀》，《北京圖書館古籍珍本叢刊》第 7 冊，書目文獻出版社 1990 年版，第 357 頁。

洪謨《嘉靖常德府志》卷 19《藝文》〔註610〕校：

1. 百卉之生於天地間者：百卉，《府志》作「草木」。

2. 爰芬爰苾：《府志》作「曰芬曰芳」。

3. 列於《禹貢》之辭：列於，《府志》作「著乎」。

4. 春祠秋嘗：祠，《府志》作「祀」。

5. 浣曝輕精：精，《府志》作「清」。

6. 群工拜送：群工，《府志》作「眾官」。

7. 貢於宗祀之用，登乎鬱邑之榮：於、登乎，《府志》作「以」、「及玷」。

8. 嗚呼：《府志》作「於戲」。

9. 紀聖人之巨筆：紀、之，《府志》無。

10. 猶可輪之曳踵：可，《府志》作「車」。

11. 先王制禮，後王薦修：先王、後、薦，《府志》作「聖人」、「先」、「身」。

12. 昭誠宣化：昭誠，《府志》作「承流」。

13. 用述其由，記其功用，於以示諷：《府志》作「豈不竦踴。述其由泚，筆記其功。用以風其意，彰以論其眾」。

王洪

55／92《學訓》，《全元文》據《古今圖書集成・學行典》錄文，今據《成化杭州府志》卷 62《紀遺》校〔註611〕：

1. 有眼耳口鼻手足焉：眼耳，《府志》作「耳目」。

2. 始文武大聖人：人，《府志》下有「也」。

3. 亦必由學：學，《府志》下有「化」。

4. 甚是互古今而一人者也：是，《府志》作「者」。

5. 而好學者少：少，《府志》作「尠」。

6. 言必為之經：言，《府志》前有「以學」。

7. 為之生養死葬：葬，《府志》作「喪」。

8. 夏楚以威之：夏，《府志》作「擾」。

〔註610〕 （明）陳洪謨《嘉靖常德府志》，天一閣藏明代方志選刊，上海古籍書店 1987 年版。

〔註611〕 （明）陳讓、夏時正纂修《成化杭州府志》，《四庫全書存目叢書》史部第 175 冊，齊魯書社 1996 年版，第 871 頁。

9. 假於鬼神時日卜筮：日，《府志》下有「一」。

   按：此一節乃引錄《禮記‧王制》。《王制》作「假於鬼神時日卜筮」，亦無「一」。

10. 是數者皆足以亂學：此句，《府志》前有「《詩》曰：戎狄是膺，荊舒是懲」。

11. 陶朱、倚頓世所謂富也：倚，《府志》作「猗」。

12. 不陶朱、倚頓而富：倚，《府志》作「猗」。

13. 以渺渺之身：渺渺，《府志》作「眇眇」。

14. 言其言、行其行，其心日俛焉以求至：其心，《府志》前有「心」。故此句當讀爲「言其言、行其行、心其心，日俛焉以求至」。

麻治

55／98《重修律呂神祠記》，《全元文》據《雍正山西通志》、《乾隆渾源州志》、《山右石刻叢編》錄文，今據《成化山西通志》卷14〔註612〕：

1. 三間四柒：柒，《通志》作「架」。

2. 池漚麻□：麻口，《通志》作「麻梟」。

3. 又雨暘愆期：《通志》作「暘愆不無期」。

4. 歲□□：□□，《通志》作「從其」。

5. 傀工口庸：□，《通志》作「啓」。

6. 偕其叔林兄顯通等稽首來告：叔，《通志》作「淑」。

7. 每形□□□□□□□口詔旨□□□時制也：□□□□□□□口、□□□時，《通志》作「□」、「特」。

8. 「至元五年」一句，《通志》無。

李惟明

55／102《改作東大閘記》，此文見收於明代謝肇淛所編《北河紀》卷4，題為《改作東大閘記略》。今據以校補〔註613〕：

1. 濟倅奉符畢輔國請於嚴東平：濟倅，《北河紀》無。

〔註612〕（明）李侃、胡謐纂修《成化山西通志》，《四庫全書存目叢書》史部第174冊，齊魯書社1996年版，第536～537頁。

〔註613〕（明）謝肇淛《北河紀》，景印文淵閣四庫全書第576冊，臺灣商務印書館1986年版，第632～634頁。

2. 竭汶水入洸益泗：入洸，《北河紀》下有「至任城」。

3. 直屬漳御：下有脫文，《北河紀》有「由是江淮之漕浮汶泗，徑達臨清，而商旅懋遷、遊宦往來，暨閩粵交廣卭僰川蜀航海諸番，凡貢篚之入，莫不由是而達，因錫河名曰會通」。

4. 乃改西虹爲今閘制：改，《北河紀》下有「其」。

5. 謂輔國所作斗門爲西閘：輔國，《北河紀》作「國輔」，誤。

6. 後改作：《北河紀》作「西閘後改作」。

7. 兩閘被其害：閘被，《北河紀》作「河罹」。

8. 可歲省勞民。之貞曰：下有脫文，《北河紀》有「漢曹參作興原山河，石堋常爲漲水所壞，時復修之」。

9. 須高平水五尺：平水，《北河紀》作「水平」。

10. 晉杜預作沙堰於苑陽，竭白水漑田：苑陽、竭，《北河紀》作「宛陽」、「竭」。

11. 缺則補之：缺，《北河紀》作「闕」。

12. 固知川不可塞也：川，《北河紀》下有「之」。

13. 後人弗聽浮議：弗，《北河紀》作「勿」。

14. 重困民：《北河紀》作「終困其民」。

15. 果如其言：《北河紀》下有「若合符契」。

16. 命濠寨官梁仲祥：濠：《北河紀》作「壕」。

17. 都水監馬元公來治會通河：元，《北河紀》作「兀」。

18. 量工程。乃以狀上，從其請：《北河紀》作「量事期。以狀上，中書即從其請」。

19. 陶甓煆灰「」至「乃親爲經營揆度」：《北河紀》似有節略，作「取石煆灰，市物於有司，經營揆度，畫圖指示。」

20. 其北端折以東西：端，《北河紀》作「矩。」

21. 入明三分身之一：身，《北河紀》作「深」。

22. 各盡其身：身，《北河紀》作「深」。

23. 「其一不動」至「會通諸閘所未有」：《北河紀》作「其一不動爲閾，其大石爲兩梟，夾制其前。卻石相疊，比則以鐵沙磨其際，必腦合無間後已」。

24. 土方以尺計：土，《北河紀》作「自」。

25. 眾請識其事於石，屬筆於予。予曰：《北河紀》作「合辭請公，願識其事，於是屬筆於予。予復之曰」

26. 爲灌漑之利：灌漑，《北河紀》作「漑灌」

27. 其爲慮深矣：《北河紀》作「其慮後也深矣」。

28. 「不有茲役」至「且表馬公之言爲鑒」：《北河紀》作「不有茲役，曷驗馬公之言？碑僕於水，豈天惡馬公發其機耶？將使後人獨受其害而不蒙利耶？惟是役也，雨暘時若，漕運無愆，天其或者悔惡於人，俾憶馬公之言乎？既不獲辭，遂爲敘導汶始末會通源委，以見堽城閘水利喉襟，且表出馬公之言以爲鑒」。

29. 文末：《北河紀》後有「又因以識興造年月、修閘之制度、用物之會計附焉。公字仲彬，唐古氏」。

55／105《重濬洸河記節略》，《全元文》據清咸豐九年《濟寧直隸州志》錄文。此文見收於明代謝肇淛所編《北河紀》卷 3《河工紀》，題爲《重濬洸河記》。今據以校補〔註614〕：

1. 洸河乃今汶水之支流也：之，《北河紀》無。

2. 亦不可知：亦，《北河紀》作「尤」。

3. 符下東平、沛寧，兼贊厥役：沛，《北河紀》作「濟」。

4. 落成於三月十四日：此句，《北河紀》下有「以舉武計者二萬三百四十有奇，以尺爲工計者四十萬七百數。同知東平路事伯顏察兒、僉議少監公之功，宜勒石以昭悠久，迺請文於予，義弗獲辭，遂援筆而紀其歲月」。

朱公遷

55／127《詩傳疏義序》，《全元文》據清同治《樂平縣志》、同治十二年《饒州府志》錄文。今據明代孫承澤《元朝典故編年考》卷 8〔註615〕、清代朱彝尊《經義考》卷 111〔註616〕、陸心源《皕宋樓藏書志》卷 5〔註617〕校：

〔註614〕 （明）謝肇淛《北河紀》，景印文淵閣四庫全書第 576 冊，臺灣商務印書館 1986 年版，第 600 頁。

〔註615〕 （明）孫承澤《元朝典故編年考》，景印文淵閣四庫全書第 645 冊，臺灣商務印書館 1986 年版，第 824～825 頁。

〔註616〕 （清）朱彝尊撰，林慶彰、蔣秋華、楊晉龍等點校《經義考新校》第 5 冊，上海古籍出版社 2010 年版，第 2066～2067 頁。

〔註617〕 （清）陸心源《皕宋樓藏書志》，《續修四庫全書》第 928 冊，上海古籍出版社 1996 年版，第 63 頁。

1. 自孔子說「蒸民懿德」之旨：蒸，諸本均作「烝」。

2. 漢儒章句、訓詁最詳：最，諸本均無。

3. 於詩則病甚：甚，《編年考》作「其」。

4. 繼之者，說愈繁：繁，諸本均作「煩」。

5. 意愈窒：意，諸本前均有「而」。

6. 寥寥乎千四百年：寥寥，《編年考》、《藏書志》作「遼遼」，《經義考》作「遼遠」。

7. 至明道先生說雄雉兩章：兩，《經義考》作「二」。

8. 得孔孟說詩之法：孟，《編年考》作「子」。

9. 與文理不同：理，諸本均作「體」。

10. 辭若重複而意實相承也：辭，《編年考》作「詞」。

11. 意則婉曲而辭若甚倨也：婉曲，諸本均作「委婉」。若，《編年考》作「實」。

12. 朱子取法孟子：取法，諸本下均有「孔子，又取法於」。

13. 多以虛辭助語發之：多、語，諸本均作「少」、「字」。

14. 然虛辭助語之間：語，諸本均作「字」。

15. 苟有鹵莽滅裂之心焉：焉，《編年考》無。

16. 是則讀《詩》者又當知其難也：詩，《編年考》作「傳」。

17. 諸家自立者不論：立，諸本下均有「異」。

18. 庶幾乎微顯闡幽之意：乎，《經義考》作「子」，誤。

19. 持其不敢慢之心：不，諸本均作「無」。慢，《經義考》作「欺」。

20. 困學之才：才，諸本均作「方」。

21. 而未敢以為是也：而，《編年考》無。是，《編年考》作「學」。

22. 必有大過於茲：茲，《編年考》作「斯」。

23. 憫而之則幸矣：此句，《編年考》無。憫，《經義考》作「閔」。

24. 文末，《藏書志》有「至正丁亥秋八月朔番易後學朱公遷序」。

黃師郯

55／127《江漢朝宗賦》，《全元文》據宛委別藏《青雲梯》、清光緒元年《興寧縣志》錄文。此文見錄於明代廖道南《楚紀》卷 23《昭文外紀前篇》〔註618〕、

〔註618〕 （明）廖道南《楚紀》，《北京圖書館古籍珍本叢刊》第 7 冊，書目文獻出版社 1990 年版，第 365～366 頁。

《歷代賦匯》〔註619〕、清代羅汝懷編纂《湖南文徵》卷 53〔註620〕。《湖南文徵》文本與此同，今據《楚紀》、《歷代賦匯》校：

1. 元黃奠極：元，《賦匯》作「玄」。
2. 發天一之元精：元，《賦匯》作「玄」。
3. 天綱浮濔：綱，《賦匯》作「網」。
   靡同波之頹息：同，《賦匯》作「回」。
4. 覽形勝之渺瀰：渺瀰，《賦匯》作「茫茫」。
5. 黔寒煙兮沙汀：黔、汀，《賦匯》作「黯」、「夕」。
6. 鳧鷖低回於煙渚：回，《賦匯》作「個」。
7. 夫乾清坤寧，嶽奠川會：乾清坤寧、會，《賦匯》作「軋坤」、「澮」。
   按：李祁《黃河賦》（45／381）云：「乾清坤夷，嶽奠川會。」
8. 思禹功於當年：於，《賦匯》作「而」。
9. 觀逝者之如斯：觀，《賦匯》作「睹」。
10. 聊抒意於斯文：抒，《楚紀》作「紓」，《賦匯》作「行」。

賈志道

55／155《重修華嚴堂經本記》，今據雲桂榮主編《雲居寺貞石錄》校〔註621〕：

1. 釋迦如來正法僞法凡千五百餘：僞，《石錄》作「像」。
2. 幸□□政院使資德大夫龍卜高公：□□，《石錄》作「口資」。
3. 匠作院使□□大夫黨住申公：□□，《石錄》無。
4. □□得布施一毫不私於己：□□，《石錄》作「□」。
5. 今立石以紀其功德：以，《石錄》無。

左克明

55／168《古樂府原序》，今據清代陸心源《皕宋樓藏書志》卷 116〔註622〕校：

1. 勉強就緒：勉，《藏書志》作「免」，誤。
2. 豫章後學左克明序：序，《藏書志》作「謹誌」。

〔註619〕（清）陳元龍輯《歷代賦匯》，江蘇古籍出版社、上海書店 1987 年版，第 402 頁。
〔註620〕（清）羅汝懷編纂《湖南文徵》（二），嶽麓書社 2008 年版，第 1174 頁。
〔註621〕雲桂榮主編《雲居寺貞石錄》，北京燕山出版社 2008 年版，第 40 頁。
〔註622〕（清）陸心源《皕宋樓藏書志》，《續修四庫全書》第 929 冊，上海古籍出版社 1996 年版，第 625 頁。

王禕

55／225《漢伏波將軍諭南粵檄》，今據明代王錫爵《皇明館課經世宏辭續集》卷 3《檄類》校〔註623〕：

1. 莫不屈膝受事：屈，《續集》作「詘」。
2. 得其財不以爲富：爲，《續集》作「加」。
3. 馳義侯發夜郎兵下牂柯江：柯，《續集》作「牁」。

第 56 冊

胡行簡

56／1《傅與礪詩集序》，今據清代陸心源《皕宋樓藏書志》卷 103〔註624〕校：

1. 山水最稱秀麗：稱，《藏書志》作「爲」。
2. 劉、章、謝以問學詞章顯於宋：劉，《藏書志》作「二劉」。
3. 而海內縉紳興於詩者：縉，《藏書志》作「搢」。

胡行簡

56／61《荆山璞賦》，今據《歷代賦匯》校〔註625〕：

1. 睹神光之燁然：燁，《賦匯》作「煜」。
2. 派分南北之修：修，《賦匯》作「條」。
3. 俟太行之演迤：俟，《賦匯》作「似」。
4. 西鑒白於蓬皤：皤，《賦匯》作「婆」，是。
   按：四川有蓬婆山，在茂縣西南。
5. 鍾元黃之磅礴：元，《賦匯》作「玄」。
6. 匭銜精英：英，《賦匯》作「瑛」。

〔註623〕（明）王錫爵《皇明館課經世宏辭續集》，《四庫全書禁燬叢書》集部第 92 冊，北京出版社 2005 年版，第 641～642 頁。
〔註624〕（清）陸心源《皕宋樓藏書志》，《續修四庫全書》第 929 冊，上海古籍出版社 1996 年版，第 475 頁。
〔註625〕（清）陳元龍輯《歷代賦匯》，江蘇古籍出版社、上海書店 1987 年版，第 402 頁。

7. 類有道之儀刑：刑，《賦匯》作「形」。

8. 擴藍色而無遺：擴、色，《賦匯》作「摭」、「水」。

9. 什襲珍上方之璽：什，《賦匯》作「十」。

10. 若乃胡連璋瓚之器：胡連，《賦匯》作「瑚璉」。

11. 或絜郊社之明祀：絜，《賦匯》作「潔」。

12. 想荊行之育秀：行，《賦匯》作「衡」。

13. 嗟砆砆之不材：不，《賦匯》作「下」。

黃元實

56／79《金鐃賦》，《全元文》據《古今圖書集成》錄文，今據《歷代賦匯》卷 20 校〔註 626〕：

1. 金鐃賦：《賦匯》作「大弋山賦」。

   按：清代顧祖禹《讀史方輿紀要》卷 98 載〔註 627〕：「金鐃賦，縣西七十里，亦名大歷山，一名大弋山。跨建寧、寧化、泰寧三縣界，有八十四面，周四百餘里。」

2. 洗滌旱熯回和豐：熯，《賦匯》作「暵」。

3. 妙宰物之元功：元，《賦匯》作「玄」。

4. 拂予袂而遊觀兮：予，《賦匯》作「余」。

5. 擬追矚乎前蹤：矚，《賦匯》作「躡」。

6. 與山居兮逍遙：居，《賦匯》作「君」。

曾昺

56／90《重修飛鸞橋記》，《全元文》據清光緒十七年《廣西通志》錄文，今據清代汪森《粵西文載》卷 34 校〔註 628〕：

1. 舊名飛鸞：名，《文載》下有「曰」。

2. 橋歲久浸壞：浸，《文載》作「寖」。

3. 郡以廣瑤弗靖：瑤，《文載》作「猺」。

〔註 626〕 （清）陳元龍輯《歷代賦匯》，江蘇古籍出版社、上海書店 1987 年版，第402 頁。

〔註 627〕 （清）顧祖禹《讀史方輿紀要》（第 9 冊），中華書局 2005 年版，第 4509 頁。

〔註 628〕 （清）汪森《粵西文載》，景印文淵閣四庫全書第 1466 冊，臺灣商務印書館1986 年版，第 237～239 頁。

4. 橋之毀十二三：毀，《文載》作「燬」。

5. 暫造舟以濟病涉者：暫，《文載》作「蹔」。

6. 監郡公化的諏諸僚佐曰：化的，《文載》作「嘉琿達」。

7. 經歷野的古鐵木爾進言曰：野的古鐵木爾，《文載》作「伊德袞特穆爾」。

8. 茲有道者蔣元中素習營繕之事：元，《文載》作「玄」。

9. 稔稅輸徵：稔，《文載》作「驗」。

10. 悉委諸元中：元，《文載》作「玄」。

11. 拱以數計者六：拱，《文載》作「洪」。

12. 郡長告具：郡長，《文載》作「刺詩」。

劉鑑

56／124《論省韻》，《全元文》據四庫全書本《稗編》錄文，清代丁丙《善本書室藏書志》卷 5、陸心源《皕宋樓藏書志》卷 17。題為《新編經史正音切韻指南自序》。今據《皕宋樓藏書志》校〔註629〕：

1. 聲韻之學，其來尚矣：韻、尚《藏書志》作「音」、「倘」。

2. 凡窮經傳史：傳，《藏書志》作「博」。

3. 雖五十一之音均同一致：五十一，《藏書志》作「土」。

4. 則習為蔑裂矣：則，《藏書志》無。

5. 皆呼如去聲：皆，《藏書志》下又「當」。

6. 然則亦以時忍切，如啞字：啞，《藏書志》作「哂」。

7. 都江切，如當字，本字椿字：本字，《藏書志》作「本是」。

8. 如洗字，本是當字，本是椿字：當，《藏書志》作「似」；本是椿字，《藏書志》無。

9. 其雞稱齧，癸稱菊、稱韭字之類：癸稱，《藏書志》下有「貴」。故此句當讀為「其雞稱齧，癸稱貴、菊稱韭字之類」。

10. 至讀聖賢之書：賢，《藏書志》作「言」。

11. 其可不知稽其本哉：知，《藏書志》無。

12. 今述《經史正音切韻指南》：今述，《藏書志》作「其或稽者非口授難明，幸得傳者歸正，隨謬者成風，以致天下之書不能同其音也。故僕於暇日

〔註629〕 （清）陸心源《皕宋樓藏書志》，《續修四庫全書》第 928 冊，上海古籍出版社 1996 年版，第 193 頁。

因其舊制，次成十六通攝作檢韻之法，析繁補隙，詳分門類，並私述玄關六段，總括其蘊奧，名之曰《經史正音切韻指南》」。

13. 與韓氏《五音集用》互爲體用：五音集用，《藏書志》作「五音集韻」。

14. 諸用字音：用，《藏書志》作「韻」。

15. 文末，《藏書志》有「末兼附字音動靜，願與朋友共之，庶爲斯文之一助云爾。至元二年歲在丙子良月關中劉鑒士明自序」一節。

趙元進

56／116《重修會通河記》，《全元文》據民國十六年《濟寧直隸州續志》錄文。此文見收於明代謝肇淛所編《北河紀》卷3《河工紀》，今據以校補〔註630〕：

1. 開會通河道：開，《北河紀》作「開挑」。

2. 南至自徐：至自，《北河紀》作「自乎」。

3. 修修築閘：《北河紀》前多「各處」二字。

4. 漕運通濟，乃天下之利也：《北河紀》作「漕運諸貨，官站、民船偕得通濟」。

5. 此河殊無上源：此，《北河紀》作「北」。

6. 必瀹汶注洸：《北河紀》作「必須疏瀹汶水來注於洸」。

7. 西入於兗：入，《北河紀》作「逾」。

8. 合於新河：於，《北河紀》無。

9. 而流邐者出水泛漲：出，《北河紀》作「山」。

10. 下至石磧：石磧，《北河紀》作「石刺之磧」。

11. 漫延一十八里：漫，《北河紀》作「蔓」。

12. 是以水來淺澀，幾不能接於漕運：來、澀、於，《北河紀》無。

13. 都水監丞宋公諱伯顏不花，由中書省譯掾奉命，分治會通河道。睹河水淺小，蓋因上源壅塞之病：《北河紀》作「都水監丞宋公韓伯顏不花擢升斯職」。

14. ：遂差壕寨梁仲祥度地計工：度地計工，《北河紀》作「詣彼度其里步，計其人工」。

15. 時方水冱：《北河紀》作「時方冰冱地凍，難便爲力」。

〔註630〕 （明）謝肇淛《北河紀》，景印文淵閣四庫全書第 576 冊，臺灣商務印書館 1986 年版，第 601～602 頁。

16. 選差壕寨岳嚴董本監並汶上章符等縣人夫七千餘：岳嚴、章符、餘，《北河紀》作「岳聚監」、「餘名」。

17. 備糧具畚：《北河紀》作「備糗糧具畚鍤」。

18. 挑各河之淺：《北河紀》作「挑洗各處河身之淺」。

19. 汶、泗、洸、濟之水：《北河紀》下有「源源而來」一句。

20. 方許放閘：閘，《北河紀》作「牐」。

21. 今漸淤澱：《北河紀》作「近年漸以淤澱」。

22. 今復挑濬：挑，《北河紀》作「淘」。

23. 水常澆灘：《北河紀》前多「已深」。

24. 以寬就纖：就，《北河紀》作「檈」。

25. 會源閘北元有濟河舊跡：會，《北河紀》無。

26. 再委壕寨岳嚴領夫千名：嚴，《北河紀》作「聚」。

27. 水勢公流：公，《北河紀》作「分」。

28. 予採摭其實：予，《北河紀》下有「乃」。

王元恭

56／150《至正四明續志序》，今據《皕宋樓藏書志》卷32校〔註631〕：

1. 辨封域：辨，《藏書志》作「辯」。

2. 舊有志，暨入國朝：舊，《藏書志》無。

3. 會部使者瞻思巡行至郡：公，《藏書志》作「父」。

4. 補其闕略：闕，《藏書志》作「缺」。

5. 至正二年壬午三月既望：二，《藏書志》作「元」。

江光啓

56／160《送姪濟舟售硯序》，《全元文》據四庫本《新安文獻志》錄文。此文另載於明代汪舜民《弘治徽州府志》卷11《詞翰一》〔註632〕、清代蔣光煦《東湖叢記》卷4〔註633〕

〔註631〕 （清）陸心源《皕宋樓藏書志》，《續修四庫全書》第928冊，上海古籍出版社1996年版，第356頁。

〔註632〕 （明）汪舜民《弘治徽州府志》，《天一閣藏明代方志選刊》本，上海古籍書店1982年版。

〔註633〕 （清）蔣光煦《東湖叢記》，遼寧育出版社2001年版，第84～85頁。

1. 次曰羅紋坑：紋，《府志》、《叢記》均作「文」。
2. 平視之：平，《叢記》無。
3. 側睨之：睨，《叢記》作「視」；之，《叢記》無。
4. 蓋石之精吐出光彩以爲絲也：精，《叢記》作「精華」。
5. 發數都夫力：都，《叢記》作「郡」。
6. 乃採他山頑黝滑枯麤糙而有絲紋之石銜於舊坑之下：麤、銜，《叢記》作「植」、「炫」。
7. 而眞石卒不售：而，《叢記》無。
8. 「暗而黝」至「夾路絲石」、「得之者反包之」至「則無爲疑而速行也」、「予年於濟舟」至「以告願知硯者」、「六十年間」至文尾：《叢記》無。
9. 不知何年再辟：辟，《叢記》作「闢」。
10. 今至元五年十月二十八日夜堙：元，《叢記》作小字注文「疑有脫誤」。
11. 聲如驚雷：驚，《叢記》無。
12. 禽驚獸駭：禽，《叢記》作「鳥」。

徐抗翁

56／173《市淮河記》，《全元文》據清乾隆十五年刻本《當塗縣志》錄文。此文另見《乾隆江南通志》卷 66《河渠志》〔註 634〕、清代沈葆楨等修、何紹基等纂《光緒重修安徽通志》卷 68〔註 635〕，二書所收文本相同。今以《乾隆江南通志》校：

1. 市淮河記：淮，《江南通志》無。
2. 府治西舊有市淮河：淮，《江南通志》無。
3. 南起姑孰，北折襄城：孰、折，《江南通志》作「溪」、「抵」。
4. 水土口墊：□，《江南通志》作「鹵」。
5. 口病隘湫：□，《江南通志》作「民」；隘湫，《江南通志》作「湫隘」。
6. 永嘉陳君昌來司郡獄：郡，《江南通志》作「都」。
7. 太平地形便市河，口有之：□，《江南通志》作「舊」。
8. 而今復之，理宜易：《江南通志》無。
9. 然以八十年之堙塞，長老口孫所不識：《江南通志》作「然堙塞八十年」。
10. 今遽濬之，勢則甚難：《江南通志》作「今欲復還其舊，不已難乎」。

〔註 634〕　（清）趙宏恩纂修《乾隆江南通志》，四庫全書本。
〔註 635〕　（清）沈葆楨等修、何紹基等纂《光緒重修安徽通志》，清光緒四年刻本。

11. 惟患承之不立，至誠可貫金石，況復舊乎：《江南通志》作「不然。惟患誠之不立，至誠可以貫金石，矧復舊耶」。

12. 府從其請：請，《江南通志》作「議」。

13. 捐己帑，以倡以率，官吏軍民，均樂效力：《江南通志》作「捐帑以倡，眾皆樂於效命」。

14. 凡募夫五千餘名：名，《江南通志》無。

15. 經始於至正元年八月，明年夏閏五月完：《江南通志》作「經始於至治元年八月，明年閏五月卒事」。

    按：至正二年（1342）無閏月。至治二年（1322）閏五月。《江南通志》所記是。

16. 「南至天井閘」至「是以」：《江南通志》無。

17. 潮汐通江海：通江海，《江南通志》作「與海通」。

18. 槐柳蔭翳於兩傍：傍，《江南通志》作「旁」。

19. 疏其匯，而氣愈精爽也：《江南通志》無。

20. 「郡人錄其事以求記」至文末：《江南通志》無。

56／189 曹道振《豫章羅先生文集後序》，今據明成化七年刊本羅從彥《豫章羅先生文集》〔註636〕、清代陸心源《皕宋樓藏書志》卷82〔註637〕校：

1. 嘗欲搜訪文集：文集，《文集》、《藏書志》均作「為文集」。

2. 則繫以五年譜：五，《文集》作「入」，《藏書志》作「為」。

3. 曹道振謹識：《文集》、《藏書志》前有「延平沙邑」。

盧熊

56／182《烈士王世淳志略》，《全元文》據清末抄本《崑山先賢冢墓考》錄文。檢明代朱珪《名跡錄》卷4〔註638〕、又載《吳郡文編》卷201〔註639〕，有《故王子厚墓誌銘》一文，知《烈士王世淳志略》係《故王子厚墓誌銘》之節本。錄文如下：

〔註636〕《宋集珍本叢刊》第32冊，線裝書局2004年版，第376頁。
〔註637〕（清）陸心源《皕宋樓藏書志》，《續修四庫全書》第929冊，上海古籍出版社1996年版，第490～491頁。
〔註638〕（明）朱珪《名跡錄》，景印文淵閣四庫全書第683冊，臺灣商務印書館1986年版，第67頁。
〔註639〕（清）顧沅輯《吳郡文編》第6冊，上海古籍出版社2011年版，第25頁。

子厚諱世淳，姓王氏，蘇州崑山人。大父珪，父忠義，母魏氏。子厚生平孝友以親，老試吏爲州書佐。遇事簡直，遭時多故，念吏不堪爲。夙夜感歎，遂以洪武元年四月乙丑自沉婁江而死，春秋四十有八。娶金氏，子男二人，曰謙、曰復；女二人，壻曰歸德、曰全濟、男女四人。其父以五月丙申，藏其骨於馬鞍山之東岡。嗚呼悲夫！銘曰：嗟嗟子厚，離世氛兮。發憤捐，生從靈均兮。返骨山岡，償夙願兮。陵谷變遷，尚永安兮。范陽盧熊撰。

56／183《盧氏墓誌》，《全元文》據民國十二年刻本《昆新兩縣續修合志》錄文。檢朱珪《名跡錄》卷4、《吳郡文編》卷210〔註640〕，有《故劉府君妻盧氏墓誌銘》一文，知《盧氏墓誌》係《故劉府君妻盧氏墓誌銘》之節本，錄文如下：

吳郡盧熊祖妣呂氏之卒，葬於崑山縣西北馬鞍山後。初，熊之姑名柔正者，實彭城劉府君諱珍之妻也。府君有子輒夭，年望五十而歾。兩女皆已嫁爲士人妻。姑年始四十，復撫其孤女三人，依熊之父居焉。其後，熊父爲擇周英、徐孚爲壻，養於家。吳妻卒，復以季女歸之姑，歲時往來，哭熊祖妣焉，哭熊之父焉，哭熊之母焉，而姑亦老矣。洪武建元，戊申，熊自江寧奔母喪，還。未期而姑遂卒。烏乎！其可悲也矣。劉府君葬吳縣高景山，今既不克祔，英遂奉其柩葬於呂氏墓次。今年庚戌，始勒石爲志碑，熊書之。熊之曾祖鑒，宋平江府待補進士。祖有常，隱居不仕。其先龍興武寧人也。（按：以下，《吳郡文編》缺）銘曰：盧女劉婦字幼禎，家世儒者耀厥聲。弦琴誦詩壼範成，相夫祀事致潔清。孝慈婉順播德馨，嫠居廿載難成。生撫育外孫惠均平，世壽六十有四齡。屠維作噩屆朱明，下從慈母歸冥冥，中峰之藏維永寧。

陳元明

56／199《重修義帝廟記》，《全元文》據清希古樓刊《八瓊室金石補正》錄文，文中闕文、泐字甚多。今據明代胡漢纂修《萬曆郴州志》卷12《秩祀志》校補〔註641〕：

1. 天下已無秦□：□，《郴州志》作「矣」。

〔註640〕　（清）顧沅輯《吳郡文編》第6冊，上海古籍出版社2011年版，第159頁。
〔註641〕　（明）胡漢纂修《萬曆郴州志》，《天一閣藏明代方志選刊》本，上海古籍書店1982年版。

2. （缺）特骰函之戍卒：（缺），《郴州志》作「夫何虎筮之秦，未竟而蜂
   起者」。

   按：原文「缺」爲小字，今改爲與正文同號字，並加括號，便於區分。
   　　下同。

3. 天下（缺）之犬馬皆有憤色：（缺），《郴州志》作「之所共謀，自懷王
   入秦不反，楚」。

4. 沛然莫（缺），復立楚後：（缺），《郴州志》作「之禦矣故范增以奇計說
   項梁」。故此句當讀爲「沛然莫之禦矣，故范增以奇計說項梁復立楚後」。

5. 口想其國造草昧：□，《郴州志》無。

6. 難慓悍禍賊：《郴州志》無。

7. 約以（缺）義主也：（缺），《郴州志》作「先入定關中者王之德音英屬
   眞」；主，《郴州志》作「王」。故此句當讀爲「約以先入定關中者王之，
   德音英屬，眞義王也」。

8. 率三軍爲之縞素（缺）：（缺），《郴州志》作「而關中全璧，遂稅駕於山
   東之隆準矣」。

9. 外則君臣，口爲人倫：□爲，《郴州志》作「之」。故此句當讀爲「外則
   君臣之人倫」。

10. 酈生陳此義，（缺）名既正：（缺），《郴州志》作「而不全齊此羽之敗不
    待其走死垓下順逆之」。故此句當讀爲「酈生陳此義而不全齊，此羽之
    敗不待其走死垓下。順逆之名既正」。

11. 可畏□□陵在郡之西：□□，《郴州志》作「也哉義」。故此句當讀爲「可
    畏也再。義陵在郡之西」。

12. 歲月，（缺）餘耳：（缺），《郴州志》作「雲駛陵谷遷變朽敗圮傾所存者
    僅風雨之」。故此句當讀爲「歲月雲駛，陵谷遷變，朽敗圮傾，所存者
    僅風雨之餘耳」。

13. 「口昔繇尙書直省舍人」至「日不暇給」：《郴州志》無。

14. （缺）臣之義：（缺），《郴州志》作「公務之餘因謁廟升陵感慨不已
    謂君」。故此句當讀爲「公務之餘，因謁廟升陵，感慨不已，謂君臣
    之義」。

15. 不可□□□，□□□□□：此句《郴州志》「不可不以理，即召臣計財」。

16. 故者飾之：飾，《郴州志》作「新」。

17. 其購木石餉工，（缺）民而趨事赴功者，皆不籲而集：購，《郴州志》作「構」；（缺），《郴州志》作「匠皆公捐己俸為之無取於官無需於」；吁，《郴州志》作「令」。故此句當讀為「其購木石餉工匠，皆公捐己俸為之，無取於官。無需於民，而趨事赴功者，皆不令而集」。

18. 既而□□□□□□□□：□□□□□□□□，《郴州志》作「祠宇崢嶸金壁昭然」。

19. （缺）□曰，噫：《郴州志》作「而帝之靈又可以少慰矣，屬予記之。余嘻」。

20. □□□□□□□。無諫者：□□□□□□□，《郴州志》作「羽謀弒逆而群臣寂」。故此句當讀為「羽謀弒逆，而群臣寂無諫者」。

21. 何審於始而昧於（缺）。尊王之義：（缺），《郴州志》作「終也昔管仲相桓公霸諸侯以其倡」。故此句當讀為「何審於始而昧於終也。昔管仲相桓公，霸諸侯，以其倡尊王之義」。

22. 而自□□□□□□□□：□□□□□□□□，《郴州志》作「立為西楚霸王者哉」。

23. 拔山力盡，四面登。（缺）籲：（缺），《郴州志》作「歌方且誆之曰此天亡我非戰之罪」。故此句當讀為「拔山力盡，四面登歌，方且誆之曰：『此天亡我，非戰之罪』」。

24. 知咎天而不知逆天：不知，《郴州志》下有「罪之」。

25. 猶斬將□□□□□□□□：□□□□□□□□，《郴州志》作「刈旗以奮其匹夫之勇」。

26. 而懷王廟（缺）者：（缺）者，《郴州志》作「祀於郴矣。余固有所感。痛惜乎首謀立楚後」。

27. 夫□野公能明大義：□，《郴州志》作「疇」。

28. 使君臣之（缺）知所畏憚：（缺），《郴州志》作「分昭然而亂臣賊子」。

30. 「遂銘之」以後，《全元文》多闕文，同時句讀頗多錯誤。《郴州志》作：「遂銘之曰：

君臣有義，人之大倫。乾坤大矣，帝豈陽尊？灞水龍興，中原鹿逐。重瞳之子，乃逞其欲。入關負約，構怨遂深。哀哀義帝，竟殞於郴。楚祠古木，維義之陵。千秋萬歲，乃潔明禋。監郡賢侯，修舉廢墜。植立綱常，彝倫攸敘。郴山矗矗，郴水洋洋。風悲日曛，山高水長，亂臣賊子，靡有弗敗。我

作此銘，將以垂戒。至正乙酉八月吉日賜景進士出身將士郎天臨路長沙縣丞陳元明撰」。

楊士弘

56／226《唐音序》，今據陸心源《皕宋樓藏書志》卷116校〔註642〕：

1. 古之人不獨專其美：專，《藏書志》作「自專」。
2. 然亦多主晚唐矣：主，《藏書志》作「主於」。
3. 亦皆晚唐人之詩：之，《藏書志》無。
4. 大抵多略盛唐而詳於晚唐也：略，《藏書志》下有「於」。
5. 流通神明而已：神明，《藏書志》作「精神」。
6. 文末，《藏書志》有「後學襄陽楊士弘謹誌」。

張士堅

56／251《崇明州遷建儒學記》，《全元文》據明洪武十二年抄本《蘇州府志》錄文，今據明代錢穀《吳都文粹續編》卷7校〔註643〕：

1. 民社屋宇簡樸陋陋：陋，《文粹續編》作「隘」。
2. 勿良於圖：勿，《文粹續編》作「弗」。
3. 有條有苑：苑，《文粹續編》作「紀」。
4. 德化霑溉：霑，《文粹續編》作「沾」。
5. 達魯花赤唐兀臺氏八里顏公：《文粹續編》作「達嚕噶齊唐古特氏巴哩顏公」，係清代譯改。
6. 以備絃誦：絃，《文粹續編》作「弦」。
7. 噴選木石林匠：噴、林，《文粹續編》作「資」、「材」。
   剔蠹拉朽益新採堅學正任克明與朱禎等實相經營之工始於至正十二年秋八月至多十二月告成
8. 殿宇門廡雅合法故：故，《文粹續編》作「度」。
9. 齋堂庖湢聿恢舊規：恢，《文粹續編》作「佐」。

〔註642〕（清）陸心源《皕宋樓藏書志》，《續修四庫全書》第929冊，上海古籍出版社1996年版，第624～625頁。
〔註643〕（明）錢穀《吳都文粹續編》，景印文淵閣四庫全書第1385冊，臺灣商務印書館1986年版，第180頁。

10. 髹漆勿佟而章：勿，《文粹續編》作「弗」。

11. 捨菜落之，神人惟慶：捨、惟，《文粹續編》作「釋」、「懽」。
    里人楊文驥來謁記故不可辭夫學校之設

12. 非若衣帛錢各尤切於民生日用：衣、各，《文粹續編》作「布」、「谷」。

13. 漸磨淪浹：磨、浹，《文粹續編》作「摩」、「浹」。

14. 知何從知之：知，《文粹續編》作「民」。

15. 素晦勿究故也：勿，《文粹續編》作「弗」。

16. 二侯推治體深之要：推治體，《文粹續編》作「惟體治」。

17. 生聚實繁：實繁，《文粹續編》作「日繁」。

18. 北遷既寧：北，《文粹續編》作「比」。

19. 叔降有常：叔降，《文粹續編》作「敘秩」。

湯植翁

56／253《金石例序》，今據陸心源《皕宋樓藏書志》卷 118 校〔註644〕：

1. 金石之篆刻具有體制：之，《藏書志》下有「所」。

2. 其用心亦以勤矣：此處有脫文。此句下《藏書志》有「公之子敏中寶其手澤，罔敢失墜，宦遊四方，必載與俱。其在番易，復刊是編，以廣其傳，且與吾黨共之」。

3. 文物昭於盛事：事，《藏書志》作「世」。

陳世昌

56／275《南湖賦》，《全元文》據民國十四年《秀水縣志》錄文，今據《歷代賦匯》卷 27《地理》校〔註645〕：

1. 介吳越之疆：介，《賦匯》作「界」。

2. 若乃其流源委也：流，《賦匯》無。

3. 西控禦兒：控，《賦匯》作「撫」。

4. 灌水叢泓：水，《賦匯》作「木」。

〔註644〕　（清）陸心源《皕宋樓藏書志》，《續修四庫全書》第 929 冊，上海古籍出版社 1996 年版，第 647 頁。

〔註645〕　（清）陳元龍輯《歷代賦匯》，江蘇古籍出版社、上海書店 1987 年版，第 116 ～117 頁。

5. 翠荇牽絲，紅蕖濯錦：《賦匯》作「紅蕖濯錦，翠荇牽絲」。

6. 雜以蚌螺：蚌，《賦匯》作「蜆」。

7. 帥爾雲遮：帥，《賦匯》作「倏」。

8. 鳥則鴛鴦、鵁鶄、鳧鷺、舂鋤：舂鋤，《賦匯》作「舂鉏」，是。

　　按：《爾雅・釋鳥》：「鷺，舂鉏」，恰與前舉各鳥相應。

9. 起如飄風：如，《賦匯》作「若」。

10. 青莎綠堤：綠，《賦匯》作「緣」。

11. 列綺席，間青歌：青，《賦匯》作「清」。

12. 既利且多：利、多，《賦匯》作「麗」、「都」。

13. 非伊人之所恆：非，《賦匯》作「匪」。

14. 唐名臣實為風氣之所聚：唐，《賦匯》作「有唐」。

15. 乃謂之歌曰：謂，《賦匯》作「為」。

楊本

56／285《金石例序》，今據陸心源《皕宋樓藏書志》卷 118 校〔註646〕：

1. 金石例序：《藏書志》作「蒼崖先生金石例序」。

2. 率本韓愈氏：本，《藏書志》作「祖」。

3. 彪分昈列：昈，《藏書志》作「臚」。

4. 猶襲纖中巧：中，《藏書志》無。

5. 乃述是□以授學者：□，《藏書志》作「書」。

6. 後之人當知是書有功於斯文不淺也：淺，《藏書志》作「細」。

7. 有《蒼崖類稿》若干卷：卷，《藏書志》下有「云」。

8. 鄱陽後學楊本：楊本，《藏書志》下有「敘」。

陳誼高

56／311《雲夢賦》，《全元文》據清康熙《茶陵縣志》錄殘文。實則全文見載明代廖道南《楚紀》卷 23《昭文外紀前篇》〔註 647〕、清陳雲龍

〔註646〕（清）陸心源《皕宋樓藏書志》，《續修四庫全書》第 929 冊，上海古籍出版社 1996 年版，第 646～647 頁。

〔註647〕（明）廖道南《楚紀》，《北京圖書館古籍珍本叢刊》第 7 冊，書目文獻出版社 1990 年版，第 357 頁。

《歷代賦匯》卷 29《地理》〔註 648〕。今以《楚紀》錄文，以《歷代賦匯》參校：

覽東南之巨漫兮，渺乾坤其若浮。罔盡夫荊之爲藪兮，塞將泝其源之流。惟九州之有澤兮，羌荊州之雲夢。表二澤之互衍兮，跨 ⁷南北以相控。原夫澤之爲量兮，水既瀦而不溢。波眾流之交會兮，自遒遒以秩秩。若宇宙之再造兮，揭禹功於九年。俾五行之攸敘兮，乃迄今兮安其天。吾乘流而艤其側兮，極空摩而潤淵。洲莽莽而不盡兮，汀藹藹而含煙。亂風飆之往來兮，通巴峽於湘川。綰青山之一髻兮，結襄漢之袤延。當春波之泛泛兮，涓四際於一區。及寒濤之浸碧兮，勢已殺於兩湖。征鴻飛而沒影兮，涵元氣於冥無。舞魚龍之夭矯兮，雲垂垂而奔趨。映殘霞之錯落兮，祝融蒼茫而欲晡。原桑麻之施施兮，隰禾黍之離離。岸蘭芷之菲菲兮，芳渚繚其江蘺。緬懷楚子之遊田兮，佩明月而冠雲。排千乘之旌騎兮，紛馳驟於水濱。知走獸之是獲兮，豈得非熊以致君。嗟漢高之僑遊兮，未必臨幸乎此中。笑齊風之雖大兮，終愧夫汨羅之孤忠。聽鈞天於洞庭兮，居八九於心胸。洗往事之芥蒂兮，乃北望夫清都。睊雲夢於萬里兮，奠南服於一隅。其藪澤之所聚兮，皆材用之所需。決天下之疑兮，有大龜之納錫。用天下之武兮，有笞桔之勁直。成天下之禮兮，況菁茅之生植。矧秉心以淵注兮，攄朝宗之萬一。乃爲之歌曰：雲夢瀦兮流海澨，士楚產兮貢天府。秋風兮木葉下，洞庭波兮恍萬舞。俯伏兮端門，奏簫韶兮帝所。

1. 漫，《賦匯》作「浸」。
2. 若，《賦匯》作「浮」。
3. 罔，《賦匯》作「此未足以」。
4. 夫，《賦匯》無。
5. 惟，《賦匯》作「維」。
6. 互衍：《賦匯》作「橫互」。
7. 跨，《賦匯》下有「江」。
8. 波，《賦匯》作「匯」。
9. 遒遒，《賦匯》作「循道」。
10. 九，《賦匯》作「萬」。
11. 艤，《賦匯》作「橇」。

〔註 648〕 （清）陳元龍輯《歷代賦匯》，江蘇古籍出版社、上海書店 1987 年版，第 123 頁。

12. 摩，《賦匯》作「閒」。

13. 潤，《賦匯》作「深」。

14. 洲，《賦匯》作「天」。

15. 汀，《賦匯》作「河」。

16. 飆，《賦匯》作「帆」。

17. 兮，《賦匯》無。

18. 於，《賦匯》作「而」。

19. 髻，《賦匯》作「發」。

20. 泛泛，《賦匯》下有「元」。

21. 涓，《賦匯》作「捐」。

22. 於，《賦匯》作「而」。

23. 奔趨，《賦匯》作「水立」。

24. 渚，《賦匯》作「洲」。

25. 冠，《賦匯》下有「切」。

26. 知，《賦匯》前有「但」。

27. 嗟，《賦匯》無。

28. 風，《賦匯》作「封」。

29. 聽鈞天於洞庭兮，《賦匯》作「塞天地於一浩兮」。

30. 桔，《賦匯》作「楛」。

31. 矧，《賦匯》作「豈無」。

32. 淵，《賦匯》作「東」。

33. 澔，《賦匯》作「土」。

34. 木葉下，《賦匯》作「策策」。

35. 奏簫韶兮帝所，《賦匯》作「聽鈞天兮帝所」。

孔思文

56／319《恢復上猶縣儒學基田記》，《全元文》據清同治七年刊《南安府志》錄文。今檢明代劉節《嘉靖南安府志》卷 16《建置志二》，亦載有此文。比勘文本，《同治南安府志》文本脫訛甚多。今據《嘉靖南安府志》校補〔註649〕：

〔註649〕 （明）劉節《嘉靖南安府志》，《天一閣藏明代方志選刊續編》第 50 冊，上海古籍書店 1980 年版，第 693～695 頁。

1. 猶庠宮牆之內東西隅：《府志》前有「我聖人殿宇基隕，祿贍猷猷，朝家所以優崇名，湛亙善治，職其下者。有增而無失，有興而無廢，乃其分也」。

2. 狡焉者盜而據之：狡焉者，《府志》作「學司計張」。

3. 建樓爲楹：《府志》下有「三十有五西偏簷垣」。

4. 至迫大成門左：《府志》下有「升堂者遂緣欞星三門瞰泮池，以出入東北隅，與郡公田相接。點隣劉者誣侵公田，令均輸粟。是者曾不以爲異，蠧宮廩額之內豪家」。

5. 點胥又盜學田爲己產，來詰者視其可罔則罔之，其不可罔者則私之：此句，《府志》作「點胥至有盜學田爲己產，威農租以自殖。來告焉者視其可罔則遂罔之，其不可罔則私之」。

6. 知者亦狃其利，而謂上猶之地：而，《府志》作「不自覺其欺謂上猶之地爲據」。

7. 山崎峻而水激括：山，《府志》前有「贛江上流」。

8. 民俗陰忨自厚：民，《府志》上有「故」。

9. 不惟不能有所增光：光，《府志》作「亢」。

10. 而且以失其故，前此之設者，可勝責哉：《府志》作「而且以因循失其故有前是之幾何其可勝責也」。

11. 豫章楊蔚秉鐸斯地：秉鐸斯地，《府志》作「近其間」。

12. 屋宇之未毀者籍而稅之：此句，《府志》下有「欞星傍建縣學一門，門內甃左升一道」。

13. 始不頗僻：《府志》下有「誣侵公田者特正其僞，籍均輸粟始得免」。

14. 繼察盜收學租者：繼察，《府志》下有「禮信鄉之」。

15. 籍入之：籍，《府志》下有「而」。

16. 庶可望以不替：庶可，《府志》下有「望以」。

17. 是舉也，有提舉范公匯行之：《府志》作「蔚之言曰：前是舉也，有江西提舉范公匯爲行之」。

18. 有南安別駕、前國子進士字羅公決之：決之決之，《府志》上有「能」。

19. 又有上猶長博魯舉令尹宋德延因成之：長，《府志》作「邑長」；成之，《府志》上有「因」。

20. 前殿中侍御史哈麻公謫居茲邑：而，《府志》作「其恢復之文移，則由提舉司達之郡及有有司；其恢復之公據，則由縣有司成事，以附之學籍。司僚署焉，簿正領焉，蓋爲明足以察之，義足以斷之，材足以行之，故獨可以毋負聖人，得事其職分所當爲也。若夫捐己俸以修廟學，繪東西廡從祀，章服、名數訛於昔者，按禮以正之。會食堂弗支，倡儒士撤舊以新之。時會邑俊秀習舉子業而課講不輟」。

21. 而講益弗倦：益，《府志》無。其下有「其志之所存，概可見矣。嗚呼！安得如楊者徧天下之郡邑，以略祛其弊也」。

22. 凡學校養無可人意者：養，《府志》下有「作興略」。

23. 使勒石：《府志》作「爲書之，俾勒諸石，以爲來者勸」。

24. 時至正乙酉年秋九月也：年，《府志》無。

張止

56／331《浙西廉訪司照磨所明照堂記》，《全元文》據清康熙二十六年《仁和縣志》錄文。文中泐字甚多，以致句讀多誤。今據明代沈朝宣《嘉靖仁和縣志》卷 14《紀遺・紀文》予以校補〔註650〕：

1. 顏其堂曰明照：顏，《縣志》作「隸」。

2. 余鞠事至：余，《縣志》作「予」。

3. 吾與郡使昔在憲臺共事七年：七年，《縣志》下有「云云」。

4. 以志將來：志，《縣志》作「誌」。

5. 余以交遊久不克書：余、久、書，《縣志》作「予」、「有」、「辭」。

6. 遂以其功於風紀者以發其意：功，《縣志》作「切」。

7. 口與執憲相例：□，《縣志》作「日」。

8. 論讓言談：讓，《縣志》作「諫」。

9. 明兩作而爲離者，有德之才，大概繼明之象：此句，《縣志》作「明兩作而爲離，有德之大人，觀離明之象」。

10. 維其明德以照臨於四方：維，《縣志》作「繼」。

11. 況乎此口事口省有時而劇：□、□，《縣志》作「職」、「雖」。

12. 行掌案牘：行，《縣志》作「犴」。

13. 又有患乎轇轕紛挐：又有，《縣志》作「何」。

〔註650〕 （明）沈朝宣《嘉靖仁和縣志》，清光緒刻武林掌故叢編本。

14. 雖事從脞而至：事，《縣志》作「自」。

15. 豈出吾之權衡：豈，《縣志》下有「能」，是。

　　按：與下句「豈能爲吾之金條」句式相同。

16. 豈能爲吾之金條：爲、金，《縣志》作「違」、「令」。

17. 將一照而無意：意，《縣志》作「遺」。

18. 夫已然之所，求常不明：此句，《縣志》作「夫已然之明未嘗不明」。

19. 知既致所盡已然之，明所乎遠，達乎幽：所、所，《縣志》作「斯」、「極」。故此句當讀爲「知既致斯。盡已然之明，所乎遠，達乎幽」。

20. 吾心德□明□□□其明者則無分焉：□、□□□，《縣志》作「之」、「所以並」。

21. □□□□□□□□□，夜則明。火與燭、與螢遇時，則□□□□□□□□能破暗，星與月能燭幽□□□□□□□能照天下也：此句，《縣志》內容完整，作「日遇畫則明，月與星遇夜則明；火與燭與螢遇晦則明。螢能自用火，與燭能破暗星，與月能燭幽，俱不如日之光能照天下也。」

22. 照□□□□□□□，予與日虹明而無分，爲微掩之，於是□□□□□□日也：此句，《縣志》作「昭晰焜燿，光燭上下，與日並明而無分，爲欲掩之。於是昏如浮雲之蔽日也」。

23. 無一毫之免□？□□□明無所不照□而推之，照上下皆不可能乎。□□□堯舜之爲君：此句，《縣志》作「無一毫之盟，則心體長明，無所不照。擴而推之，則上下皆不可離乎此道也。堯舜之爲君」。

24. 以□天下之化：□，《縣志》作「成」。

25. 至於皋陶、稷、契之爲臣，亦不過廓□之明：陶、□，《縣志》作「夔」、「心德」。

26. 以作成天下之化也：作，《縣志》作「佐」。

27. 照□方者，□官□□而至於耳目之寄，則海內之□□□□□□：□、□、□□、□□□□□□，《縣志》作「一」、「庶」、「也晉」、「姦邪生民之利病」。故此句當讀爲「照一方者庶官也。晉而至於耳目之寄，則海內之姦邪、生民之利病」。

28. 則職□□□□□□以諫言者，明其所以。言糾者，則其所以□□者，明其所以察也：□□□□□□、□□，《縣志》作「曠諫者明其所」、「糾察」。故此句當讀爲「則職曠諫者明其所以諫，言者明其所以言，糾者明其所以糾，察者明其所以察也」。

29. 明之所以施者，當及之□□□未口者，當晦之：此句，《縣志》作「明之所已施者，當及之，明之所未施者，當晦之」。

30. 崇重□□□不還明：《縣志》作「崇重風紀莫不選明」。

31. 不如此不足以至澄□□□昏昏者：至、□□□，《縣志》作「致」、「清若以」。故此句當讀爲「不如此不足以致澄清。若以昏昏者」。

32. 令行則姦邪□□跡：□□，《縣志》作「屏」。

33. 目舉則成宣政成矣：矣，《縣志》作「云云」。

34. 九功，名□：□，《縣志》作「馭」。

涂幾

56／406《感遇賦》，《全元文》據四庫本《歷代賦匯》錄文，今據光緒間雙梧書屋俞樾校本《歷代賦匯》校〔註651〕：

1. 薦唧咀以爲羞：唧咀，《賦匯》作「蜘蛆」。

2. 終音書之不可託兮：兮，《賦匯》作「矣」。

56／440 李穡《益齋先生亂稿序》，今據陸心源《皕宋樓藏書志》卷110 校〔註652〕：

1. 動盪發越：越，《藏書志》作「起」。

2. 朝之大儒縉紳先生：縉，《藏書志》作「摺」。

3. 凡所爲閎博絕特之觀：爲，《藏書志》作「謂」。

4. 又何少哉：少，《藏書志》作「小」。

5. 況少子乎：少，《藏書志》作「小」。

6. 人輒藏之：人，《藏書志》前有「而」。

7. 命予序：予，《藏書志》作「余」。

8. 不敢讓，姑誌所見云：讓姑，《藏書志》作「姑讓」，誤。

9. 《藏書志》文末有「至正二十三年正月初吉前奉翰林文字承事郎同知制誥兼國史院編修官正順大夫密直司右代言進賢館提學知制充春秋館修撰官知軍簿司事韓山李穡序」。

〔註651〕 （清）陳元龍輯《歷代賦匯》，江蘇古籍出版社、上海書店 1987 年版，第573 頁。

〔註652〕 （清）陸心源《皕宋樓藏書志》，《續修四庫全書》第 929 冊，上海古籍出版社 1996 年版，第 558～559 頁。

汪仲魯

56／412《七哀辭》之一（余闕）、之四（汪尚書、鄭待制、程禮部、王進士）。今考汪仲魯《七哀辭·序》言：「仲魯竊哀平日交遊，取益為師若友者，其守節服義無所屈撓，凡七人焉。其間如汪尚書澤民、余左丞闕、鄭待製玉、陳狀元祖仁，皆名著史傳。其未見載錄者，程禮部文、王進士說、朱縣尹倬三人爾。感而哀悼，前後歲月不同，茲錄為一卷，以便觀覽。序紀其實，辭達乎情，情義所存，風所繫也哉」，則《七哀辭》分詠七人。《全元文》編者未睹《七哀辭》全文，據清康熙二十五年《懷寧縣志》錄余闕傳、據《弘治徽州府志》錄汪尚書、鄭待制、程禮部、王進士四傳，因而割裂全篇。實則《七哀辭》，明程敏政《新安文獻志》卷 49《辭》、《古文輯略》均載有全文，哀辭順次為汪尚書、余左丞、鄭待制、陳尚書、程禮部、王進士、朱縣尹。今據《新安文獻志》補陳狀元、朱縣尹二人之傳〔註653〕：

陳狀元

瀋儀陳狀元，名祖仁，字子山，壬午科以漢南第一人登第。廷對策忠厚懇切，天下傳誦，謂有漢意。由翰林編修遷太常博士，以憂還京口。辛卯春來新安，以葛元哲、高則誠二進士書，邀趙汸子常與仲魯，偕遊黃山。孜孜講學，不少輟，論詩法甚詳。別後，數書相規勉，期望殊切。且言天下將多事，惟紹興風俗淳厚，薪米易得，約同遷於是，以待天下寧晏。更以兵阻，不相聞。近觀史傳，方知其在朝奏議折奸扶危，忠君愛國辭氣端確，昭如日星。終死於義，是故追悼之以辭。其辭曰：

瞻黃山之嶕崒兮，三十六之奇峰。念昔陳子山兮，來躡仙子之遐蹤。招予與同遊兮，駕天風而戾止。朝浴乎丹砂之泉兮，夕攬乎玉蓮之芳蕊。凌天都之峻絕兮，以周觀乎八紘。慨生民之庶富兮，化殆漸乎四溟。何風濤之蹴天兮，乃予違而遊乎蓬島。群仙虬夫燕逸兮，至於君豈同造。舟顛覆而將伯助兮，終莫救其摧隳。大廈勢已傾壞兮，夫豈一木之能支。九廟棄弗顧兮，輿翠鈿以自隨。君徬徨將安適兮，當奉主而北馳。成敗詎能計兮，矢吾心而靡渝。恭執事兮，登載車排。國門而出兮，死生與俱。竟殺身兮，委骨丘墟。皇天鑒厥精誠兮，魂昭陟乎帝之居。曾日月之幾何兮，丹青著其名譽。披史

〔註653〕（明）程敏政《新安文獻志》，四庫全書本。

傳而長太息兮，悼往昔之無已。軒轅峰猶萬仞兮，倚寒空而遙峙。哀見君而不再得兮，颯秋風之夕起。

朱縣尹

遂安縣尹朱倬，字孟章，歲辛巳領江西鄉薦，登壬午第，授某州同知，以憂家居。服闋，授文林郎、遂安縣尹。庚寅，同考江浙鄉試。既出院，會於椽郎葛元哲之坐，因詢仲魯《詩經》「無封靡於爾邦」義，作如何破題，答曰：「已在孫山之外，夫復何言。」元哲云：「此友非特詩義高，賦尤高，一破自當首薦。」因謂之曰：「崇德報功之典，賞延於後世；修道全德之化，法本乎前王。詠歎之至者，感慨之深也。」孟章愕然曰：「此篇已錄全文在卷中，諸公同擬作本經魁。」竟尋賦策，未見移文謄錄，彌封所亦對字號不同，誰不惜之？且索角端賊，元哲曾錄之出，與之觀，三復擊節稱歎，元哲又曰：「此公志存乎古人之學，得失不掛諸念。」由是孟章相與遊情義。甚至且與李廉諸公皆來相見。因約來春過遂安、明年春。仲魯往留一月。嘗自歎曰：「倬登科十年，未霑寸祿，其命也夫。」仲魯應曰：「不患無位，患所以立。故君子行己立身，惟安義命，不以外至者動其心也。」孟章殊服此言。壬辰秋，寇由開化趨遂安，吏卒逃散。孟章大書於坐曰「生為大元臣，死為大元鬼。禍患從天來，不死復何以？」乃坐公所以待盡。寇以邑虛無人而焚之，火逮廨舍，乃赴水。死後竟無傳其事者，可哀也哉。追悼以辭。其辭曰：

疾風兮草萎，勁節兮靡移。繄遂安之賢尹兮，屬貞操其匪虧。邑小而荒僻兮，氓其蚩蚩。令初下車兮，即興學而誦詩。夙夜孔勤兮，化洽而民熙。一朝寇忽臨兮，靡兵備其執禦。民駭而卒逃兮，誰與獨處。寇豕突茲邑墟兮，劃煙燼其棟宇。予執死不二兮，天明明其吾與。夙披簡冊兮，矢致身乎忠良。況瓊林之燕集兮，堯舜君民之有望。憶武林之嘉會兮，豈徒事彼文章。行與義之有在兮，憲聖謨之洋洋。歲忽忽其已遠兮，心耿耿其莫忘。川悠悠而波逝兮，山靄靄而雲驤。思賢令之不可見兮，長向風而哀傷。諒娉節之不可渝兮，發斯文之耿光。亂曰：學端以粹，質之純兮。顯擢甲科，名譽臻兮。十年未祿，奚命之屯兮。牛刀小試，絃歌陳兮。變故莫測，奚衛我民兮。之死靡貳，惟志之伸兮。是謂殺身，以成仁兮。

第 57 冊

烏思道

57／46《譚節婦祠堂記》。《叢書集成續編》第 224 冊於「祠墓」類收《譚節婦祠堂記》一卷,即此文。今據以校證〔註654〕:

1. 豈不重可慕哉:可,《續編》作「其」。
2. 使風俗益有以勵焉:有以,《續編》作「以有」。
3. 文末,《續編》多「復弔以詩曰:城破兵連遠近村,皇皇趨入泮宮門。且從烈士捐生義,不學降臣負主恩。氣逐彩雲隨劍化,形摹青血奧磚存。我來感悼前朝事,為立穹碑慰古魂」。

釋來復

57／153《潞國公張蛻庵詩序》,今據陸心源《皕宋樓藏書志》卷 104〔註655〕校:

1. 更倡疊和於延祐天曆中:唱疊,《藏書志》作「唱迭」。
2. 其方外友北山杼禪師以公手稿選次而刊行之:北山杼禪師,《藏書志》前有「廬陵」,「杼」作「杼」。
3. 猶記公之言曰:《藏書志》前有「予」。
4. 而工巧非足尚:而,《藏書志》無。
5. 知公之所蓄厚矣:蓄,《藏書志》作「畜」。
6. 誠為一代之詩豪者矣:之、者,《藏書志》無。
7. 顧余譾材:余,《藏書志》作「予」。
8. 文末,《藏書志》有「豫章沙門釋蒲庵來復序」。

劉楚

57／574《書郭氏隱居記後》,《雍正江西通志》卷 162《雜記》錄有此文前半段(至「故可處可遊」為止),然作者題為「劉崧」。今據以校補〔註656〕:

〔註654〕 《叢書集成續編》第 224 冊,新文豐出版公司 1989 年版,第 693 頁。
〔註655〕 (清)陸心源《皕宋樓藏書志》,《續修四庫全書》第 929 冊,上海古籍出版社 1996 年版,第 236 頁。
〔註656〕 (清)謝旻《雍正江西通志》,景印文淵閣四庫全書第 518 冊,臺灣商務印書館 1986 年版,第 821 頁。

1. 其遠而最高：最，《通志》無。

2. 有岩穴可窺闚者曰高霄：闚，《通志》無曰。

3. 其近而盤礴特立若可依負者曰富岡：特，《通志》作「峙」。若可依負，《通志》無。

4. 汩汩然折二里許始出而南匯於太新塘：汩汩然，《通志》無。

5. 蓋眾水之所歸也：之，《通志》無。

6. 其木有櫟柞松柯豫章之植：柯，《通志》作「楠」。

7. 上者干霄，下者彌山：《通志》無。

8. 其材可以供薪樵□□用：□□，《通志》作「充器」。

9. 春孳秋肥，可以□庖廚奉賓客：春孳秋肥，《通志》無。□，《通志》作「供」。

10. 宜□宜稻：□，《通志》作「秔」。

11. 宜林宜麥：林，《通志》作「秔」。

12. 可以爲酒醴□餌供伏臘：□，《通志》作「粢」。供，《通志》無。

13. 故可處可遊：故，《通志》無。

殷奎

57／686《送崑山趙明遠升郡府序》，今據《吳郡文編》校〔註657〕：

1. 稍自遐逸：稍，《文編》作「猶」。

2. 明遠之才如此：如此，《文編》無。

57／689《送崑山偰使君遷守嘉定序》，今據《吳郡文編》校〔註658〕：

1. 故內自朝廷大僚以及百執事：僚，《文編》作「僚」。

2. 始予以非才將水軍於海上：非，《文編》作「菲」。

57／690《送丁節判赴嘉定州詩序》，今據《吳郡文編》校〔註659〕：

1. 如是而又博之以圖史載籍之文：圖史載籍，《文編》作「載籍圖史」。

2. 無山行水涉之艱：山行水涉，《文編》作「水行山涉」。

3. 葉翔天逵兮奈若何：葉，《文編》乃小字注文。

〔註657〕 （清）顧沅《吳郡文編》（五），上海古籍出版社 2011 年版，第 109 頁。
〔註658〕 （清）顧沅《吳郡文編》（五），上海古籍出版社 2011 年版，第 144 頁。
〔註659〕 （清）顧沅《吳郡文編》（五），上海古籍出版社 2011 年版，第 143 頁。

57／690《崑山州都目沈君茂先考滿序》，今據《吳郡文編》校〔註660〕：

1. 崑山州都目沈君茂先考滿序：考，《文編》無。
2. 責不及而獲善代，若吾沈君茂先者：者，《文編》在「善代」後。
3. 茂先以文（闕）爲公府推擇：（闕），《文編》作「□□□」。

57／691《送崑山吏目俞君序》，今據《吳郡文編》校〔註661〕：

1. 自州大夫及群吏：群，《文編》作「郡」。
2. 雖生深林窮谷間：生，《文編》無。
3. 然則爲棟樑、爲樽櫨、爲舟車器用：器用，《文編》前有「爲」，是。
4. 才識敏達之士：敏，《文編》作「明」。
5. 則將加之以秩：將，《文編》作「特」。
6. 今茲將大用之：將，《文編》無。
7. 則非我之可得留：可，《文編》作「所」。

57／692《送崑山吏目俞君序》，今據《吳郡文編》校〔註662〕：

1. 然其地僻左：左，《文編》作「在」。下文有云「地雖左」，作「左」是。
2. 而予以非才獲接交承之好：而，《文編》無。

57／693《蘇州別駕戚侯行縣詩序》，今據《吳郡文編》校〔註663〕：

1. 徵召搒掠騷然：搒，《文編》作「榜」。
2. 颰歷北南：颰，《文編》作「敭」。

57／713《曹別駕修園頌》，今據《吳郡文編》卷148校〔註664〕：

1. 有□□□□□合志農業：□□□□□合志，《文編》無。
2. 其勢惟下：惟，《文編》作「維」。
3. 筴楗既薈：筴，《文編》作「茭」。
4. 今自擇利：今，《文編》作「命」。
5. 事或治之：治，《文編》作「怠」。
6. 無苦下濕：苦，《文編》作「若」。

〔註660〕（清）顧沅《吳郡文編》（四），上海古籍出版社2011年版，第572頁。
〔註661〕（清）顧沅《吳郡文編》（五），上海古籍出版社2011年版，第121頁。
〔註662〕（清）顧沅《吳郡文編》（五），上海古籍出版社2011年版，第33頁。
〔註663〕（清）顧沅《吳郡文編》（四），上海古籍出版社2011年版，第564頁。
〔註664〕（清）顧沅《吳郡文編》（四），上海古籍出版社2011年版，第564頁。

7. 我獵我享，將侯來巡：享，《文編》無；巡，《文編》作「巡宣」。則此句當讀爲「我獵我將，侯來巡宣」。

8. 屏星爛然：屏，《文編》作「明」。

9. 遠送於野：送，《文編》作「近」。

57／718《崑山州作新婁侯廟事狀》，今據《吳郡文編》卷 86 校〔註665〕：

1. 今歲所下敕書：下，《文編》作「以」。

2. 又合廟左佛廬四桯爲祠祀齋室：桯，《文編》作「程」。

3. 閱明年十月某日：閱，《文編》無。

4. 顧羊豕所麗石未有刻辭：辭，《文編》作「詞」。

5. 謂奎嘗參預茲議：參，《文編》無。

6. 作爲歌詩：爲，《文編》無。

7. 禮亦宜之：宜，《文編》作「有」。

57／721《崑山復劉改之先生墓事狀》，今據《吳郡文編》卷 184 校〔註666〕：

1. 合邊使者失詞：邊，《文編》作「戎」。

2. 錢日昇：日，《文編》作「曰」。

57／722《元奉議大夫常州路宜興州知州盧公行狀》，《吳郡文編》卷 171 節錄有此文，題為《宜興州盧公行狀略》〔註667〕，文中略有差異。

57／726《故淵默先生余公行狀》，今據《吳郡文編》卷 171 校〔註668〕：

1. 故淵默先生余公行狀：故，《文編》無。

2. 先生十有四年而藍溪卒：年，《文編》作「歲」。

3. 亟稱讚之若己出：若，《文編》作「如」。

57／728《故夷孝先生盧君行狀》，今據《吳郡文編》卷 170 校〔註669〕：

1. 故夷孝先生盧君行狀：故，《文編》無。

2. 先生少端重：重，《文編》作「坐」。

3. 耽玩編摩：摩，《文編》作「摹」。

4. 葬於長洲縣武丘鄉先人墓左：丘，《文編》作「邱」。

〔註665〕（清）顧沅《吳郡文編》（三），上海古籍出版社 2011 年版，第 236 頁。
〔註666〕（清）顧沅《吳郡文編》（五），上海古籍出版社 2011 年版，第 450 頁。
〔註667〕（清）顧沅《吳郡文編》（五），上海古籍出版社 2011 年版，第 262 頁。
〔註668〕（清）顧沅《吳郡文編》（五），上海古籍出版社 2011 年版，第 261～262 頁。
〔註669〕（清）顧沅《吳郡文編》（五），上海古籍出版社 2011 年版，第 232～233 頁。

57／730《故處士傅君墓誌銘》，今據《吳郡文編》卷 201 校〔註 670〕：

1. 何有於皂之富也：皂之，《文編》作「早亡」。
2. 則面督過之：則面，《文編》作「眾」。
3. 至正十六年丙午歲十有八日卒：十六、有，《文編》作「廿六」、「月」。
4. 長女嫁沈源：源，《文編》作「原」。
5. 遺令內壙中：內，《文編》作「納」。
6. 小字注文「葉而由反」：《文編》無。
7. 《文編》文末有「華亭殷奎撰文武寧盧熊書丹並篆蓋」。

57／731《故武略將軍錢塘縣男顧府君墓誌銘》，今據《吳郡文編》卷 201 校〔註 671〕：

1. 故武略將軍錢塘縣男顧府君墓誌銘：故武略將軍錢塘縣男，《文編》無。
2. 君諱德煇：煇，《文編》作「輝」。
3. 別名阿瑛：《文編》無。
4. 布粟出內：內，《文編》作「納」。
5. 乃刮摩舊習：摩，《文編》作「劘」。
6. 悉以田業付予子若婿：婿，《文編》作「壻」。
7. 改築園池於舊宅四偏：四，《文編》作「西」。
8. 日夜與客置酒賦詩爲樂：夜，《文編》無；置，《文編》作「酌」。
9. 章篇輒就：章，《文編》無。
10. 馬鞍山有劉改之之冢：馬鞍山，《文編》作「邑馬鞍山」；有，《文編》作「有宋」；之冢，《文編》作「墓」。
11. 署會稽諭：諭，《文編》作「縣學諭」。
12. 省臣重其材：材，《文編》作「才」。
13. 斷髮墓廬：斷髮，《文編》無。
14. 大閱釋氏藏書：藏，《文編》無。
15. 營別業於嘉興之合谿：別，《文編》無。
16. 蓋已與世相忘矣：蓋已，《文編》作「益以」。
17. 從其子元臣遷臨濠而卒：元臣，《文編》無。
18. 元臣前（闕）副都萬戶：（闕），《文編》作「水軍」。

〔註 670〕 （清）顧沅《吳郡文編》（六），上海古籍出版社 2011 年版，第 21 頁。
〔註 671〕 （清）顧沅《吳郡文編》（六），上海古籍出版社 2011 年版，第 22～23 頁。

19. 君生世承平：世，《文編》作「長」。

20. 本富多貲：本，《文編》作「家」。

21. 至以原巨先、杜季良自許：巨，《文編》作「臣」。誤。許，《文編》作「況」。

　　按：原巨先即原涉，見《漢書・遊俠傳》。

22. 請致賓客：請，《文編》作「招」。

23. 卜以十有二月庚午：有，《文編》無。

24. 戒其子以紵衣桐冒梭鞔纏裹入土：紵，《文編》作「苧」。

25. 復以江陰陸麒所爲狀屬奎述其遺事：述其遺事，《文編》無。

26. 孰謂君果不返耶：君，《文編》無。

27. 雖文不腆：雖文，《文編》作「文雖」。

28. 文所不能悉，則互見其自志云：此二句，《文編》無。

29. 白雲之垠：垠，《文編》作「垠」。

30. 武寧盧熊書並篆蓋：蓋，《文編》無。

57／732《朱徵士墓誌銘》，今據《吳郡文編》卷 201 校〔註 672〕：

1. 人言王君蓋不之過云：言，《文編》作「謂」。

2. 楊維禎先生所爲記虹月樓也：，《文編》作「楨」。

57／738《有元奉議大夫常州路宜興州知州盧公權厝志》，今據《吳郡文編》卷 201 校〔註 673〕：

1. 有元奉議大夫常州路宜興州知州盧公權厝誌：有，《文編》無。

2. 河南省參知政事：省，《文編》作「行省」。

3. 終喪：《文編》作「既終喪」。

4. 子男五人：《文編》無。

5. 公弟宏道泊嗣子旣等：宏，《文編》作「弘」。

57／740《大明故處士瞿君墓誌銘》，今據《吳郡文編》卷 207 校〔註 674〕：

1. 大明故處士瞿君墓誌銘：大明，《文編》無。

2. 平居整暇：整，《文編》作「正」。

〔註 672〕 （清）顧沅《吳郡文編》（六），上海古籍出版社 2011 年版，第 21 頁。

〔註 673〕 （清）顧沅《吳郡文編》（六），上海古籍出版社 2011 年版，第 23～24 頁。

〔註 674〕 （清）顧沅《吳郡文編》（六），上海古籍出版社 2011 年版，第 100 頁。

3. 巾帽非不寢不去：不寢，《文編》作「就枕」。

4. 曾仿徐鉉體寫《論》、《孟子》：論，《文編》作「論語」。

5. 未始招人過：招，《文編》作「揚」。

6. 白而憂：而，《文編》無。

7. 情不爽於孝友：孝，《文編》作「明」。

8. 陳季方：季，《文編》作「秀」。

周砥

57／821《荊南倡和詩集序》，今據《皕宋樓藏書志》卷 117 校〔註 675〕：

1. 非敢有意於示人也：於，《藏書志》作「以」。

2. 居窮約而無怨尤之辭：而，《藏書志》無。

3. 然則居僻而名不著：僻，《藏書志》作「左」。

賴良

57／822《大雅集敘》，今據《皕宋樓藏書志》卷 117 校〔註 676〕：

1. 後去取不能十一：十一，《藏書志》作「十之一」。

2. 鐵雅先生多留者僅存三百：雅，《藏書志》作「崖」，是。

3. 而有擅場雄作則大篇長什又不厭其多也：場，《藏書志》作「長」。

4. 天台賴良白：白，《藏書志》無。

第 58 冊

唐肅

58／36《跋山谷墨蹟》，據清代曹本榮編《古文輯略》校：

1. 右黃文節公書韓昌黎《桃源行》一首：昌，《輯略》無。

2. 不以得喪蒂芥於中者如此：喪，《輯略》作「失」。

3. 既云恐未見藏眞眞跡耳：既，《輯略》作「但」。

〔註 675〕 （清）陸心源《皕宋樓藏書志》，《續修四庫全書》第 929 冊，上海古籍出版社 1996 年版，第 822 頁。

〔註 676〕 （清）陸心源《皕宋樓藏書志》，《續修四庫全書》第 929 冊，上海古籍出版社 1996 年版，第 822 頁。

4. 及至□中：□，《輯略》亦作「□」。

　　按：文中「公嘗自言」以下，至「然後知穆父之言不誣」乃黃庭堅《書
　　　右軍文賦後》〔註677〕一文，「□」作「黔」。

58／64《豐本傳》，此文並見明代程敏政《明文衡》卷 59、陳邦俊《廣諧
史》卷 3、詹景鳳《古今寓言》卷 12、清代汪灝《廣群芳譜》第 13《蔬譜》。
今以明代陳邦俊《廣諧史》〔註678〕、詹景鳳《古今寓言》〔註679〕校：

1. 其□為醯人：□，《廣諧史》、《古今寓言》均作「職」。
2. 《豳·七月》詩亦歌其中：中，《廣諧史》、《古今寓言》均作「仲」。
3. 甫□詩美之：□，《廣諧史》、《古今寓言》均作「有」。
5. 然左慈見曹孟德頗類：然，《廣諧史》下有「與」。
6. 韓亦郭、庾、杜、衛之流歟：韓，《廣諧史》、《古今寓言》均無。

梁遺

58／70《重修府學記》，《全元文》據清光緒十七年《廣西通志》錄文，今
據清代汪森《粵西文載》卷 26 校（題為重修桂林府學記）〔註680〕：

1. 時闍帥咬住、怯烈章伯顏：咬住、怯烈章伯顏，《文載》作「約爾珠克」、
　「呼克章巴延」。此係清代譯改。
2. 以瑤怙惡靡悛：瑤，《文載》作「猺」。
3. 憲副伯篤魯丁偕僚佐：伯篤魯丁，《文載》作「巴圖爾丹」。
4. 主校者欲得立言之士文樂石：樂，《文載》作「藥」。
5. 窮邊極微：微，《文載》作「徼」。
6. 予以見夫子居夷浮海之語：予，《文載》作「於」。

〔註677〕 （宋）黃庭堅著，屠友祥校注《山谷題跋》，上海遠東出版社 1999 年版，第
　　　97 頁。
〔註678〕 （明）陳邦俊《廣諧史》，《四庫全書存目叢書》子部第 252 冊，齊魯書社 1997
　　　年版，第 282～283 頁。
〔註679〕 （明）詹景鳳《古今寓言》，《四庫全書存目叢書》子部第 252 冊，齊魯書社
　　　1997 年版，第 194 頁。
〔註680〕 （清）汪森《粵西文載》，景印文淵閣四庫全書第 1466 冊，臺灣商務印書館
　　　1986 年版，第 86～87 頁。

陳方

58／83《棲碧軒記》,《全元文》據清道光《錫山文集》錄文,今據清代盧文弨《常郡八邑藝文志》(清光緒十六年刻本)卷 2 下《記》校〔註681〕:

1. 他郡之山可孩而撫之:他,《八邑藝文志》作「它」。
2. 其地曰梅里,華君彥清家焉:梅里,《八邑藝文志》下有「唐李紳之居於是今」。故此句當讀爲「其地曰梅里,唐李紳之居於是。今華君彥清家焉」。
3. 余見其所圖之水石清美也:石,《八邑藝文志》作「木」。
4. 彥清固請余記:固,《八邑藝文志》作「因」。

趙箕翁

58／114《辟雍賦》,今據《歷代賦匯》〔註682〕校:

1. 翳昔大王:大,《賦匯》作「太」。
2. 睠民風之大簡:大,《賦匯》作「太」。
3. 瞀宗定制:定,《賦匯》作「庀」。
4. 乃闢旋丘:丘,《賦匯》作「邱」。
5. 宮翼翼以耽耽:耽耽,《賦匯》作「煥煥」。
6. 蕩埃壒於祥飆:壒,《賦匯》作「塵」。
7. 石渠啓櫝:櫝,《賦匯》作「櫝」。
8. 位素王於清廟:廟,《賦匯》作「廣」(yǎn)。
9. 跨周涉商:涉,《賦匯》作「步」。

潘詡

58／144《金石例跋》,《全元文》據清乾隆三十八年《歷城縣志》錄文,今據清代張金吾《愛日精廬藏書志》卷 36〔註683〕、陸心源《皕宋樓藏書志》卷 118 校〔註684〕:

1. 使咸知先公之去浮靡以還淳古:之,《藏書志》下有「心」。

〔註681〕(清)盧文弨《常郡八邑藝文志》,《續修四庫全書》第917冊,上海古籍出版社1996年版,第427～428頁。
〔註682〕(清)陳元龍輯《歷代賦匯》,江蘇古籍出版社、上海書店1987年版,第691頁。
〔註683〕(清)張金吾《愛日精廬藏書志》,中華書局2012年版,第634頁。
〔註684〕(清)陸心源《皕宋樓藏書志》,《續修四庫全書》第929冊,上海古籍出版社1996年版,第646頁。

趙景濂

58／144《子思書院重修率性堂記》，《全元文》據明嘉靖四年《鄒縣地理志》錄文。此文另載於明代陳鎬《闕里志》卷 10 《撰述二》〔註685〕、明代陸釴《嘉靖山東通志》卷 37〔註686〕，題為《重修子思書院率性堂記》，今據以參校：

  1. 獨可污□哉：□，《闕里志》作「漏」。
  2. 文末一句：《山東通志》無。

張知止

58／150《南康縣學重修廟學記》，《全元文》據清康熙四十九年《南康縣志》錄文，今據《嘉靖南安府志》卷 12《秩祀志二》校〔註687〕：

  1. 俾專祀事：祀，《府志》作「祠」。
  2. 往有昔賢名人以德行文學致位通顯者：往，《府志》作「往往」。
  3. 撤其敝陋：敝，《府志》作「弊」。
  4. 振風化之流靡：靡，《府志》作「磨」。
  5. 又有以見邑大夫之賢也：有，《府志》無。
  6. 是孰使之然哉：哉，《府志》作「也」。
  7. 冠章甫衣縫掖登明倫之堂者：縫，《府志》作「逢」。
  8. 又當顧其名而思其實：顧，《府志》作「觀」。
  9. 不明則斁矣：不明，《府志》作「否獨」。
  10. 以膾氣神：善，《府志》作「廉」。
  11. 則庶幾乎不負國家養之美意：國，《府志》作「朝」。

劉沂

58／175《南皮縣郎兒口濬川記》，《全元文》據清光緒十四年《南皮縣志》錄文，今據明代樊深《嘉靖河間府志》卷 2《建置志》校〔註688〕：

〔註685〕 （明）陳鎬《闕里志》，明嘉靖刻本。
〔註686〕 （明）陸釴《嘉靖山東通志》，明嘉靖刻本。
〔註687〕 （明）劉節纂修《嘉靖南安府志》， 《天一閣藏明代方志選刊續編》，上海古籍書店 1990 年版。
〔註688〕 （明）樊深《嘉靖河間府志》，《天一閣藏明代方志選刊》，上海古籍書店 1980 年版。

1. 南皮縣郎兒口濬川記：郎兒口，《府志》無。
2. 歷秦漢而下：秦，《府志》無。
3. 河決於陵之界：決，《府志》作「水」。
4. 行所無事：行，《府志》下有「其」。
5. 齊桓霸者：霸，《府志》作「伯」。
6. 孰謂隆平之世：孰謂，《府志》下有「堂堂天朝」。
7. 忠國愛民者：愛，《府志》作「憂」。
8. 故摭開決之本末以爲記云：記，《府志》下有「之」。

趙資翁

58／177《田先生誌銘》，《全元文》據清光緒十二年《永濟縣志》錄文。此文亦見於明代李侃、胡謐纂修《成化山西通志》卷 15《集文》（陵墓類）。《全元文》所收較《通志》本多脫文，今據以補校〔註 689〕：

1. 田先生誌銘：《通志》作「河中府田先生墓誌銘」。
2. 往往出於其間：《通志》下有「迨其季世，猶不乏人」。
3. 徵用遺老：《通志》下有「討論典故章程，多所補益」。
4. 博學能文：《通志》上有「少業儒」。
5. 尤長於詩：《通志》下有「早有場屋詞賦聲」。
6. 好誘掖後進：《通志》下有「人委曲周備」。
7. 久而愈敬：《通志》下有「復興畏服，無敢爲非者」。
8. 歷任縣尹：《通志》上有「調絳州授，遷虞鄉簿」。
9. 詩書自娛：《通志》下有「不以世利嬰心」。
10. 先生生於明昌庚戌：《通志》下有「八月十六日」。
11. 卒於元中統丁酉：《通志》下有「十一月十九日」。
12. 里閈皆爲流涕：里閈，《通志》下有「識與不識」。
13. 張氏沒於兵變：沒，《通志》作「歿」。
14. 先亡：《通志》作「先十二年」。
15. 秀實少年遊俠：遊俠，《通志》作「有遊俠氣」。
16. 商秦隴，不返：《通志》作「嘗商秦隴間，遂往而不返」。

〔註 689〕 （明）李侃、胡謐纂修《成化山西通志》，《四庫全書存目叢書》史部第 174
冊，齊魯書社 1996 年版，第 575 頁。

17. 幹局精敏：《通志》前有「爲人」。

18. 國華先祖未葬：國華，《通志》下有「恆以」。

19. 朝夕爲憂：《通志》下有「至於感時悽愴，廢寢忘食」。

20. 大德己亥：《通志》下有「五月十六日」。

21. 命其子士賢持孫君之志徵予爲文：文，《通志》作「銘」。

22. 條山蒼蒼：條，《通志》作「河」。

23. 河水紆紆：紆紆，《通志》作「舒舒」。

張世昌

58／187《愛山臺碑記》，今據明代栗祁《萬曆湖州府志》卷 4《古蹟》校〔註690〕：

1. 寖失舊觀：寖，《府志》作「浸」。

2. 是亦仁焉：焉，《府志》作「也」。

3. 風俗丕變：風俗，《府志》作「俗風」。

4. 自茲搜拔幽隱：搜，《府志》作「蒐」。

5. 海陵人：人，《府志》下有「也」。

馬房輝

58／242《重修儒學記》，《全元文》據光緒十二年《順天府志》錄文，今據《日下舊聞考》卷 134《京畿》校〔註691〕：

1. 恆加嚴督：督，《舊聞》下有「焉」。

2. 達魯花赤田廝公，唐兀人也：達魯花赤、唐兀，《舊聞》作「達嚕噶齊」、「唐古特」。係清代譯改。

3. 課能講學：能，《舊聞》作「農」。

4. 捐己資：資，《舊聞》作「貲」。

5. 不伙於官：伙，《舊聞》作「斂」。

6. 皆出於公之規度：出於，《舊聞》作「由」。

〔註690〕 （明）栗祁《萬曆湖州府志》，明萬曆刻本。

〔註691〕 （清）于敏中等編纂《日下舊聞考》，北京古籍出版社 1985 年版，第 2154 頁。

元光祖

58／249《重修宣城書院記》，《全元文》據清光緒十七年《廣西通志》錄文，今據汪森編《粵西文載》卷 29《記》校〔註692〕：

1. 宋末經略使朱禩係請於朝：係，《文載》作「孫」。
2. 不二十年而毀：毀，《文載》作「燬」。
3. 憲使也先普化、宋公詔明、憲副脫脫木爾、僉憲長壽、經歷月倫赤不花：也先普化，《文載》作「額森布哈」；脫脫木爾，《文載》作「托克托穆爾」；月倫赤不花，《文載》作「伊爾斡齊布哈」。人名係清代改譯。

魯璠璵

58／258《社稷壇碑文》，《全元文》據清同治十年《應山縣志》錄文，今據明代顏木《嘉靖隨志》卷下校〔註693〕：

1. 邱陵、墳衍、原隰五土之神：邱、神，《隨志》作「丘」、「祇」。
2. 秋冬報賽，良相歌之：賽、相，《隨志》作「祀」、「耟」。
3. 百穀盈止：穀，《隨志》作「室」。
4. 於是致達陰之義焉：達，《隨志》作「畣」。
5. 雷出地奮：奮，《隨志》下有「豫」。
6. 以育萬物而賴民生：萬，《隨志》作「庶」。
7. 至正四年多：正，《隨志》作「元」。
8. 甦民之瘼：之，《隨志》作「以」。
9. 擴之：擴，《隨志》作「曠」。
10. 彝之：彝，《隨志》作「夷」。
11. 防泥塗也：塗，《隨志》作「潯」。
12. 役雖浩大而民不告勞：民，《隨志》作「㟁」。
13. 以彰賢令尹之惠：惠，《隨志》作「喜」。
14. 俾畫簾製錦者不徒曰有社稷焉：俾，《隨志》作「碑」，誤。
15. 又使後來者知所矜式焉：知，《隨志》作「有」。

〔註692〕 （清）汪森編《粵西文載》，景印文淵閣四庫全書第 1466 冊，臺灣商務印書館 1986 年版，第 157～158 頁。
〔註693〕 （明）顏木《嘉靖隨志》，《四庫全書存目叢書》史部第 186 冊，齊魯書社 1996 年版，第 646～647 頁。

16. 縣之盜由是遂息焉：盜，《隨志》作「益」，誤。

17. 蹙蹙焉求免上責：後一個蹙，《隨志》作「感」。

18. 群胥誼呶乎前：誼，《隨志》作「讙」。

19. 而或僻遐淳靜：僻，《隨志》作「辭」。

20. 又何可與此同日而語哉：語，《隨志》作「與」。

21. 是宜紀之：紀，《隨志》作「祀」。

22. 文末，《隨志》有「至正年五月」。

58／258《魏縣尹去思碑》，《全元文》據清同治《應山縣志》錄文，今據明
代顏木《嘉靖隨志》卷下校〔註694〕：

1. 魏縣尹去思碑：《隨志》作「應山縣尹魏從恕去思碑」。

2. 其俗樸而儉：其，《隨志》作「具」。

3. 爬呵痛癢：呵痛，《隨志》作「屙痛」。

4. 若端本澂末：端，《隨志》作「瑞」。

5. 開心奉公：開，《隨志》作「問」。

6. 新左右齋舍：左右齋舍，《隨志》作「博文、約理二齋」。

7. 門牆四闢：闢，《隨志》作「備」。

8. 百廢並興：並，《隨志》作「拜」。

9. 公談笑而：談笑，《隨志》作「笑談」。

10. 踏廣水村瞳間：踏，《隨志》作「達」。

11. 少婦泣且蒔秧：秧，《隨志》作「稻」。

12. 貧無資以備人耕：貧無，《隨志》作「無而」。

13. 洽於縈嫛：嫛，《隨志》作「嫛」。

14. 買者訴於庭：訴，《隨志》作「鱓」。

15. 侯助其：其，《隨志》作「財以」。

16. 歲丙戌，朝廷遣使宣撫河南江北道：戌、遣使，《隨志》作「成」、「遣
便」，並誤。

17. 轉命按部鄖之隸邑：轉，《隨志》作「傳」。

18. 侯察其情調：察，《隨志》作「審」。

19. 刑於用獄也：刑，《隨志》作「形」，誤。

〔註694〕　（明）顏木《嘉靖隨志》，《四庫全書存目叢書》史部第186冊，齊魯書社1996
　　　　　年版，第647～648頁。

20. 冒爲軍屯：屯，《隨志》作「田」。

21. 省、憲、郡六斷不從：省，《隨志》無。

22. 汶陽故田復歸東郭：汶，《隨志》作「汝」。

23. 如議役之戶甲：議，《縣志》作「義」。

24. 足於衣食也：食，《縣志》無。

25. 政之便於民者：便，《縣志》作「更」，誤。

26. 「銘曰」一段，《縣志》與此文本、順序多有不同。今錄如下：卓彼賢侯，爲國之琛。政以簡能，民心爲心。三年之淹，愈勤而欽。憂國於家，心淵靜深。沛乎江河，不濫不淫。甘雨和風，恢焚得霖。化行楚婦，病起呻吟。饑民贖子，歸田無侵。其威如秋，肅乎商音。種桃成花，種桑成林。治具畢張，束矢鈞金。公來至止，百漏滲淋。賦均義役，糶常公平。去公而思，搖搖心旌。高天厚地，伐石刻銘。（「式陽式陰」、「公既來止」、「傳之悠久，爲世儀刑」，《縣志》無）

王宗哲

58／271《遂州同知王公去思碑》，《全元文》據清光緒七年《保定府志》錄文，多泐文。今據《民國徐水縣新志》卷 12《藝文》校補〔註 695〕：

1. 今民思而不能忘：思，《縣志》下有「之」。

2. 出爲興和口蘇林監稅：□，《縣志》無。

3. 興申州判：申，《縣志》作「中」。

4. 州事一攝於公：公，《縣志》前有「我」。

5. 皆□□□□□□□：□□□□□□□，《縣志》作「行其（缺五子）」。

6. 諸屬皆重是一跡：是，《縣志》爲小字注文，云「缺一字」。

7. 叫號叱虐及犬馬：叱，《縣志》下有「詫」。

8. 天閒馬駝歲一分秣芻粟：秣，《縣志》作「株」。

9. 岸岸崩決：岸岸，《縣志》作「崖岸」。

10. 往往掘桑疇：桑，《縣志》作「田」。

11. 今農作方興：農，《縣志》作「東」。

〔註 695〕劉延昌總裁、劉鴻書等編纂《徐水縣新志》，《中國地方志集成》河北府縣志輯 38，上海書店出版社 2006 年版，第 471～472 頁。

12. 自是老稚□□□□全活：□□□□，《縣志》作「獲安饑㕊」。故此句當讀爲「自是老稚獲安，饑㕊全活」。

13. 而公所分給□□□□□□□□□□□□□□□□□□以其不協□□□□□□□□□□□□□□□口所殺：前一句渺文，《縣志》作「尤甚均溥是皆足以（缺七子）婦女於人者」。後一句渺文，《縣志》作「乃竊負而嫁之異縣既而誣其爲㑔」。故此句當讀爲「而公所分給尤甚均溥，是皆足以（缺七子）婦女於人者。以其不協，乃竊負而嫁之，異縣既而誣其爲㑔所殺」。

14. 風紀檄公：紀，》縣志爲小字注文，云「缺一字」。

15. 英難於既去之久而使民不忘：英，《縣志》作「莫」，是。

賈元

58／277《塗山碑記》，據清黃廷桂《雍正四川通志》卷40（題為《塗山古碑》）校〔註696〕：

1. 塗山碑記：《四川通志》作「塗山古碑」。

2. 《華陽國志》云：國，《四川通志》無。

3. 古廟廢於宋，元至正壬辰：於、元、正，《四川通志》無。

4. 在縣東五千二百步：在，《四川通志》作「山在」。

5. 岷山東折：山，《四川通志》作「江」。

6. 周三十里：周，《四川通志》作「周圍」。

7. 酈道元《水經注》云：注，《四川通志》無。

8. 《蜀本志》：志，《四川通志》作「紀」。

9. 生於石紐：生，《四川通志》下有「禹」。

10. 廣柔隨改爲汶川：隨，《四川通志》作「隋」。改，《四川通志》下有「廣柔」二字。

11. 靈異可謂畏：謂，《四川通志》無。

12. 娶塗山氏：塗，《四川通志》作「蜀」。

13. 《通鑒外紀》云：云，《四川通志》前有「亦」。

14. 況會稽塗山：塗山，《四川通志》作「當塗」，誤。

15. 今特辨而正之：辨，《四川通志》作「辯」。

〔註696〕　（清）黃廷桂《雍正四川通志》，景印文淵閣四庫全書第561冊，臺灣商務印書館1986年版，第323～324頁。

曹師孔

58／281《靈臺賦》，《全元文》據《元賦青雲梯》錄文，今據明代廖道南《楚紀》卷 23《昭文外紀前篇》〔註697〕、《歷代賦匯》〔註698〕校：

1. 渺離思之悠悠：離，《賦匯》作「遐」。
2. 尚于今滋雨露而相繆：于今，《賦匯》作「余令」。
3. 稽載籍之前聞兮：兮，《楚紀》、《賦匯》均無。
4. 震由衷而增省：震，《楚紀》、《賦匯》均作「振」。而，《賦匯》作「之」。
5. 不憑高以崐正兮：正，《賦匯》作「望」。
6. 念經綸之伊始兮：念，《賦匯》作「余」。
7. 忍而力之胥殘：而，《楚紀》、《賦匯》均作「民」。
8. 曰奚上之報兮：上，《楚紀》、《賦匯》均作「君上」。
9. 藹子父之深情兮：子父，《楚紀》、《賦匯》均作「父子」。
10. 詎賢勞之見憫：賢，《賦匯》作「勤」。
11. 嗟神化之不可度兮：度，《賦匯》作「及」。
12. 吾亦不知其何道之為：道，《賦匯》無。
13. 寧遊宴以馳騁：宴，《賦匯》作「晏」。
14. 載稽是作之經始兮：稽，《楚紀》、《賦匯》均無。
15. 豈圖逸乎厥躬：豈，《楚紀》、《賦匯》均無。逸，《楚紀》作「益」。躬，《楚紀》、《賦匯》均作「供」。
16. 當聖神之制作兮：當，《楚紀》、《賦匯》均作「睹」。
17. 固將邁隆古而有永兮：有永兮，《楚紀》、《賦匯》均作「永世」。
18. 辭曰：辭，《楚紀》作「亂」。
19. 懷余馬之可追：馬，《楚紀》、《賦匯》均作「焉」。

周國英

58／289《春秋胡氏傳纂疏跋》，今據清代莫友芝《宋元舊本書經眼錄》卷 2 校〔註699〕：

〔註697〕（明）廖道南《楚紀》，《北京圖書館古籍珍本叢刊》第 7 冊，書目文獻出版社 1990 年版，第 360～361 頁。
〔註698〕（清）陳元龍輯《歷代賦匯》，江蘇古籍出版社、上海書店 1987 年版，第 711 頁。
〔註699〕（清）莫友芝《宋元舊本書經眼錄》，中華書局 2008 年版，第 51 頁。

1. 亦可識聖人作經之大方矣：識、方，《經眼錄》作「知」、「旨」。
2. 門人紫陽吳國英再拜書：門人，《經眼錄》無。

馬克忠

58／336《重修文廟記》，《全元文》據《古今圖書集成》、清光緒十二年《順天府志》錄文，今據《日下舊聞考》卷 123《京畿》校〔註700〕：

1. 播古今之靈憲：靈，《舊聞考》作「彞」。
2. 其有補於生民而垂之萬世者：之，《舊聞考》作「於」。
3. 達魯花赤楊公宰邑：達魯花赤，《舊聞考》作「達嚕噶齊」，係清代改譯。
4. 乃與其僚屬及諸士夫謀曰：士夫，《舊聞考》作「士大夫」。
5. 璀璨煇煌：煇，《舊聞考》作「輝」。
6. 懇余書於石：余，《舊聞考》作「予」。

熊坑

58／336《勿軒易學啟蒙圖傳通義序》，今據《皕宋樓藏書志》卷 3 校〔註701〕：

1. 聖人所以作《易》開物成務者：所以，《藏書志》作「之所以」。
2. 《河圖》、《洛書》固指其爲陰陽進退之相交：固，《藏書志》作「因」。

張紳

58／362《通鑑續編敘》，《全元文》據元至正二十二年《通鑑續編》錄文，該文收入明代卜大有輯《明刻珍本史學要義》卷 3，題為《通鑑續編序》〔註702〕。另見清代陸心源《皕宋樓藏書志》卷 22〔註703〕。今據二書參校：

1. 文之爲言：文，《要義》、《藏書志》均作「史」。
2. 其績可謂勞矣：矣，《藏書志》無。
3. 其《紀年》，司馬氏之《補遺》也：紀年，《要義》作「統承」。

〔註700〕 （清）于敏中等編纂《日下舊聞考》，北京古籍出版社 1985 年版，第 2000～2001 頁。
〔註701〕 （清）陸心源《皕宋樓藏書志》，《續修四庫全書》第 928 冊，上海古籍出版社 1996 年版，第 34～35 頁。
〔註702〕 （明）卜大有《明刻珍本史學要義》，中國公共圖書館古籍文獻珍本彙刊，中華全國圖書館文獻縮微複製中心 1999 年版，第 406 頁。
〔註703〕 （清）陸心源《皕宋樓藏書志》，《續修四庫全書》第 928 冊，上海古籍出版社 1996 年版，第 238 頁。

4. 則也唐之有五代：此處有大段脫文。則也，《藏書志》作「則本朝所繼
   者趙宋之統也。本朝所繼者趙宋之統，則遼金與宋輕重可見矣。或曰本
   朝繼趙宋之統矣。宋承五代之統乎？曰宋篡周、周篡漢、漢代晉、晉篡
   後唐、後唐滅梁、梁篡唐。斯時遼金角立北方，天下副裂，五代不得爲
   統也。或曰：然則宋承遼金之統乎？曰：遼乘梁篡而起於北方，不過保
   有燕雲。金雖破遼、克宋，而建炎中興，人心未厭。遼金亦不得爲統也。
   或曰：然則宋繼何統乎？曰：宋繼唐統者也，唐正統也。唐以下遼金爲
   北史，五代爲南史，斯時爲無統。至宋太平興國四年滅漢之後，天下混
   一，斯時爲有統，亦猶晉之後，南北爲無統，至隋唐而爲有統耳。故唐
   （按：「唐」當作「宋」）之有遼，猶晉之有元魏也」。

顧彧

58／392《圖籍記略》，《全元文》據明萬曆十六年《上海縣志》錄文，實則
文本不全。顧彧原文見載明代唐錦《弘治上海志》卷 5《建設志》〔註 704〕、
顧清《正德松江府志》卷 13《學校下》〔註 705〕，題作《圖籍記》。今據《弘
治上海志》錄文：

　　學校，天下之本也，三綱五常禮樂制度皆由此出。其所以隆治而美俗者
無他，道也。古昔盛時，有天下國家者，必先爲務。捨嬴秦而下，雖六朝五
代喪亂之極，猶不之弛，知爲之本也，故天下之治，則守綱常、循禮樂、遵
制度，而恥爲違道者皆是。設有不幸，亦全節，守義臣焉而盡，忠子焉而盡，
孝婦焉而盡於所，天代不之乏。所謂教道之結於人心，學校之力也。是故非
學校不足以致治，非其人亦不足以作興，而有爲。此近世以來賢大夫士尤所
以爲當務也。上海爲松江屬縣，其爲縣自元之至元二十八年始。其有學則自
其三十二年也。首創之者，縣人宣慰費公拱辰也。以文昌之祠而經營，儀式
猶未備也。因而隆之者，判官張侯紀、縣丞范侯天禎也。於是，先聖有像矣，
先賢有貌矣，朱扉儀戟，一新厥式，而有所崇矣。垣而周之，通道頻水，復
古諸侯學宮之制。以春秋釋奠，而廩士養老者，縣尹辛侯思仁也。基僻而陋
也，制弗彰；宮卑而隘也，禮弗成；廩祿薄而師儒莫贍也才弗登。更大其基
址，崇廣其殿宇，加敞其廡序，襃贍其田糧，增置其生員者，僉憲吳侯彥升、

〔註 704〕 （明）唐錦《弘治上海志》，明弘治刻本。
〔註 705〕 （明）陳威、顧清纂修《正德松江府志》，明正德七年刊本。

縣丞王侯珪運、使縣人瞿侯霆發，及縣尹張侯如砥也。其重修者，縣丞張侯議也。制斯彰矣，禮斯成矣，師生進而才宜登矣。去古遠而民弗興起也，創教諭之廳，開講習之堂，爲之鄉約之禮，糾其德望之士，而歲時會集以規以勸，使古者鄉飲之禮、月旦之評，復施於斯民者，縣尹劉侯文大也。老者有所遵之，少者有所造也。學者盛而庠舍弗能容止，別建明倫堂、及東西齋，益備而增飾，使師主有舍，庖廩有次者，縣尹何侯緝也。非禮無以將其敬也，非樂無以達其用也，置禮器、作雅樂籩豆罍爵之獻、琴瑟鍾鼓之詠，濟濟爲鏘鏘焉有事於聖師者，縣尹蘇侯宗瑞也。和之至，神斯格；敬之至，神斯饗。神格而饗，學斯大成矣。嗚呼！縣之有學，其至于大成亦盛矣。夫物有盛則有衰，有隆則有替。垣傾室圮，若不復舉矣；器物散失，若不復聚矣。基侵於強民，頻私於鄰叟，若不復復矣。舉之聚之，復而宗之，歷百年之祠宇，更數公之規制，得不墜者，其今郡同知王侯文貞也。侯又築射圃，建觀德堂，修文昌祠，而重飾聖昌祠，而重飾聖像，時臨講堂。以勉進諸生，其功亦偉矣。嗚呼！不有作者，誰其繼之？繼將不及，作亦何爲？成天下之本，而致天下之治，學校耳。君子將不爲之先務乎？若王侯者，亦可謂善繼其作矣，亦可謂善知治本矣。必先爲務，侯其有之。侯又慮夫其所舉者或復，聚者或散，復者或失，而異時守土之臣、典學之官不能繼其作而知其本也。畫之圖，紀之籍，一存縣司，一存學宮，一給權學張先生守中，俾爲將來者守亦勤矣。於是先生勒之貞石，以永無窮，屬予爲記。予恐歲久而事湮，人莫可考也，故歷舉其先後諸公所以作興學校之大略，而並記之。用規於後之賢大夫士。洪武癸丑五月甲子記。（《正德松江府志》作「洪武癸丑十一月甲子立石」）

按：此文作於洪武癸丑，即洪武六年（1373）。

虞世魁

58／399《重修南嶽廟記》，《全元文》據清嘉慶二十五年《湖南通志》、清道光三年《衡山縣志》錄文，今據明嘉靖《衡嶽志》卷5《文》校〔註706〕：

1. 侑以金帛：帛，《衡嶽志》作「幣」。
2. 壽星所躔：躔，《衡嶽志》作「纏」。
3. 特降玉旨：玉旨，《衡嶽志》作「王音」。

〔註706〕（明）彭簪撰《衡嶽志》，《四庫全書存目叢書》史部第229冊，齊魯書社1996年版，第305～306頁。

4. 廟宇損壞處從新修葺：處，《衡嶽志》作「去處」。

5. 委本州同知阿兒思蘭忠顯董其事：委、兒，《衡嶽志》作「委自」、「見」。

6. 飭陋以文：飭，《衡嶽志》作「飾」。

7. 七月而告成：成，《衡嶽志》作「功」。

8. 邃麗赫奕：麗，《衡嶽志》作「嚴」。

釋梵行

58／410《宋圓覺庵記》，《全元文》據民國十一年《海寧州志稿》錄文，今據《成化杭州府志》卷 52《寺觀》校〔註707〕：

1. 無盡之鐙傳矣：鐙，《府志》作「燈」。

馮志通

58／476《先師杜公之銘》，《全元文》據《道家金石略》錄文，泐文甚多。

1. 夫道者，虛無之□：「夫道者」至「五行以之成」一節乃唐代吳筠《玄綱論》〔註708〕卷上，□作「繫」。

余載

58／476《禮書序》，《全元文》據至正七年《禮書》卷首錄文。今據陸心源《皕宋樓藏書志》卷 7〔註709〕、蔣光煦《東湖叢記》卷 2 校補〔註710〕：

1. 文首《全元文》小字注云「前有佚文」：佚文部分，《藏書志》作「天地高□□□□□□□□□□至□窮（按：至□窮，《叢記》作「□無窮」）聖人法天地□□□□□□□而使之安，防其情而使之不亂，□□所（按：不亂□□所，《叢記》作「□□□□□□」）由興焉。《記》曰：『大樂與天地同和，□□與天地同節』（按：《禮記·樂記》言：『大樂與天地同和，大禮與天地同節』。□□，《叢記》作「大禮」），謂禮樂之本也。□□（按：□□，《叢記》作「吉凶」）軍賓嘉之儀式，五聲八音十二律

〔註707〕（明）陳讓、夏時正纂修《成化杭州府志》，《四庫全書存目叢書》史部第 175冊，齊魯書社 1996 年版，第 741 頁。

〔註708〕（唐）吳筠《玄綱論》，《道藏》第 23 冊，上海書店 1988 年版，第 674 頁。

〔註709〕（清）陸心源《皕宋樓藏書志》，《續修四庫全書》第 928 冊，上海古籍出版社 1996 年版，第 79～80 頁。

〔註710〕（清）蔣光煦《東湖叢記》，遼寧育出版社 2001 年版，第 51～52 頁。

之條理（按：之條理，《叢記》作「□□□」），禮樂之文也。本蓋百世，不易文鑒，損益隨時（按：文鑒損益隨時，《叢記》作「□□□□□□」），此二帝三王之同於治也。道□□周（按：道□□周，《叢記》作「□□□□」）上替下僭，功奪篡弒之相仍，而禮□之本□（按：禮□之本□，《叢記》作「禮樂□□□矣」）。夫（按：夫，《叢記》作「□□□□□□□」）仲尼無位，不得□□□□□（按：不得□□□□□，《叢記》作「不□□□□杞」）宋之衰，惜陽襄之去其文□□□□□。秦燔以後，禮樂無書，博士□□□□□□學臆說，言人人殊。叔孫行之□□□□□□曹褒議之而不行，茫茫宇宙□□□□無（按：無，《叢記》作「□」）用者二千年矣安得夢寐中古（按：古，《叢記》作「□」）□□□□□宋元祐間三山陳祥道作禮書□□經□百（按：經□百，《叢記》作「□□□」）氏之言而得其制度之要（按：之要，《叢記》作「□□」）□□□□□□會同之禮□□□□□□□□□□□□□車（按：車，《叢記》作「□」）旗」。

2. 《樂書》凡二百□□卷：□□，《藏書志》無。

3. 至正七年龍集丁未八月：未，《藏書志》作「亥」，是。至正七年爲丁亥年。

王思明

58／497《金石例序》，今據陸心源《皕宋樓藏書志》卷 118 校〔註711〕：

1. 盍列之學官：列，《藏書志》作「刊」。

2. 得見古文斯可矣：古文斯，《藏書志》作「古人斯文亦」。

劉景文

58／498《序王充耘書義主意》，《全元文》據《古今圖書集成》錄文。王充耘《書義主意》今收入《四庫未收書輯刊》，今據以參校〔註712〕：

1. 蔡氏訓詁深得於朱子心傳之妙：於，《主意》作「子」。

〔註711〕 （清）陸心源《皕宋樓藏書志》，《續修四庫全書》第 929 冊，上海古籍出版社 1996 年版，第 648 頁。

〔註712〕 （元）王充耘《書義主意》，《四庫未收書輯刊》拾輯第 1 冊，北京出版社 1997年版，第 550～551 頁。

2. 附群英書於於其後：書，《主意》作「義」。

3. 時至正戊子七月既望：《主意》後有「建安書林劉錦文叔簡謹識」。

劉傑

58／567《帝舜廟碑》，據《桂林石刻總集輯校》校〔註713〕：

1. 所在有祠：所在，《石刻》作「在所」。

2. 祗答靈貺：答，《石刻》作「畣」。

3. 所司因陋：司，《石刻》作「固」。

4. 以邱計者百圖：邱，《石刻》作「工」。

5. 摹崖刻：摹，《石刻》作「模」。

6. 乃先正其歲租之久：其，《石刻》作「典」。

7. 捐俸規材庀功：材，《石刻》作「才」。

8. 宮則爲前壂後寢：宮，《石刻》作「官」，誤。

9. 應門欞星門：欞，《石刻》作「靈」，誤。

10. 文末《石刻》有「至正二十有三年夏四月，賜同進士出身承德郎僉嶺南廣西道肅政廉訪司事劉傑撰並書篆」一句。

胡賓元

58／586《重修儒學記》，《全元文》據清光緒《保定府志》錄文，今據清乾隆《望都縣新志》卷6校〔註714〕：

1. 俾責任守令尊行毋替：尊，《新志》作「遵」。

2. 永若厥憲：若，《新志》作「著」。

陶凱

58／588《送李庭芳還山西序》，《全元文》據清乾隆二十八年《長治縣志》錄文。今據《順治潞安府志》卷17《藝文》校〔註715〕：

〔註713〕 杜海軍輯校《桂林石刻總集輯校》（上），中華書局2013年版，第414～415頁。

〔註714〕 （清）陳洪書修，王錫侯、陳啓光纂《乾隆望都縣新志》，《四庫禁燬書叢刊》史部第73冊，北京出版社1997年版，第151頁。

〔註715〕 長治市地方志辦公室整理《潞安府志》（順治版‧乾隆版），中華書局2001年版，第400頁。

1. 其人剛勁而質樸：人，《府志》作「民」。

2. 必通明而果斷：果，《府志》作「不」。

3. 薄海內外：薄，《府志》作「四」。

4. 使歸而終老焉：此後有脫文，《府志》有「嗟夫！中國衣冠禮儀之俗，自晉南渡，五胡亂華，至隋、唐而復。五代時，夷狄爲中國患，至宋而復。宋南渡後，由金及元，入居華夏幾三百年，古帝王之流風遺澤，蕩然無復存者。及我皇上統御六合，猶幸有士大夫之族，若元氣流行於天地間，使斯民相率而從化有易易然者」一節。

5. 然苟以庭芳蔚爲老成練達之士：此句《府志》作「以庭芳世爲老成之士」。

6. 有不聞其風而興起者乎：聞，《府志》作「明」。

許從宣

58／598《吳江州學大成樂記》，《全元文》據民國石印清乾隆十二年刻本《吳江縣志》、明弘治元年刻本《吳江志》錄文。此文又見明代錢穀《吳都文粹續集》卷6《學校》，題爲《儒學大成殿記》。今以四庫本《吳都文粹續集》校〔註716〕：

1. 大武是已：已，《續集》作「也」。

2. 命樂正習舞捨茉：捨，《續集》作「釋」。

3. 蓋學校禮樂所由出：禮樂所由出，《續集》作「以行禮樂」。

4. 然其廟享聖人：其，《續集》無。

5. 襲用齊典禮：禮，《續集》無。

6. 雖登歌有部，至其用樂：歌、其，《續集》作「降」、「乎」。

7. 至考唐之儲君釋奠於學：至，《續集》作「至於」。之，《續集》無。君，《續集》下有「其」字。

8. 鐘鼓在簨簴：在，《續集》無。

9. 具有成式：式，《續集》作「規」。

10. 叶律郎俛伏舉麾：叶，《續集》作「協」。

11. 則承和之樂作：承，《續集》作「永」。

12. 雍和舒和：舒和，《續集》作「紓暢」。

13. 今天下路府州縣莫不有學：天下，《續集》作「夫」。

〔註716〕 （明）錢穀《吳都文粹續集》，四庫全書本。

14. 其所以尊崇聖人者：以，《續集》作「謂」。

15. 冠衣服章：《續集》作「衣冠章服」。

16. 殿寢陛階：陛階，《續集》作「階陛」。

17. 顧已純乎王者之禮矣：顧，《續集》作「固」。

18. 若夫廟樂八音：《續集》下有「並奏」二字。則此句當讀爲「若夫廟樂，八音並奏」。

19. 蓋猶有取乎虞廷之韶箾：猶，《續集》無。韶箾，《續集》作「簫韶」。

20. 虞舜氏不可及已：已，《續集》作「矣」。

21. 風濤之所掀播，魚龍之所出沒：之，《續集》均無。

22. 而州學迫里市之隘：里市，《續集》作「市里」。

23. 則猶缺焉：猶，《續集》作「有」。

24. 州達魯花赤哈迷里氏札牙進公：達魯花赤、哈迷里氏、札牙進，《續集》作「達嚕噶齊」、「哈密樂人」、「濟雅濟」。

25. 遄命樂師：遄，《續集》作「顓」。

26. 而公能鎮之以安紓：紓，《續集》作「舒」。

27. 橫滑從化：橫滑，《續集》作「狡猾」。

28. 西夏郡趙伯不花以守令選來尹是州：伯不花、令，《續集》作「拜布哈」、「領」。

29. 同知金剛訥昭信、哈質承直、判官王那海敦武、桓哲銕穆爾從仕、提控案櫝錢惟賢：訥、質、王、桓哲銕穆爾，《續集》作「納」、「智」、「諾」、「哈札爾特穆爾」。此句當讀爲「同知金剛納昭信哈智、承直判官諾那海敦武哈札爾特穆爾、從仕提控案櫝錢惟賢」。

30. 州本澤國：本，《續集》無。

31. 其人士之美者來遊來歌：歌，《續集》作「歌者」。

32. 況鬼神乎：況，《續集》作「況於」。

33. 福建閩海道肅政廉訪使許從宣記：肅政，《續集》無。

李纘

58／616《分韻詩引》，《全元文》據四庫本《玉山名勝集》錄文。此文另見《元詩選》辛集，今據以校補〔註717〕：

〔註717〕 （清）顧嗣立《元詩選初集》（下），中華書局1987年版，第2339頁。

1. （缺）伯明：（缺），《元詩選》作「胡」。

2. 時作客正八人，遂虛二韻：正，《元詩選》作「止」，是。上文言「亦『夜闌更秉燭，相對如夢寐』分韻賦詩」。言「止八人」，方與「遂虛二韻」相符。

3. 是夕以「夜闌更秉燭，相對如夢寐」分韻賦詩，詩成者八人：此句《元詩選》無。尋繹語義，此句非原序中語。

石天岳

58／634《荔浦縣學記》，《全元文》據清光緒三年刻本《平樂縣志》、清光緒十七年刻本《廣西通志》、鈔本《荔浦縣志》錄文，無校記。《四庫全書》著錄《粵西詩載》25 卷《粵西文載》75 卷（附《粵西叢載》30 卷）。《總目》稱「所錄碑版題詠，多採諸金石遺刻，如宋何麟、曾元、曹師孔、魯師道、石天岳諸作，皆志乘所未備」〔註 718〕。其中，《粵西文載》卷 26 即收有石天岳此文，今據以校補〔註 719〕：

1. 獸蹄縱橫於門廡間：獸蹄，《文載》作「獸蹄鳥跡」。
2. 四境無警：警，《文載》作「虞」。
3. 為斯民立極：斯，《文載》作「生」。
4. 其所以自惑之甚也：以，《文載》無。
5. 歲計常足：足，《文載》作「用」。
6. 乃掄材鳩工：材，《文載》作「才」。
7. 縣之所隸南源巡檢董震：南源，《文載》作「南源寨」。
8. 靜江路荔浦縣主簿兼尉石天岳記：記，《文載》作「拜手記」。

吳鑒

58／638《島夷志略原序》，今據清代陸心源《皕宋樓藏書志》卷 34 校〔註 720〕：

1. 無不可通之理焉：通，《藏書志》作「道」。
2. 顧以海外之風土：顧，《藏書志》作「又」。

〔註 718〕 （清）永瑢《四庫全書總目》卷 190，中華書局 1965 年版，第 1731 頁。

〔註 719〕 （清）汪森《粵西文載》，景印文淵閣四庫全書第 1466 冊，臺灣商務印書館 1986 年版，第 97～98 頁。

〔註 720〕 （清）陸心源《皕宋樓藏書志》，《續修四庫全書》第 928 冊，上海古籍出版社 1996 年版，第 381～382 頁。

3. 因附船以浮於海者數年然後歸：船，《藏書志》作「舶」。

　　按：張翥《島夷志略序》（48／584）亦稱：「西江汪君煥章當冠年嘗兩附舶東西洋」。

4. 至正己丑冬十有二月望日：十有二月，《藏書志》作「十月又二」。

58／639《清源續志序》，今據清代陸心源《皕宋樓藏書志》卷 34 校 〔註 721〕：

1. 魯之《春秋》是也：之，《藏書志》作「有」。

2. 以代《九丘》：丘，《藏書志》作「邱」。

3. 觀《清源前志》：觀，《藏書志》無。

4. 詔郡各國上所錄：各國，《藏書志》作「國各」。

5. 至正九年，朝以閩海憲使高昌偰侯來守泉：正，《藏書志》作「元」，誤。

　　按：偰侯指偰玉立。《八閩通志》卷 37《秩官》載：「偰玉立，字世玉，畏吾人。至正中知泉州路達魯花赤」〔註 722〕。

6. 領是邦古今政治沿革：領，《藏書志》作「見」。

7. 譜牒猶有遺逸矣：矣，《藏書志》無。

8. 然故老漸沒：沒，《藏書志》作「愚」。

9. 蓋十具一二以傳言：言，《藏書志》作「焉」。

孔克表

58／656《潞州廟學記》，《全元文》據明成化十一年《山西通志》錄文，今據四庫本《明文衡》卷 33 校 〔註 723〕：

1. 州倅崔亶肇經營之：肇，《文衡》作「始」。

2. 乃具設條貫，師弟子員用修學校之政：貫，《文衡》作「置」。故此句當讀爲「乃具設條，置師弟子員，用修學校之政」。

3. 罔敢弗□：□，《文衡》作「欽」。

4. 惕然言曰：言，《文衡》無。

5. 繄學校是出，而爵□子者：出、爵□，《文衡》作「基」、「宗祀孔」。

6. 盡亟圖之恕：盡、恕，《文衡》作「盍」、「眾」。故此句當讀爲「『盍亟圖之』。眾皆曰：『然』。

〔註 721〕 （清）陸心源《皕宋樓藏書志》，《續修四庫全書》第 928 冊，上海古籍出版社 1996 年版，第 382 頁。

〔註 722〕 （明）黃仲昭《八閩通志》（上），福建人民出版社 2006 年版，第 1089 頁。

〔註 723〕 （明）程敏政《明文衡》，四庫全書本。

7. 民用以□□詢諸判官馬侯：□□，《文衡》作「裕侯」。故此句當讀爲「民用以裕。侯詢諸判官馬侯」。

8. □□眾工：□□，《文衡》作「裒集」。

9. 學徒是處：是，《文衡》作「而」。

10. 一是刊削：是，《文衡》作「從」。

11. 邦之士人：士人，《文衡》作「人士」。

12. 以充廣其德業：充，《文衡》作「克」。

13. 廩粟是靡：靡，《文衡》作「耗」。

14. 懵不知闕體適用之要：闕，《文衡》作「明」。

李聰

58／678《陽城縣尹趙侯興學記》，據清代胡聘之《山右石刻叢編》卷 38 校〔註724〕：

1. 董仲舒曰：「養士莫大於學校。而學校，賢士之關、化之本事也」：曰、於、事，《叢編》作「以爲」、「乎」、「原」。

   按：《三輔黃圖》卷五載〔註725〕：「漢太學在長安西北七里。董仲舒策曰：『太學，賢士之關，化之本原也。』」

2. 屢勤於詔旨：勤，《叢編》作「形」。

3. 唯恐或後：唯，《叢編》作「惟」。

4. 即程明道尹晉城之遺意也：程，《叢編》無。

5. 又非閩蜀可同年語也：可同年語，《叢編》作「之可同年」。

6. 珥筆日興：日興，《叢編》作「□□通境不聞有白金相讓之意義」。

7. 因與僚屬作而振之：《叢編》後有「以盡吾守令之責，上副聖天子之付託之意」一句。

8. 於是僉允其意，重修廟貌：意、重修，《叢編》作「議」、「肅瞻」。

9. 親爲篆『正蒙』等字賜之：《叢編》前有「洎正蒙之齋，且」一句。

10. 時公卿弟子：弟子，《叢編》作「子弟」。

11. 弦誦之聲：聲，《叢編》作「音」。

〔註724〕（清）胡聘之《山右石刻叢編》，《續修四庫全書》第 908 冊，上海古籍出版社 1996 年版，第 149～150 頁。

〔註725〕何清谷《三輔黃圖校釋》，中華書局 2005 年版，第 300 頁。

12. 闐耳洋溢：《叢編》後有「至於家穡契、人咎夔」一句。

13. 皆我侯之規範也：侯，《叢編》作「公」。

14. 時則有諭劉從道：有，《叢編》作「有若」。

15. 余辭之不獲：余，《叢編》後有「以文罔孚於人」。

16. 竊惟國家之隆替：竊，《叢編》作「切」。

17. 又繫乎學政之興廢：政，《叢編》作「校」。此句後，《叢編》有「其為守令者，於學校一節可不重歟？《孟子》曰：『夏曰校，殷曰序，周曰庠』。則三代共之，皆所以明人倫也。人倫明於上，小民親於下。而」一節。

18. 與郡縣庠舍：郡，《叢編》作「邑」。

19. 此可見當時宰執守令皆凡庸：凡，《叢編》作「多」。

20. 他日居鼎鼐：鼐，《叢編》作「鉉」。

21. 故喜而書之：喜，《叢編》作「善」。

22. 噫！人材之不出：噫，《叢編》作「惟」。

23. 文末，《叢編》有「至正十四年夏五月既望謹記」一句。

曹本

58／689《續復古編後序》，今據清代陸心源《皕宋樓藏書志》卷 15 校〔註726〕：

1. 亦義有歸：亦，《藏書志》作「於」。

2. 他日褒帙而指計焉：褒，《藏書志》作「衰」。

3. 便學者知字有而《說文》無者：便，《藏書志》作「使」。

4. 余曰：余，《藏書志》作「予」。

5. 余始窘於俗誤：余，《藏書志》作「予」。

6. 加之考索弗惓：惓，《藏書志》作「倦」。

蔡景行

58／732《重建崇明州記》，《全元文》據四庫本《吳都文粹續編》錄文，今據明王鏊《姑蘇志》卷 23《官署下》參校〔註727〕：

〔註726〕 （清）陸心源《皕宋樓藏書志》，《續修四庫全書》第 928 冊，上海古籍出版社 1996 年版，第 167 頁。

〔註727〕 （明）王鏊《姑蘇志》，景印文淵閣四庫全書第 493 冊，臺灣商務印書館 1986 年版，第 427 頁。

1. 令舉而行：而，《姑蘇志》作「以」。

2. 事不煩：煩，《姑蘇志》作「繁」。

3. 浸及治所：治，《姑蘇志》作「理」。

4. 署宇卑陋：卑，《姑蘇志》作「時」。

5. 忽焉不加喜戚於其心：喜戚，《姑蘇志》作「慽慽」。

6. 而署宇復若是：而，《姑蘇志》作「又」。復，《姑蘇志》無。

7. 是皆事所當先者焉。可委其責於後人，而弗之察也：事、焉，《姑蘇志》作「事之」、「烏」。故此句當讀爲「是皆事之所當先者。烏可委其責於後人，而弗之察也」。

8. 去海稍遠：去，《姑蘇志》作「出」。

9. 同知州事王侯用襄其議：襄，《姑蘇志》作「是」。

10. 環垣有濠：濠，《姑蘇志》作「壕」。

11. 師徒弦誦：弦，《姑蘇志》作「絃」。

12. 咸新廟以祀：祀，《姑蘇志》作「祠」。

13. 率皆宏敞雄偉：宏，《姑蘇志》作「崇」。

14. 舉欣欣相告曰：欣欣，《姑蘇志》作「喈喈」。

15. 不意今日復見是州之巨麗如此：日，《姑蘇志》無。

16. 願莫能遂：能，《姑蘇志》作「之」。

17. 特易於因循：循，《姑蘇志》作「仍」。

18. 庶相安於悠久矣：庶，《姑蘇志》作「殆」。

19. 而力攻之：力，《姑蘇志》作「悉力」。

20. 侯以長力早備宿衛：以長力，《姑蘇志》作「唐古岱」。

21. 擢太府監管勾：擢、勾管，《姑蘇志》作「權」、「管勾」。

杜志觀

58／739《江瀆神祠感應記》，《全元文》據民國 2 年《清豐縣志》卷 9 錄文，今據《正德大名府志》卷 4《祠祀志》校補〔註728〕：

1. 清豐拒揚千里遠：清豐，《府志》前有「然」字。

2. 其有祠廟甚久：有，《府志》無。甚久，《府志》前有「創建」二字。

〔註728〕 （明）唐錦纂修《正德大名府志》，《天一閣藏明代方志選刊》本。

3. 邑人奉事甚嚴，雨暘祈禱：嚴，《府志》作「虔」。雨暘，《府志》前有「然」字。

4. 民斯賴焉：《府志》作「民之蒙惠甚厚」，且後多「則神之感靈妙用無所往而不在也」一句。

5. 清豐縣尹陳侯實領是邑：實領是邑，《府志》作「來領縣事」。

6. 屬紅巾四叛，澶淵、內黃、魏諸郡縣咸被其害：紅巾四叛、澶淵、郡，《府志》作「有寇兵」、「澶滑」、「州」。

7. 縣尹陳執中念王之食於茲千數百年：年、食，《府志》作「伏念」、「血食」。

8. 今橫寇萬群：橫，《府志》作「狂」。

9. 執中力無如何：如何，《府志》作「如之何」。

10. 自守厥職：厥職，《府志》作「職以來」。

11. 今爲政有不以忠國愛民爲心：今，《府志》無。

12. 罪邑非長：《府志》作「罪延邑長」。

13. 不敢侵境：不敢，《府志》作「勿令」。

14. 惟爾有神：惟爾，《府志》作「爾其」。

15. 是神以澤惠我也：澤，《府志》作「甘澤」。

16. 比歲大災，賴神以生：《府志》作「比歲寇擾攘，賴神以生全」，且後多「今茲亢旱，又蒙神惠」一句。

17. 何以示敬：示，《府志》作「展」。

18. 其爲我新之：其，《府志》前有「爾等」。

19. 邑人安信、陳澄、劉源□□□董事：澄、□□□董事，《府志》作「從」、「輩實董其事」。

20. 越明年三月戊辰告成：告成，《府志》作「厥功告成」。

21. 昔之所謂陋者宏焉：昔之所謂、焉，《府志》作「所謂昔之」、「矣」。

22. 所謂傾者崇焉：焉，《府志》作「矣」。

23. 莫不壞麗光明：壞，《府志》作「壯」。

24. 雖一方帝之尊且雄：一，《府志》作「五」。

25. 無以過：過，《府志》作「踰此」。

26. 邑耆舊曰：邑耆舊，《府志》作「邑之耆老復相率謂」。

27. 是何足以報？宜勒之金石：報、宜，《府志》作「報稱」、「尙圖」。

28. 以侈百祠：祠，《府志》作「祀」。

29. 俾邑人無忘神之惠與陳侯之德焉：惠、德，《府志》作「嘉惠」、「厚德」。

30. 王義方禱南嶽，而天雲開露：嶽、天，《府志》作「海」、「大」。

31. 而大水流下：水，《府志》作「木」。

32. 是皆至誠感應之理，自然而不可掩者：理，《府志》作「妙實理」。

33. 一念中孚，致江瀆之神奮其威靈：致，《府志》作「之敬潛符默契故」。故此句當讀作「一念中孚之敬，潛符默契。故江瀆之神奮其威靈」。

34. 有此武功，固其宜也：固其宜也，《府志》作「非偶然也」。

35. 邑人以其事徵文於愚：徵文於愚，《府志》作「屬予爲文」。

36. 愚亦親所見聞：《府志》作「予亦親所見聞而欣慕」。

37. 故爲之記：故，《府志》後有「不辭而」三字。

38. 且使後之繼陳侯爲政者有事祠下：有事，《府志》作「有事於」。

39. 無負於侯：《府志》作「能捍大災」。

40. 侯能合人神之助：人神，《府志》作「神人」。

41. 崇建勳業：建勳，《府志》作「逮重」。

42. 侯名執中，字允恭，宿州人：《府志》後有「由太常祿中守令選云」一句。

43. 時至正十四年三月朔：《府志》無。

李國鳳

58／750《貢禮部玩齋文集序》，據清代陸心源《皕宋樓藏書志》卷 105 校〔註729〕：

1. 夫人之生則有聲：則，《縣志》作「者」。

2. 至我朝元貞、延祐之間：貞，《縣志》作「禎」，誤。

3. 天下久安：久，《縣志》作「乂」。

58／753《濟南郡公張宓神道碑》，《全元文》據清代畢沅《山左金石志》錄文，文中泐文很多。清代胡德琳修、李文藻等纂《乾隆歷城縣志》卷 17《古蹟考四》據原碑著錄此文，今據以校補〔註730〕：

1. 時知樞密院事也先尼師大軍：師，《縣志》作「帥」。

〔註729〕 （清）陸心源《皕宋樓藏書志》，《續修四庫全書》第 929 冊，上海古籍出版社 1996 年版，第 501～502 頁。

〔註730〕 （清）胡德琳修、李文藻等纂《乾隆歷城縣志》，《中國地方志集成》山東府縣志輯 4，鳳凰出版社 2004 年版，第 299～301 頁。

2. 血淋漓波道：波，《縣志》作「被」。

3. 公辨直氣和：辨，《縣志》作「辭」。

4. 謹案公諱宓：案，《縣志》作「按」。

5. 山東行尙書省兼兵馬都元帥：馬，《縣志》作「部」。

6. 淮南路總管：南，《縣志》作「安」。

7. 河南江北等處行中書省參知政事：江北，《縣志》作「江南河北」。

8. 公開喻以天倫之重：喻，《縣志》作「諭」。

9. 治遂最□郡入爲度□□□：□、□□□，《縣志》作「諸」、「支監丞」。
故此句當讀爲「治遂最諸郡。」「入爲度支監丞」與下文「出知南陽府」
連讀。

10. 罷民陸運水和炭之費：炭，《縣志》作「灰」。

11. 擢□北廉訪副使：□，《縣志》作「山」。

12. 調眞定，移平江：眞，《縣志》作「正」。

13. 徽政之□財賦司，構□□佃其田：□、□□，《縣志》作「屬」、「大家」。

14. 皆細民□爲東南弊：□，《縣志》作「大」。

15. 公詣浙省，□罷之：□，《縣志》作「請」。

16. 山東食鹽爲民□，公請復行鹽□以便民：□、□，《縣志》作「害」、「法」。

17. 益都路增□稅至四千五百定，□□□□數□令□爲禁止三路十□，州民
訟久不決者：□、□□□□、□、□、□，《縣志》作「油」、「羨十倍
經」、「下」、「立」、「三」。故此句當讀爲「益都路增油稅至四千五百定，
羨十倍，經數下令，立爲禁止。三路十三州民訟久不決者」。

18. 公配蒙古邁禮吉□□，濟南路達魯花赤□列爾之孫：□□、□，《縣志》
作「正氏」、「曲」。

19. 奉元路務提領：奉元路，《縣志》作「奉天元路」。

20. 孫女一：一，《縣志》作「二」。

21. 尤□待賓客：□，《縣志》作「喜」。

22. 則嚴肅明敏：嚴，《縣志》作「廉」。

23. 蓋其致誠之所至：至，《縣志》作「致」。

24. 鳳既最公行省有關國體之大者：省，《縣志》作「事」。

25. 寔惟藎臣：惟，《縣志》作「爲」。

26. 瑞生來年：來，《縣志》作「東」。

第 59 冊

哈散沙

59／17《祭陸遜文》,《全元文》據明崇禎三年刻本《松江府志》錄文,今據《正德松江府志》卷 15《壇廟》校〔註731〕：

1. 元至正十五年乙未六月乙卯朔：元,正德本作「大元」。
2. 陸□之襲：□,正德本作「口」。
3. □感於衷：□,正德本作「深」。

周原誠

59／24《師山先生哀辭》,《全元文》據明刻本《師山先生遺文》附錄收文,今據四庫本《師山集・附錄》校〔註732〕：

1. 先生令子美之高風遐躅：令,四庫本作「今」。
2. 先生方跨蹇：蹇,四庫本作「一蹇」。
3. 監察御史脫因公時監休陽：脫因,四庫本作「托音」,係清代改譯。
4. 於是令號鄭公釣磯：令,四庫本作「今」。
5. 吾知其之忠良：其,四庫本「其」後注有小字「闕」。

洪贇

59／35《武略將軍上千戶高公忠勳碑》,《全元文》據清光緒 13 年《遂安縣志》錄文。明代韓晟修、毛一鷺纂《萬曆遂安縣志》卷 4《藝文志》亦收有此文,題為《高指揮忠勳碑》,今據以校正〔註733〕：

1. 昔《周南》美賢材可為干城：材,萬曆本作「村」,誤。
2. 時四境稍寧,無復以寇盜為急：無復、急,萬曆本作「有司無復」、「意」。
3. 公獨憂之：獨,萬曆本無。

〔註731〕 （明）陳威、顧清纂修《正德松江府志》,《四庫全書存目叢書》史部第 181 冊,齊魯書社 1996 年版,第 594 頁。
〔註732〕 （元）鄭玉《師山集》,景印文淵閣四庫全書第 1217 冊,臺灣商務印書館 1986 年版,第 118～120 頁。
〔註733〕 （明）韓晟修,毛一鷺纂《萬曆遂安縣志》,《中國史學叢書》三編第四輯,臺灣學生書局 1987 年版,第 324～329 頁。

4. 兵民久分：萬曆本作「鑿斯池，築斯城，與民守之者，古之善。今兵民久分」。

5. 將何禦之：何，萬曆本作「何以」。

6. 道里遠近：里，萬曆本作「理」，誤。

7. 以宏賢、乘鳳、富石等寨一十四所畫爲圖牒：寨，萬曆本作「塞」。

8. 急疾如電，其帥駭服：電、帥，萬曆本作「□」、「師」。

9. 詞色勁厲，帥乃行：帥，萬曆本作「且袖有鐵椎焉」。故此句當讀爲「詞色勁厲，且袖有鐵椎焉，乃行」。

10. 而縣境卒賴以安。公每謂歙睦本唇齒邦：公、唇齒邦，萬曆本作「公之有功於民如此，而猶未也」、「唇齒之邦」。故此句當讀爲「而縣境卒賴以安。之有功於民如此，而猶未也。每謂歙睦本唇齒之邦」。

11. 無長垓則遂邑可憂：可憂，萬曆本作「可憂也」。

12. 乃集民兵諭以戰守，皆踊躍巡兵：此句較萬曆本有脫字。「戰守」後脫「之意」二字、「踊躍」後脫「剡木爲兵，裂帛爲旌」八字。故此句當讀爲「乃集民兵諭以戰守之意，皆踊躍，剡木爲兵，裂帛爲旌。」「巡兵」當入下句，與「自查木至楊嶺」連讀。

13. 自查木至楊嶺，軍威嚴整：軍威嚴整，萬曆本作「威靈氣焰，赫然動人」。

14. 報益急：報，萬曆本作「邊報」。

15. 復長垓所以固遂陽也：陽，萬曆本作「安」。此句下，萬曆本尚有「吾詎可有此疆彼界之嫌」一句。

16. 遂進屯湖浦。湖浦者近佘嶺：湖浦、佘嶺，萬曆本作「胡浦」、「余嶺」。下文「而湖浦岑山之役」句中，萬曆本亦作「胡浦」。按：佘嶺乃安徽黃山市與黟縣的界山，作「餘縣」誤。

17. 所以屢戰皆捷：屢，萬曆本作「累」。

18. 言賊恐歸路絕：絕，萬曆本作「將絕」。

19. 欲合煙邵抗王師：煙邵，萬曆本作「煙郡」。萬曆本作「煙邵」僅此一見。文中另有「右窺煙邵」、「因策賊向煙邵」，均作「煙邵」。

20. 從間道潛度：度，萬曆本作「渡」。

21. 夜半賊果至：賊，萬曆本無。

22. 諸將以煙疃未釋兵：未，萬曆本作「猶未」。

23. 公勿聽，單舸抵寇巢：萬曆本作「公曰：『人而不仁，疾之已甚，亂也。且窮寇勿迫，不如挺身往諭之。』單舸渡水，從者二人，直抵寇巢」。

24. 如公即其人與：此句後有脫文。萬曆本有「抑是道也，進而爲公侯之腹心，爲勝殘而去殺，又豈不可馴致之」一句。

25. 公名裕，字宏道，山東黎邱人：宏、邱，萬曆本作「弘」、「丘」。

26. 至正丙申十月甲子記：萬曆本無。

葉廣居

59／53《禮經會元跋》，《全元文》據清康熙十九年刻通志堂經解本《禮經會元》錄文。今據《古今圖書集成・理學彙編經籍典》卷 238、清代朱彝尊《經籍考》卷 125〔註 734〕、清代陸心源《皕宋樓藏書志》卷 6〔註 735〕、正誼齋刊本《禮經會元》〔註 736〕校：

1. 相唯喏也：喏，正誼齋刊本同，《圖書集成》、《經義考》、《藏書志》均作「諾」。

葛元喆

59／102《鶴田蔣君師文文集序》，今據清代陸心源《皕宋樓藏書志》卷 109 校〔註 737〕：

1. 朱子學講之地：學講，《藏書志》作「講學」。
2. 而風檣遲速：遲，《藏書志》作「迅」。

楊子春

59／111《至正修城碑陰記》，據《桂林石刻總集輯校》校〔註 738〕：

1. 秦漢爲旁郡：旁，《石刻》作「南，是。

〔註 734〕 （清）朱彝尊撰，林慶彰、蔣秋華、楊晉龍等點校《經義考新校》第 5 冊，上海古籍出版社 2010 年版，第 2313 頁。

〔註 735〕 （清）陸心源《皕宋樓藏書志》，《續修四庫全書》第 928 冊，上海古籍出版社 1996 年版，第 67 頁。

〔註 736〕 （元）葉時《禮經會元》，《叢書集成續編》第 66 冊，新文豐出版公司 1989 年版，第 4 頁。

〔註 737〕 （清）陸心源《皕宋樓藏書志》，《續修四庫全書》第 929 冊，上海古籍出版社 1996 年版，第 549~550 頁。

〔註 738〕 杜海軍輯校《桂林石刻總集輯校》（上），中華書局 2013 年版，第 408～409 頁。

2. 監憲也兒吉尼公憲副是邦：也，《石刻》作「伊勒濟呼乜」。

3. 以至正十六年冬十月甲子鳩工：六，《石刻》作「二」。

4. 搗如墐泥：泥，《石刻》作「坭」。

5. 郡山聳立：郡，《石刻》作「群」。

6. 城面闊三丈有奇：丈，《石刻》作「尺」。

7. 計米四千八百五十碩有奇：碩，《石刻》作「石」。

8. 瓴甓之數，三十萬有奇：十，《石刻》作「千」。

9. 傭工廩稍爲米三萬一千七百二十碩有奇：碩，《石刻》作「石」。

10. 築城，大事也：築城，《石刻》作「城築」。

錢鼎

59／111《大雅集原序》，今據清代陸心源《皕宋樓藏書志》卷 117 校〔註 739〕：

1. 蓋將以探民生之休戚：生，《藏書志》無。

2. 欲觀民風：欲，《藏書志》作「故」。

3. 則詩者志之所存：者，《藏書志》無。

4. 古之詩多於民之心：多於，《藏書志》作「多處於」。

5. 然後足以吟詠其性情耳：足，《藏書志》作「口」，誤。

6. 批評而序之，命篇曰《大雅集》：批評、命篇，《藏書志》作「評」、「名」。

7. 既版行：版，《藏書志》作「板」。

8. 它日有采詩之官者出：它，《藏書志》作「他」。

9. 其必將探卿之所採以進於上矣：探卿，《藏書志》作「求善卿」。前文有云「天台賴先生善卿」。

釋法洪

59／114《瓊公道行碑》，《全元文》據民國《續陝西通志稿》卷 160 錄文，文中泐字甚多。此碑文另見《金石補編》（元碑上冊），係仁和朱文藻未刊稿，後刊於《浙江圖書館報》1930 年第 1 期，今據以補校〔註 740〕：

1. 瓊公道行碑：《補編》題作「大元故□□□□寂昭眞空大師石溪和尙瓊公道行碑」。

〔註 739〕 （清）陸心源《皕宋樓藏書志》，《續修四庫全書》第 929 冊，上海古籍出版社 1996 年版，第 630～631 頁。

〔註 740〕 《浙江圖書館報》1930 年第 1 期。

2. 開演秘來：來，《補編》作「乘」，是。

3. 關中若和尚瓊公師其人也：若，《補編》作「石溪」。

4. 師生□庚申：□，《補編》作「中統」。

5. □肇興之際：□，《補編》作「統」。

6. □生□哲生出人表：□生□哲，《補編》作「挺生異哲」。

7. □興事功，□群生解脫之門，演佛□□□之道：□、□、□□□，《補編》作「奮」、「開」、「乘無遮」。

8. 師姓馬：《補編》作「按：師姓馬」。

9. □□於寐中見有異僧：□□，《補編》作「母孫」。

10. □而悟，遂因以□，父母□竊奇之：□而悟、□、□，《補編》作「驚而寤」、「娠」、「心」。

11. □□歷目輒成誦若故習：□□，《補編》作「□冊」。

12. 親以故不□□，事僧錄亨於其里□□興國寺：□□、□□，《補編》作「違遣」、「之大」。故此句當讀爲「親以故不違，遣事僧錄亨於其里之大興國寺」。

13. 圓□其銳且露，令代□座：□、□，《補編》作「省」、「己」。

14. □滿受其大□□律□□咸陽懷□曹洞□□□王山濟傳秘□待持於清眞師□奧旨融釋貫通：□、其、□□、□□、□、□□□、□待、□，《補編》作「年」、「具」、「究經」、「疏論於」、「參」、「心宗於」、「密行」、「宗」。故此句當讀爲「年滿，受具大究經律疏論於咸陽懷，參曹洞心宗於王山濟，傳秘密行持於清眞師。奧旨融釋貫通」。

15. □於外典，百家□不涉獵：□、□，《補編》作「旁」、「罔」。

16. 情文□□平□□開演者：□、□□，《補編》作「稱」、「疏請」。故此句當讀爲「情文稱平，疏請開演者」。

17. 下而邙□，□□依讚歎若出一□：□、□□，《補編》作「庶」，「瞻」。

18. 師以遠在□□□□聞命而止：□□□□，《補編》作「岩谷未及」。故此句當讀爲「師以遠在岩谷，未及聞命而止」。

19. □□住持京師普□命下：□□、□，《補編》作「復以」、「慶」。

20. 是僧能不以名勢□移其心志：□，《補編》作「變」。

21. 隨錫以金爛袈裟：爛，《補編》作「欄」。

22. 加號寂照眞空大師。□□□□師自得法，即□以利人爲其所願，終□設講：□□□□、□、所、□，《補編》作「以寵□之」、「專」、「行」、「始」。故此句當讀爲「加號寂照眞空大師以寵□之。師自得法，即專以利人爲其行願，終始設講」。

23. 滔滔汨汨：汨汨，《補編》作「泊泊」，誤。

24. 膏澤所濡浸□沾足：□，《補編》作「漑」。

25. 在聽者罔不以盲晦而來，洞□□□批雲霧而睹青天，釋重□而見慈母也：盲、□□□、□，《補編》作「冒」，誤；豁而往；負。故此句當讀爲「在聽者罔不以盲晦而來，洞豁而往，批雲霧而睹青天，釋重負而見慈母也」。

26. 首居關中，□以先師遺命，以□南三門久廢力建而成之：關中、□、□，《補編》作「開元」、「從」、「唐」。

27. 爲方□觀：□，《補編》作「壯」。

28. 以平章也先□□奏請，受旨住今報恩寺：□□、報恩寺，《補編》作「涅□」、「報恩新寺」。

29. 今僧錄定之請，則往藍田之褒訓以□□□□□狀懇咸寧□□之莊嚴，高陵□沙之隆昌：

今、請□□□□□、□□、□，《補編》作「以」、「固請」、「張雷二守之」、「大義」、「毗」。故此句當讀爲「以僧錄定固請，則往藍田之褒訓，以張雷二守之狀懇，咸寧大義之莊嚴，高陵毗沙之隆昌」。

30. 大夫里長老謀欲以興建之事□□於師：□□，《補編》作「藉重」。

31. 足跡□□施財雲集：□□，《補編》作「所至」。

32. 轉荒涼爲榮□焉：□，《補編》作「觀」。

33. □□□建華嚴爲水陸大會，凡所□刹皆一設之：□□□、□，《補編》作「至建必」、「居」。

34. 在莊嚴建設未事□風雨暴至，不解，眾感其異：□、感，《補編》作「忽」、「戚」。故此句當讀爲「在莊嚴建設未事，忽風雨暴至，不解，眾戚其異」。

35. 少頃□□□日白，眾□神師：□□□、□，《補編》作「之□天」、「大」。

36. 會之□：□，《補編》作「夕」。

37. 舊以□沙水□不□於食：□、□、□，《補編》作「毗」、「蘗」、「美」。

38. 師至□□便□□有我□留即指□出水不緣當約眾水，遂指上下所命，鑿
    二井及泉：□□便□□、□、水、鈞，《補編》作「誦曰使毗沙」、「分」、
    「水甘」、「鈞」。故此句當讀爲「師至，誦曰：『使毗沙有我分留』。即
    指所出水，甘不緣當，鈞眾水。遂指上下，所命鑿二井及泉」。

39. 皆甘洌清潔□□□喜：□□□，《補編》作「士民大」。故此句當讀爲「皆
    甘洌清潔，士民大喜」。

40. 迄今德之輟會必罄以平日所得布施金帛財物即之於庭用，散於眾□，會
    不貲□□□通□州□之□服則□□三塔頻設齋□供佛□□以致其孝
    誠：即、□、□□□通□州□之□服、□□三、□、□□，《補編》作
    「積」、「稽」、「曾無纖遜念罔極之莫報」、「並建二」「饌」、「飯僧」。故
    此句當讀爲「迄今德之。輟會必罄，以平日所得布施金帛財物積之於庭，
    用散於眾。稽會不貲，曾無纖遜。念罔極之莫報，並建二塔，頻設齋饌，
    供佛飯僧，以致其孝誠」。

41. 則□□以惠貧病：□□，《補編》作「發□」。

42. 雖於大德有若余□亦諸行之示見諸事功：□、示，《補編》作「事」、「末」。
    故此句當讀爲「雖於大德有若餘事，亦諸行之末。見諸事功」。

43. 足以模範：此後有脫文，《補編》文云：初基，表儀後進者也。門徒接
    武子嗣之者二十五人，得其法者無慮數百眾，傳其祖衣，住持百塔。浩
    公乃其上足達官，皈敬如丞相□□不花、大夫欽察、平章長壽、大夫朵
    爾只、右丞王曼。

44. 士類多慕仰，至今晚參新戒，猶能傳道之□□□爲美談：士、□□□，
    《補編》作「一時名人重士」、「於□以」。故此句當讀爲「一時名人重
    士類多慕仰。至今晚參新戒，猶能傳道之於口，以爲美談」。

45. 歲天曆□□□□□七月：□□□□□七月，《補編》作「己巳□□□七
    日」。

46. 即其莊嚴□居方丈：□，《補編》作「所」。

47. 以□於世：□，《補編》作「傳」。

48. 捐紙棄筆□□□□□□□四日：□□□□□□□，《補編》作「儼然而
    化比闍維」。

49. 及火煙中□騰若五色雲氣，散□香馥：□、□，《補編》作「光」、「布」。

50. 俗僧引觀者□□□人無□□哄：□□□、□□哄，《補編》作「近數千」、「□□慟哄」。

51. 謂佛日法幢不能無少晦撓：幢、撓，《補編》作「憧」、「橈」。

52. 有府城南塋藍田褒訓咸寧莊□□□沙隆昌：□□□沙，《補編》作「嚴沙毗」。此處呼應前文「則往藍田之褒訓，以張雷二守之狀懇，咸寧大義之莊嚴，高陵毗沙之隆昌」，故此句當作「有府城南塋、藍田褒訓、咸寧莊嚴、毗沙隆昌」。

53. 其弟子智如以前之因循昧其師之行□□獲昭彰於後：□□，《補編》作「業□」。

54. 又患泯其實於□之中：□，《補編》作「關」。

55. 或□□而不合乎跡之似也：□□，《補編》作「增減」。

56. 今昔罕□：□，《補編》作「擬」。

57. 其□□而得法者未□□其人表於當世：□□、□□、表於，《補編》作「聯燈」、「嘗無」、「表表」。作「表表」誤。

58. 有高峰二嗣斷崖峰□建大道弘闡法要：□，《補編》作「中」。

59. 尚西北自帝師而下，以□□見稱顯於□□著者：尚、□□、□□，《補編》作「向」、「秘密」、「朝」。

60. □元啓運，群生□□。□□□，支□分敷：□、□□、□□□、□分，《補編》作「聖」、「昭蘇」、「宗鼎峙」、「條芬」。

61. 宅心罔□：□，《補編》作「忒」。

62. 大阿之西：阿，《補編》作「河」。

63. □□□瓊，道號□□：□□□、號□□，《補編》作「□師日」、「尊隆」。

64. 我法在人，□□□□：□□□□，《補編》作「豈不日替」。

65. 明明□□，□□於時：□□、□□，《補編》作「石溪」、「適履」。

66. 且□且傳，□□博施：□、□□，《補編》作「嗣」、「大售」。

67. 般若妙議，□□□宣：議，□□□，《補編》作「義」、「□試演」。

68. 四罪譁焉：罪，《補編》作「眾」。

69. 林林怡性，□德是好：怡、□，《補編》作「恆」、「懿」。

70. □風欲泯，□□□□：□□□□，《補編》作「顛倒誖眊」。

71. 眾之□疾：□，《補編》作「淫」。

72. 輻轃□□：□□，《補編》作「雲集」。

73. 隨□高卑：□，《補編》作「其」。

74. 膏澤□□。□甘□學，□果同□：□□、□甘□學，□果同□，《補編》作「其潤」、「誓甘末學」、「均果同證」。

75. □彼筏渡，濟爾澤流：□，澤，《補編》作「喻」、「津」。

76. 喻□□王：□□，《補編》作「大醫」。

77. 師□是見，弘師行願：□、弘，《補編》作「以」、「爲」。

78. 辭日□□，□世□□：□□、□世□□，《補編》作「外臣」、「於世罔補」。

79. 布衲襤褸，山林足□：襤褸、足□，《補編》作「繿縷」、「是處」。

80. 上祝皇基：基，《補編》作「釐」。

81. 達官大臣：大，《補編》作「天」。

82. 威□□□，□□□□：《補編》作「城邑具瞻，僧俗皈欽」。「皈欽」疑作「皈依」。

83. 爭奉玉帛，以致□□：玉、□□，《補編》作「金」、「敬仰」。

84. 如山委積，不紀□□：不紀□□，《補編》作「不絕屬鎪」。

85. 更散公佈：公，《補編》作「分」。

86. 觀者齭昭：昭，《補編》作「眙」。

87. □□梵宇：□□，《補編》作「靈宮」。

88. 隳爲瓦礫：隳，《補編》作「隨」，誤。

89. □□所至，□□肇興：□□、□□，《補編》作「缽錫」、「鼎然」。

90. □□子來：□□，《補編》作「眾工」。

91. 行周業備，□□□□：□□□□，《補編》作「擺手以逝」。

92. □遠流長：□，《補編》作「源」。

93. □□□芳：□□□，《補編》作「□劫其」。

59／126 羅良《致陳有定書》

按：《全元文》據《新元史》卷 232 錄文。今考明代郎瑛《七修類稿》卷 12 《國事類》中，有一則題爲《羅良》，記載其行事甚詳，亦錄有此文。今據以校補〔註741〕：

1. 足下向爲參政：向，《類稿》無。

〔註741〕 （明）郎瑛《七修類稿》，上海書店 2001 年版，第 121 頁。

2. 國之大臣：《類稿》作「國之大臣也」。

3. 固其本職：《類稿》作「是乃職耳」，且後多「可以功而自恣邪」一句。

4. 燕只平章，僚長也，足下迫之：僚長也，足下迫之，《類稿》作「足下之僚長也，可以威而迫之邪」。且後多「夫非其君命而得郡邑者，人人皆得而誅之矣」一句。

5. 郡邑之長，朝命也，足下竄之；百司，朝廷之役也，足下臣妾之：此句《類稿》作「今郡邑之長，君命也，固不可以加戮；百司之職，君授也，固不可以加竄」。

6. 足下所收復郡邑，得其倉庫，入爲家資，口言爲國，心實爲身耳：此句《類稿》作「足下破郡邑而爲家資，驅官僚而爲臣妾，口言爲國，心實私家」。

7. 跬步之間：間，《類稿》作「際」。

8. 不審足下將爲郭子儀，抑爲曹孟德耶：此句《類稿》作「不知足下將爲郭子儀乎？將爲曹孟德乎」。且後多「今又竊據全閩，背逆無道，不爲君誅，將不爲天誅乎」一句。

盧鎮

59／128《重修琴川志記》，以清代陸心源《皕宋樓藏書志》卷 32〔註742〕、清代錢陸燦等纂《康熙常熟縣志》附錄《舊序》〔註743〕、清代龐鴻文等纂《光緒常昭合志稿》卷末《總敘》〔註744〕參校：

1. 重修琴川志記：記，《藏書志》、《合志稿》均作「序」，《縣志》作「後序」。

2. 按：《藏書志》作「案」。

3. 顧編續者未有其人：編續，《合志稿》作「續」，《縣志》作「續編」。

4. 而舊梓則已殘毀無遺矣：已，《合志稿》、《縣志》均無。

5. 靖惟是州：靖，《合志稿》、《縣志》均作「鎮」，是。

〔註742〕（清）陸心源《皕宋樓藏書志》，《續修四庫全書》第 928 冊，上海古籍出版社 1996 年版，第 360 頁。

〔註743〕（清）楊振藻、高士鸃修，錢陸燦等纂《康熙常熟縣志》，《中國地方志集成》江蘇府縣志輯 21，江蘇古籍出版社 1991 年版，第 657～663 頁。

〔註744〕（清）鄭鍾祥、張瀛修，龐鴻文等纂《光緒常昭合志稿》，《中國地方志集成》江蘇府縣志輯 22，江蘇古籍出版社 1991 年版，第 810 頁。

6. 其續志則始於有元焉：於，《藏書志》無。

7. 至正癸卯秋七月初吉，守禦常熟領兵副元帥兼平江路常熟州知州盧鎮謹識：《合志稿》作「至正癸卯」、《縣志》作「至正癸卯盧鎮識」。

何秋崖

59／154《大盤龍庵大覺禪師寶雲塔銘》，《全元文》據 1926 年《晉寧州志》錄文，今據民國《新纂雲南通志》卷 94《金石考》校[註745]：

1. 所以兼善天下而不背於理：不，《雲南通志》作「莫」。

2. 禪自少林十一傳而至臨濟元：元，《雲南通志》作「玄」，是。此指臨濟宗的祖師臨濟義玄禪師。

3. 受法得悟者狂歇醒析：醒，《雲南通志》作「醒」，是。

4. 元十六傳至雪岩欽：元，《雲南通志》作「玄」。

5. 見其指謫瑕疵：其，《雲南通志》作「具」。

6. 係大理白選官之留裔：留，《雲南通志》作「苗」。

7. 祝髮受具：具，《雲南通志》作「其」。

8. 座不設席：席，《雲南通志》作「蓆」。

9. 以此形骸至於羸瘦：羸，《雲南通志》作「羸」，是。

10. 受三聚大戒：大，《雲南通志》作「夫」。

11. 庵可，以記別曰：《雲南通志》作「庵可之，記荊曰」。

12. 檀芳賜師號蒙空：號，《雲南通志》作「號曰」。

13. 喧垺塡郭：垺，《雲南通志》作「郛」。

14. 駐舄崇聖：駐，《雲南通志》作「住」。

15. 願留一紀以張元化：元，《雲南通志》作「玄」。

16. 以伽梨佛子傳弟子慧堂智：佛，《雲南通志》作「拂」。

17. 曰滇城士人見彩虹貫日者三：曰，《雲南通志》作「是曰」，是。

18. 以廉衣糲食險怪僻異爲解脫：廉，《雲南通志》作「粗」。

19. 如其高識遠見：識，《雲南通志》作「談」。

20. 歸眞有極：眞，《雲南通志》作「其」。

21. 美彼其擇：擇，《雲南通志》作「澤」。

[註745] 龍雲修，周鍾岳、趙式銘等纂《新纂雲南通志》，《中國地方志集成》省志輯雲南卷第 5 冊，鳳凰出版社 2009 年版，第 458～460 頁。

潘元明

59／163《禮經會元序》，《全元文》據清康熙十九年刻通志堂經解本《禮經會元》錄文。今據《古今圖書集成‧理學彙編經籍典》卷 238、清代朱彝尊《經義考》卷 125〔註 746〕、清代陸心源《皕宋樓藏書志》卷 6〔註 747〕、正誼齋刊本《禮經會元》〔註 748〕校：

1. 濂洛諸儒相繼以《易》、《書》、《詩》、《春秋》：《書》、《詩》，《圖書集成》、《經義考》、《藏書志》均作「《詩》、《書》」。
2. 又得龍圖閣學士葉文康公《會元》而表章於世：而，《經義考》、《藏書志》均作「而□□」，《圖書集成》作「一書以」，《禮徑會元》作「而大義」。
3. 寔可以緝濂洛之未備矣：寔，諸本均作「實」。以，《》無。之未，《藏書志》無。
4. 則是書之傳：之傳，《藏書志》無。
5. 文末一句：《圖書集成》、《經義考》無。

童梓

59／181《護國祐聖王廟加封聖號頒降宣命記》，《全元文》據《古今圖書集成‧職方典》錄文。清代朱彝尊《日下舊聞》卷 50《城市》亦載此文，題作《加封聖號頒降宣命記》，今據以校正〔註 749〕：

1. 賜額曰「祐聖王廟」：祐，《舊聞》作「祐」。
2. 迨天曆己巳年：年，《舊聞》作「己巳」。
3. 太史以用且勿足：勿，《舊聞》無。
4. 乃燦然炳耀：乃，《舊聞》無。
5. 詔加封曰「弘仁廣惠」：宏，《舊聞》作「弘」。當由避乾隆諱而改。
6. 監察御史忽先、米只兒海牙、野里鐵木爾、忙哥鐵木兒：《舊聞》有改譯，作「監察御史和遜、敏珠爾、哈雅、伊爾特穆爾、孟克特穆爾」。

〔註 746〕 （清）朱彝尊撰，林慶彰、蔣秋華、楊晉龍等點校《經義考新校》第 5 冊，上海古籍出版社 2010 年版，第 2312 頁。

〔註 747〕 （清）陸心源《皕宋樓藏書志》，《續修四庫全書》第 928 冊，上海古籍出版社 1996 年版，第 66 頁。

〔註 748〕 （元）葉時《禮經會元》，《叢書集成續編》第 66 冊，新文豐出版公司 1989 年版，第 3 頁。

〔註 749〕 （清）于敏中等編纂《日下舊聞考》（第 2 冊），北京古籍出版社 1985 年版，第 794～795 頁。

7. 疾疫弗作：弗，《舊聞》作「不」。

8. 丞相搠公泊郎中薩理密實、員外安福、都事九住：薩理密實、安福、九住，《舊聞》作「薩理默色」、「福安」、「玖珠」。

9. 謂宜加封「護國孚化保寧弘仁廣惠祐聖王」：弘、祐，《舊聞》作「宏」、「祐」。

10. 及向醮具香幣：具，《舊聞》無。

11. 皇姊莊靖大長公主遣亦鄰眞，尊皇后遣資正同知朵列圖、按木不花、皇太子、皇妃遣長慶卿玉魯鐵木爾：亦鄰眞，《舊聞》作「額琳沁佐特」；尊，《舊聞》無；正，《舊聞考》作「政」；朵列圖、按木不花，《舊聞》作「圖列圖阿穆爾布哈」；玉魯鐵木爾，《舊聞》作「烏蘭特穆爾」。

12. 耋稚趣瞻：趣，《舊聞》作「趨」。

13. 延吳雲大殿額：大殿額，《舊聞》作「書大殿額」。

14. 在乎人之誠否：乎，《舊聞》無。

15. 《舊聞》文末有「賜進士出身承直郎綺源庫提舉童梓撰文，承直郎太子司經吳雲書丹，集賢大學士光祿大夫滕國公張暹篆額」。

曹玄

59／185《海道千戶曹君壙誌》。《全元文》據清道光十五年《琴川三志補記續編》錄文。

按：本文乃曹玄爲其父親所作《壙誌》。文中稱「有男三人：長元，次立，次享」、「孝子元等泣血謹誌」，「元」乃避諱字，當作「玄」。

施高

59／194《葛王二公惠政碑》，《全元文》據明嘉靖二十四年《羅川縣志》錄文，文中泐字甚多。今據光緒九年《新修羅源縣志》補校〔註750〕：

1. 理問官王公：理問官，《縣志》作「大理」。

2. 居民惶惶：惶惶，《縣志》作「皇皇」。

3. 可使邦寧，口果爾，吾當任其責：□，《縣志》作「乎」。則此句當讀爲「可使邦寧乎？果爾，吾當任其責」。

〔註750〕 （清）盧鳳琴修、林春溥纂《新修羅源縣志》，羅源縣政協文化資料工作委員會1984年（內部出版），第567～568頁。

4. 王公遂造兵□而請曰：□，《縣志》作「壘」。

5. 慎勿總軍□來擾：□，《縣志》作「士」。

6. 先是，守禦官或問有兵輒禁：是，《縣志》作「時」。

7. 民無敢譁，□□動而身卒先邁：□□，《縣志》作「言搖」。

8. 故民多□□□□二公□□民自辨令勿禁：□□□□、□□、辨，《縣志》作「被摽掠患」、「則聽」、「便」。

9. □恃以無恐：□，《縣志》作「皆」。

10. 凡吾之不離散而恬然處者：處者，《縣志》作「聚處者」。

11. 邑之人士黃澳等皆來言曰：士黃澳等，《縣志》無。

12. 吾且奔迸不暇，有司又廉明而不索吾供億：此句《縣志》作「吾田疇草萊矣」。

13. 凡吾之老稚寧居不駭惕：駭惕，《縣志》作「駭惕者」。

14. 均力役：此句前多「廉明而不索吾供億」。

15. 而財與工之出，無斂於民：此句《縣志》作「而財與工無出於民」。

16. 唯勒瑉以昭示厥後：唯，《縣志》作「惟」。

17. □□民若仇敵：□□，《縣志》作「率視」。

18. 以與司府□□豈皆民之咎哉：□□，《縣志》作「抗夫」。則此句當讀爲「以與司府抗，夫豈皆民之咎哉」。

19. □□□有惠政：□□□，《縣志》作「觀二公」。

20. 王公名肜木罕：《縣志》同。《全元文》校記曰：「肜，疑爲『那』之誤。」
　按：王公即王翰，傳見清代顧嗣立《元詩選初集》庚集。傳稱「初名那木罕」〔註751〕。《中國古代詩文名著提要》（金元卷）著錄有王翰《友石山人遺稿》，亦稱「翰初名那木罕」〔註752〕。《全元文》校記所疑可以證實。

21. 遂以詩美之：《縣志》下有詩的內容，《全元文》失收。今補之如下：「遂以詩美之曰：悠悠羅川，邑屬於閩。其北寧陽，壤則爲鄰。鄰有弗寧，實鬥矛戟。眾口傳聲，民心斯惑。孰爲保障？爰有二公。日民無虞，責在予躬。既靖我民，爰造其壘。兵厄不來，民則安止。猗與歟二公！惟

〔註751〕（清）顧嗣立《元詩選初集》（下），中華書局 1987 年版，第 1749 頁。
〔註752〕傅璇琮總主編《中國古代詩文名著提要》（金元卷），河北育出版社 2009 年版，第 370 頁。

民所依。鎮之以靜，雄於萬師。粵自兵興，十有六歲。剝剝供給，益用癃瘵。不有君子，孰撫孰摩？流連失所，其生幾何！昔公未來，民倍悲歎！公來蒞政，寢不知旦。昔公未來，有粟弗儲。公來蒞政，民思積居。邑民胥慶，公有惠政。棼獨誰侮？豪傑趨令。有德於民，民念弗忘。何以祝之？有壽而康。我撫民辭，作詩孔碩。有考公政，請視茲刻。」

詹烜

59／207《東山趙先生行狀》。《全元文》據明弘治四年《休寧縣志》卷 29 錄文，以四庫本《新安文獻志》參校。四庫本《東山存稿》亦附有此文，今據以校正：

1. 歲大侵：侵，《存稿》作「祲」。
2. 次日大震：震，《存稿》作「振」。
3. 二子，長夢營：二子，《存稿》作「大振二子」。
4. 二子，長彌孝：二子，《存稿》作「夢營二子」。
5. 子象元：子，《存稿》作「彌孝子」。
6. 遂有負笈四方之志：志，《存稿》作「思」。
7. 而得陸氏之說，陸，《存稿》作「陛」，誤。
8. 反覆究竟明白：覆，《存稿》作「復」。
9. 求程朱緒餘，緒餘，《存稿》作「之餘緒」。
10. 二事不合而爲一：不合，《存稿》作「不可合」。
11. 惟程子言之甚明：惟，《存稿》作「唯」。
12. 則傳中言「齊家在修其身」「在正其心」：修其身、在正其心，《存稿》作「在修身」、「修身在正心」。
13. 故是非淆亂：亂，《存稿》作「混」。
14. 當賦斂繁重之際：繁，《存稿》作「煩」。
15. 面命之：面，《存稿》作「而」。
16. 先吾刊《六經補注》之歲也：先，《存稿》作「生」，誤。
17. 余曰：余，《存稿》作「予」。
18. 如使其言已然：已，《存稿》作「爲」。
19. 故乃即卦爻象象：象，《存稿》作「象」，誤。
20. 碩學君子尚表章之：碩，《存稿》作「願」。

范琮

59／236《靈璞賦》，據《歷代賦匯》校〔註753〕：

1. 豈球玞之同類：球玞，《賦匯》作「砅砆」。下文有「而砆石用兮」。
2. 良何玉之九湮：良何，《賦匯》作「何良」。
3. 苟獲用於胡連兮：胡連，《賦匯》作「瑚璉」。
4. 嗟予命之若時：若，《賦匯》作「弗」。
5. 反誚爾以爲玭：玭，《賦匯》作「玭」。
6. 差吉日而再獻兮：而，《賦匯》作「以」。
7. 悵茲玉以長邁兮：悵，《賦匯》作「懷」。
8. 吾固知衒玉求售之匪足兮：足，《賦匯》作「正」。
9. 切獨感此厥故兮：切，《賦匯》作「竊」。
10. 嗟予生之未晚兮：予，《賦匯》作「余」。
11. 亦是璞之是收：收，《賦匯》作「投」。
12. 光口煌兮：□煌，《賦匯》作「燁煜」。

吳德昭

59／245《番易餞章序》。《全元文》據《運使復齋郭公敏行錄》錄文。而《運使復齋郭公敏行錄》版本常見者有元刊本（《續修四庫全書》第 550 冊）、委宛別藏本。比勘文本，治《全元文》乃據元刊本錄文。今據宛委別藏本校：

1. 畎畝滋沃，疆場恢曠：畎、沃、場，宛委別藏本作「眠」、「汏」、「場」。
2. 歷五載，始得代，舟經城下：代，宛委別藏本作「泛」。則文句爲「歷五載，始得泛舟經城下」。
3. 雖不能枚舉僂數：僂，宛委別藏本作「縷」。

俞皋

59／250《十三伯》，今據四庫本《春秋集傳釋義大成》校〔註754〕：

1. 徒有振主之號：主，《大成》作「王」。

〔註753〕（清）陳元龍輯《歷代賦匯》，江蘇古籍出版社、上海書店 1987 年版，第 402 頁。
〔註754〕（元）俞皋《春秋集傳釋義大成》，景印文淵閣四庫全書第 159 冊，臺灣商務印書館 1986 年版，第 15～16 頁。

2. 《春秋》何以與之：與之，《大成》作「與之乎」。

3. 四夷既抗而少息：少，《大成》作「稍」。

4. 不以強凌弱也：以強凌弱，《大成》作「以夷亂華」。

5. 關中國之盛衰：中國，《大成》作「夷夏」。

6. 至於昭、平、頃、定：昭平，《大成》作「平昭」。

7. 而《春秋》猶爲絕之也：之，《大成》作「晉」。

趙森

59／255《龍馬圖賦》，據《歷代賦匯》校〔註 755〕：

1. 大馬鼓舞兮前陳：大，《賦匯》作「天」。

2. 囿元化之康熙皡：元，《賦匯》作「玄」。

沈幹

59／268《浙江賦》，據《歷代賦匯》校〔註 756〕：

1. 暨太末之清漣：太末，《賦匯》作「大永」。

2. 此江之力也：《賦匯》作「實此江之力也」。

3. 乃有獷之童：獷，《賦匯》作「儇」。

4. 蹴鯨浪以爭趨：蹴，《賦匯》作「麤」。

5. 此江之異景：《賦匯》作「此浙江之異景」。

6. 辭未竟：辭，《賦匯》作「話」。

7. 而水名之有異者：水名，《賦匯》作「名水」。

8. 庸距非文字訛舛之所爲：距，《賦匯》作「詎」。

9. 詎不可究此江事蹟於往昔：究此、者，《賦匯》作「究夫此」、「者」。

10. 而徒詫此江景物於一時也哉：徒，《賦匯》無。

11. 中有巨川兮海通：海通，《賦匯》作「與海通」。

12. 《夏書》固略之兮水志豈訛：夏書，《賦匯》作「書」。

〔註 755〕　（清）陳元龍輯《歷代賦匯》，江蘇古籍出版社、上海書店 1987 年版，第 234
　　　　　～235 頁。

〔註 756〕　（清）陳元龍輯《歷代賦匯》，江蘇古籍出版社、上海書店 1987 年版，第 109
　　　　　頁。

趙采

59／352《周易折衷自序》，據 1931 年《三臺縣志》錄文，以四庫本《四川通志》卷 44 補文後題署。今據四庫本《四川通志》、《經義考》卷 44〔註757〕補校：

1. 是謂《先天圖》：謂，《四川通志》、《經義考》均作「為」。
2. 下經卦三十四：卦，《四川通志》、《經義考》均無。
3. 禹之九宮、九敘、九歌是已：宮，《四川通志》、《經義考》均作「功」。
    按：此指《尚書·大禹謨》中「九功惟敘，九敘惟歌。戒之用休，董之用威，勸之以九歌俾勿壞。」故作「九功」為是。
4. 則過其亢矣：則過，《四川通志》作「過則」。
5. 當由邵、陳、朱三先生之說：陳，《四川通志》、《經義考》均作「程」。此指程頤，是。生，《四川通志》作「主」，誤。
6. 後學潼川趙采德亮謹序：《經義考》無。

蒙谷子

59／352《林興祖木軒誦》，據《全元文》（47／392）林興祖小傳校：

1. 興祖其名，宗起其字：按林興祖字宗述。故「起」當作「述」。

鄒選

59／370《金馬門賦》，《全元文》據宛委別藏本《青雲梯》錄文，以《永樂大典》、四庫本《歷代賦匯》參校。今據光緒間雙梧書屋俞樾校本《歷代賦匯》補校（與四庫本《歷代賦匯》相同者不另出校）〔註758〕：

1. 偕來貢於九收：收，光緒本《賦匯》作「牧」。
2. 朝溧乎閬風：溧，光緒本《賦匯》作「蹀」。

劉夢龍

59／390《金馬門賦》，據《歷代賦匯》校〔註759〕：

1. 得共把夫清光：把，《賦匯》作「挹」。

〔註757〕 （清）朱彝尊撰，林慶彰、蔣秋華、楊晉龍等點校《經義考新校》第 3 冊，上海古籍出版社 2010 年版，第 785～787 頁。
〔註758〕 （清）陳元龍輯《歷代賦匯》，江蘇古籍出版社、上海書店 1987 年版，第 315 頁。
〔註759〕 （清）陳元龍輯《歷代賦匯》，江蘇古籍出版社、上海書店 1987 年版，第 315 頁。

朱子範

59／395《勸農文》，據《嘉靖南畿志》校〔註760〕：

1. □君弼私田每種一石：□，《南畿志》作「左」。

   按：後文「昔者左□困民」，乃承此而言。

2. 農事不可緩矣：矣，《南畿志》作「已」。

3. 昔者左□困民：□，《南畿志》作「租」。

4. 然後禮讓□：□，《南畿志》作「興」。

艾幼玉

59／416《南康縣學重修大成殿記》，據明代劉節《嘉靖南安府志》卷 12 校〔註761〕：

1. 氣象蹙迫：氣象蹙，《府志》作「意象感」。

2. 弊陋如此：弊，《府志》作「敝」。

3. 裒金難集：難，《府志》作「不易」。

4. 寸值片瓦無有：值，《府志》作「植」。

5. 塗堊煥然：煥，《府志》作「燠」。

6. 會天子有詔：子，《府志》作「下」。

徐容

59／214《太常賦》，據《歷代賦匯》校〔註762〕：

1. 貫驂上之蜿蜒兮：驂，《賦匯》作「縿」。

2. 天之明兮九函：函，《賦匯》作「幽」。

3. □□□乎太常：□□□，《賦匯》作「羌表鑒」。

4. 故績戎不得以藝之兮：績，《賦匯》作「纘」。

5. 且怠事乎甘泉：怠，《賦匯》作「逮」。

〔註760〕（明）聞人詮修，陳沂纂《嘉靖南畿志》卷 39《郡縣志》36，中國史學叢書三編 40，臺灣學生書局 1987 年版，第 1734～1735 頁。

〔註761〕（明）劉節《嘉靖南安府志》，《天一閣藏明代方志選刊續編》第 50 冊，上海古籍書店 1990 年版，第 522～523 頁。

〔註762〕（清）陳元龍輯《歷代賦匯》，江蘇古籍出版社、上海書店 1987 年版，第 214 頁。

6. 又大移於開元：大移，《賦匯》作「太佟」。

  按：此句承上句「刻麾幢之過節兮」，作「太佟」爲是。

7. 保合大和：大，《賦匯》作「太」。

李丙奎

59／451《石鼓賦》，《歷代賦匯》收文不全，僅錄「偉周宣之中興」至「復遇元和之太平」四句、「遡所來之何從，實韓門之張生」二句、「愚嘗玩其辭」至「言有大而實誇」一段、「遂有以來歐陽子之議」至「非出於後來之好事」五句。就其節文，校勘如下〔註763〕：

1. 煩鬼物之守候：物，《賦匯》做「神」。
2. 切謂與《車攻》而同意：切謂，《賦匯》無。
3. 所可恨者：可，《賦匯》無。
4. 言有大而實誇：誇，《賦匯》作「誇」。

李原同

59／454《江漢朝宗賦》，《全元文》以明成化《文翰類選大成》錄文，並據四庫本《歷代賦匯》補兩處闕文。今據四庫本、光緒間雙梧書屋俞樾校本《歷代賦匯》〔註764〕校：

1. 豈岷嶓之高峙兮：岷，四庫本、光緒本《賦匯》均作「岷」。
    按：岷嶓，即岷山，又稱嶓冢山。《尚書·禹貢》：「岷嶓既藝，沱潛既道。」張載《劍閣銘》：「遠屬荊衡，近綴岷嶓」。與本文所言「江漢」相符，故作「岷嶓」爲是。
2. 過重湖且焉而止息：焉而，四庫本、光緒本《賦匯》均作「於焉」。
3. 酒醴淼其依乘：酒醴，四庫本《賦匯》作「灃灃」、光緒本《賦匯》作「灃灃」。
4. 元辰浩其雲從：元，四庫本、光緒本《賦匯》均作「沅」。
5. 喊鑾聲之載和：鑾，四庫本、光緒本《賦匯》均作「鸞」。
6. 玄螭赤鮮並前進兮：鮮，四庫本、光緒本《賦匯》均作「鱗」，是。

〔註763〕（清）陳元龍輯《歷代賦匯》，江蘇古籍出版社、上海書店1987年版，第259頁。

〔註764〕（清）陳元龍輯《歷代賦匯》，江蘇古籍出版社、上海書店1987年版，第103頁。

7. 萬壑注而不盤：盤，四庫本、光緒本《賦匯》均作「溢」。

8. 歷萬世其永賴：永，四庫本《賦匯》均作「安」。

9. 暨輯侯之入覲兮：輯，四庫本、光緒本《賦匯》均作「韓」，是。

按：此句當與《詩經・大雅》有關。《韓奕》：「奕奕梁山，維禹甸之，有倬其道。韓侯受命，王親命之。」

10. 況江漢之淌淌兮：淌淌，四庫本、光緒本《賦匯》均作「湯湯」。

11. 孰初淪之：淪，四庫本、光緒本《賦匯》均作「淪」。

陳邁

59／495《億豐倉記》，以四庫本《無錫縣志》卷四下校：

1. 歷敭中外：歷敭，《縣志》作「鼇剔」。

2. 繩屬不絕：絕，《縣志》作「紀」。

陳楚春

59／496《誠齋賦》，《全元文》據四庫本《歷代賦匯》錄文，今據光緒間雙梧書屋俞樾校本《歷代賦匯》校〔註765〕：

1. 作《誠齋賦》以獻之：賦，光緒本《賦匯》無。

2. 此誠不隳：隳，光緒本《賦匯》作「墮」。

3. 儀秦之辨：秦，光緒本《賦匯》作「泰」。

按：「儀秦之辨」與上句「賁育之勇」相對，則儀秦乃指蘇秦、張儀，作「泰」誤。

4. 剸煩劇於須臾：煩，光緒本《賦匯》無。

5. 履夷險而不渝：險，光緒本《賦匯》無。

楊宗閔

59／534《重修龜山族譜跋》，據《乾隆將樂縣志》校〔註766〕：

1. 獨有詰口碑文但撮其要：詰口，《縣志》作「誥敕」。

2. 惟欲使後之人知本末水源之所自云：欲，《縣志》無。

〔註765〕 （清）陳元龍輯《歷代賦匯》，江蘇古籍出版社、上海書店 1987 年版，第 697～698 頁。

〔註766〕 （清）徐觀海修纂《乾隆將樂縣志》，廈門大學出版社 2009 年版，第 318 頁。

方時發

59／541《九華山詩序》，據文淵閣四庫全書本《九華山詩》參校：

1. 搖吾尊俎矣：尊，《四庫》作「樽」。
2. 乃予掇拾於散佚之餘者也：予，《四庫》作「余」。
3. 人有衣冠珮玉之文華也：珮，《四庫》作「佩」。
4. 苟泯沒，山靈其不抱冥冥之恨乎：泯沒、冥冥，《四庫》作「或泯泯」、「泯泯」。
5. 《四庫》文末多「歲至大戊申仲秋之吉同里方時發撰」。

尹貫道

59／551《靈臺賦》，據《歷代賦匯》校〔註767〕：

1. 闡皇猷，展洪規：闡、洪，《賦匯》作「開」、「宏」。
2. 建昏水以鋪張：水，《賦匯》作「中」。
   按：《尚書大傳·堯典》：「主春者張，昏中可以種穀。」《詩經·鄘風·定之方中》：「定之方中，作於楚宮。」鄭玄《箋》云：「楚宮，謂宗廟也。定星昏中而正，於是可以營制宮室，故謂之營室。」
3. 畢輸力而芒芒：芒芒，《賦匯》作「茫茫」。
4. 玉輅策驅馳之範：輅，《賦匯》作「軏」。
5. 八鸞展和鳴之雔：雔，《賦匯》作「噰」。
6. 驗景物之休俊：俊，《賦匯》作「徵」。
7. 匪暇豫之是狥：狥，《賦匯》作「徇」。
8. 囿之而莫覿其跡：跡，《賦匯》作「際」。
9. 悠悠彼事：彼，《賦匯》作「往」。

曹大清

59／553《開河碑記》，以《山西通志》卷二百四《藝文二十三·記四》（《四庫全書》本）、（清）郭晉修、管粵秀纂《乾隆太谷縣志》卷六《藝文上·記》〔註768〕、《晉中汾河志》參校：

〔註767〕 （清）陳元龍輯《歷代賦匯》，江蘇古籍出版社、上海書店1987年版，第447～448頁。
〔註768〕 （清）郭晉修、管粵秀纂《乾隆太谷縣志》，乾隆六十年刻本。

1. 馮臻始立鏡湖：馮，《四庫全書》本、《乾隆太谷縣志》並同，《晉中汾河志》作「馬」。

 按：杜佑《通典・田制下》：「順帝永和五年，馬臻爲會稽太守，始立鏡湖。」同書《州郡十二》：「漢順帝永和五年，會稽太守馬臻創立鏡湖，在會稽、山陰兩縣界築塘蓄水。」曾鞏《鑒湖圖説》：「鑒湖，一曰南湖……漢順帝永和五年，會稽太守馬臻之所爲也，至今九百七十有五年矣。」王十朋《梅溪集・鑒湖説上》：「昔東漢太守馬臻之開是湖也，在會稽、山陰二縣界中，周回三百五十餘里，溉田九千餘頃。」王象之編纂《輿地紀勝》卷十：「鏡湖，在會稽、山陰兩縣界。後漢永和五年太守馬臻所創。水高丈餘，周三百十里，灌田九千頃。」馬端臨《文獻通考・田賦六》：「順帝永和五年，馬臻爲會稽太守，始立鏡湖。」顧祖禹《讀史方輿紀要》在浙江紹興府會稽縣中有「鑒湖」條：「亦名鏡湖。漢永和五年太守馬臻始環湖築塘。」

2. 漢文公穿煎洩之口：洩，《晉中汾河志》作「諜」，《四庫全書》本、《乾隆太谷縣志》作「澳」。

 按：《漢書・循吏傳》記文翁「景帝末爲蜀郡守」；《漢書・地理志》也説「景、武（帝）間文翁爲蜀守」。酈道元《水經注・江水》：「（郫）江北，則左對繁田。文翁穿湔澳，以溉灌繁田一千七百頃。」杜佑《通典・田制下》：「漢文帝以文翁爲蜀郡太守，穿煎澳口。」鄭樵《通志》卷六十一《食貨略・陂渠》、馬端臨《文獻通考・田賦六》記載並同。

3. 「自是之後」至「皆被其澤也」：四庫本、《晉中汾河志》並同。《乾隆太谷縣志》無此句。

4. 張闓築新豐：闓，《晉中汾河志》作「闔」。

 按：《晉書・張闓傳》：「張闓，字敬緒，丹陽人。……闓乃立曲阿新豐塘，溉田八百餘頃，每歲豐稔。」《通典・田制下》：「張闓爲晉陵內史，時所部四縣並以旱失田，乃立曲阿新豐塘，溉田八百餘頃，每歲豐稔。」《文獻通考》並同。曾鞏《本朝政要策・水利》：「至晉，杜預疏荊克之水，張闓理曲阿之塘。」

5. 則次而注之：次，《乾隆太谷縣志》、《晉中汾河志》並作「決」。

孔澮

59／556《荊山璞賦》，據《歷代賦匯》校〔註769〕：

1. 鍾南彗之地靈：彗，《賦匯》作「紀」。
2. 嗟一養之未剖兮：養，《賦匯》作「卷」。
3. 山輝而暖翠欲滴：輝，《賦匯》作「暉」。
4. 瑤琨琬炎：炎，《賦匯》作「琰」。
5. 願持獻於明庭：庭，《賦匯》作「廷」。
6. 羞持比而焉徵：比，《賦匯》作「此」。
7. 益抱璞而兢兢：兢兢，《賦匯》作「兢兢」。
8. 賴相如之至人：至，《賦匯》作「主」。
9. 朝著鏘珂珮之縉紳：縉，《賦匯》作「搢」。
10. 昂昂胡連之器：胡連，《賦匯》作「瑚璉」。
11. 徵黎處於海濱：處，《賦匯》作「獻」。
12. 惟善價以待沽：價，《賦匯》作「賈」。

王元渤（另見《全宋文》第177冊）

59／562《南康鼓樓上樑文》，據《嘉靖南康府志》校〔註770〕：

1. 共聞更點之分明：共聞，《府志》作「一聽」。
2. 歷歷山城更漏永，敢侈萍鄉是好官員；沉沉村落鼓桴息，要使洛陽全無寇盜：永、息，《府志》作「未」、「且」，則此句當讀為「歷歷山城更漏，未敢侈萍鄉是好官員；沉沉村落鼓桴，且要使洛陽全無寇盜。」
3. 九日山壚寄家跡：壚，《府志》作「虛」。

張黼

59／599《潔軒銘》，據《嘉慶東昌府志》校〔註771〕：

1. 因狂樂而隳正體：樂、體，《府志》作「藥」、「禮」。
2. 豈非天下真丈夫哉：真，《府志》作「正」。

〔註769〕（清）陳元龍輯《歷代賦匯》，江蘇古籍出版社、上海書店1987年版，第402頁。
〔註770〕《嘉靖南康府志》卷13，《天一閣藏明代方志選刊續刊》第50冊，上海書店1990年版，第646～648頁。
〔註771〕《嘉慶東昌府志》，《中國地方志集成》，鳳凰出版社、上海書店、巴蜀書社2004年版，第109頁。

第 60 冊

王沂

60／38《辟雍賦》,《全元文》據委宛別藏本《青雲梯》錄文,《御定歷代賦匯》參校,出校記 10 條。今復校,失校一則,補校如下:

1. 原善首之所目:目,《賦匯》作「治」。〔註 772〕

郭豫亨

60／237《梅花字字香自序》,《全元文》據四庫本錄文,今據叢書集成初編本校〔註 773〕:

1. 願借一觀:借,初編本作「倩」。

胡天遊

60／239《述志賦》,校本為《歷代賦匯》〔註 774〕:

1. 方髫年而志學兮:髫年,《賦匯》作「年髫」。
2. 丁文運之再昌兮,期一舉而遂志:《賦匯》無。
3. 何中道之多艱兮:多艱,《賦匯》作「屯蹇」。
4. 眾口爍而金毀:爍、毀,《賦匯》作「哆侈」、「燬」。
5. 投雙璧以行媒兮,反效顰之是求:投、顰之,《賦匯》作「抱」、「鞠局而卑」。
6. 以款段為疾走:走,《賦匯》作「足」。
7. 揖歌采於道周兮:揖歌采,《賦匯》作「采鳧茨」。
8. 崇丘紛其枳棘兮:丘,《賦匯》作「繢」。
9. 哂饑鶌之疾盻兮:鶌,《賦匯》作「鳶」。
10. 亦何往而不我偕:偕,《賦匯》作「階」。
11. 彼睍睍之蛙淖兮:蛙淖,《賦匯》作「黿黿」。
12. 何容媚世以窮其道兮:何、窮其道,《賦匯》作「阿」、「希寵靈」。

〔註 772〕 (清) 陳元龍輯《歷代賦匯》,江蘇古籍出版社、上海書店 1987 年版,第 316 頁。
〔註 773〕 (元) 郭豫亨《梅花字字香》,商務印書館 1936 年版,第 1 頁。
〔註 774〕 (清) 陳元龍輯《歷代賦匯》,江蘇古籍出版社、上海書店 1987 年版,第 562 頁。

13. 使予爲倚市之娼兮：予、娼，《賦匯》作「余」、「倡」。

14. 寧掛壁而無齒：齒，《賦匯》作「恥」。

15. 惟聖賢之不遇兮：不遇，《賦匯》作「與愚」。

16. 付出處於流坎：刊，《賦匯》作「歘」。

17. 苟素志之靡違兮：之，《賦匯》無。

18. 良時鉅不可以再得兮：鉅，《賦匯》作「詎」。

葉顒

60／246《樵雲獨唱序》，據《皕宋樓藏書志》卷 108〔註775〕參校：

1. 其儼然之容：其，《皕宋樓》無。

2. 更喚互答：喚，《皕宋樓》作「呼」。

3. 吟唐律五言七言若干首：七言若干，《皕宋樓》作「□□□□」。

1. 發爲歌詩：歌詩，《皕宋樓》作「詩歌」。

60／247《樵雲獨唱序》，據《皕宋樓藏書志》卷 108〔註 776〕、《文淵閣四
庫全書補遺》（集部）〔註777〕參校：

1. 萬古儗星月：儗，《皕宋樓》、《補遺》均作「礙」（礙）。

2. 余結茅負郭而居：余，《皕宋樓》、《補遺》均作「予」。下文中《皕宋樓》
本，「余」均作「予」，不另出校。

3. 聲貫雲石《第一人間快活丸》和邵康節《快活堯夫擊壤歌》以自怡悅：
聲，《皕宋樓》、《補遺》均作「賣」。就文意而言，當作「聲」。

4. 世之賢士夫者：《皕宋樓》、《補遺》「之」下均有「稱」。

5. 下驅並駕：驅，《皕宋樓》作「駈」。

6. 裴公度身繫天下安危二十年：繫，《皕宋樓》、《補遺》均作「佩」。

7. 徇一己之娛：徇，《皕宋樓》、《補遺》均作「苟」。

8. 名隨身殞而不悔：悔，《皕宋樓》、《補遺》均作「辭」。

9. 稅駕丘園：丘，《皕宋樓》、《補遺》均作「邱」。

〔註775〕（清）陸心源《皕宋樓藏書志》，《續修四庫全書》第 929 冊，上海古籍出版
社 1996 年版，第 527～528 頁。

〔註776〕（清）陸心源《皕宋樓藏書志》，《續修四庫全書》第 929 冊，上海古籍出版
社 1996 年版，第 529～530 頁。

〔註777〕楊訥，李曉明編《文淵閣四庫全書補遺》（集部）第 4 冊，北京圖書館出版社
1997 年版，第 820～824 頁。

10. 徇競進之榮：徇，《皕宋樓》、《補遺》均作「苟」。

11. 而暢於四肢：肢，《皕宋樓》作「體」。

12. 謳吟快活：吟，《皕宋樓》、《補遺》均作「歌」。

60／249《樵雲獨唱後序》，據《皕宋樓藏書志》卷 108〔註778〕參校：

1. 石泉岩瀑不足助其清：石，《皕宋樓》作「居」。

2. 曷並此英毅剛堅之氣概：剛堅，《皕宋樓》作「堅剛」。

3. 奮雄才宏辯於風騷翰墨之中：辯，《皕宋樓》作「辨」。

4. 雖未能驚世眩俗：眩，《皕宋樓》作「駭」。

楊翮

60／453《檜亭集序》，據《皕宋樓藏書志》卷 101〔註779〕參校：

1. 生平有隱君子之德：德，《皕宋樓》作「趣」。

2. 其婿饒君介之：婿，《皕宋樓》作「壻」。

3. 噫！予向嘗與先生論詩：噫，《皕宋樓》作「憶」，誤。

4. 先生初不甚自矜炫：炫，《皕宋樓》作「衒」。

5. 然則余於謹之所集：余，《皕宋樓》作「予」。

陳高

60／856《不繫漁舟集後自識》，據《皕宋樓藏書志》卷 105〔註780〕參校：

1. 倉卒同江浙行省都事王銓伯衡夜尋山徑：同，《皕宋樓》作「回」。

2. 念余以布衣舉進士：余，《皕宋樓》作「予」。

3. 將以終者：《皕宋樓》作「歸老」，與《全元文》據《四庫本》所作校記 3 相同。

4. 間關遁逃：遁逃，《皕宋樓》作「逃遁」。

5. 困阨顛沛之際，觸物異感：阨、異，《皕宋樓》作「厄」、「興」。

〔註778〕 （清）陸心源《皕宋樓藏書志》，《續修四庫全書》第 929 冊，上海古籍出版社 1996 年版，第 528 頁。

〔註779〕 （清）陸心源《皕宋樓藏書志》，《續修四庫全書》第 929 冊，上海古籍出版社 1996 年版，第 455～456 頁。

〔註780〕 （清）陸心源《皕宋樓藏書志》，《續修四庫全書》第 929 冊，上海古籍出版社 1996 年版，第 505 頁。

李繼本

60／924《喜雨賦》，校本為《歷代賦匯》〔註781〕：

1. 跡絕於城市：絕，《賦匯》作「繼」。

2. 羅金檠之香幣：金，《賦匯》作「華」。

3. 薦牲俎以陳禮：禮，《賦匯》作「醴」。

4. 而捲怒龍於江渚也：龍，《賦匯》作「瀧」。上句為「起潛蛟於幽岩」，故作「怒龍」為是。

5. 三辰得是魚而澄明：辰，《賦匯》作「農」。

60／1018《東安縣邵家莊鄉學記》。《全元文》以《重輯一山集》參校。今以《日下舊聞考》補校。《日下舊聞考》卷 126《京畿》〔註782〕所錄文字不全，內容與《重輯一山集》大體相同。除《日下舊聞考》闕文外，其他部分校記 1-4、12、14-17、23-25、27 均同，惟校記 26 有異。茲補校如下：

1. 術有序：《舊聞考》「術」作「州」。

2. 「學之則德萃於躬」至「則亦出於詭遇耳」：《舊聞考》無。（含《重輯一山集》校記 5-11）

3. 而民俗質直：「而」，《舊聞考》無。

4. 「非如他邑之民」至「未易綏柔也」，《舊聞考》無。（含《重輯一山集》校記 13）

5. 宗昭前代衣冠家，而能遵條：《舊聞考》無。

6. 「予草堂去學館」至「苟歲月以為事故」：《舊聞考》無。（含《重輯一山集》校記 18-22）

7. 師之於弟子：《舊聞考》作「夫師之於弟」。

8. 則稅駕乎高明光大之域：《舊聞考》「則」下有「內體外用」。（《重輯一山集》校記 26：「則稅駕乎高明光大之域」作「則內體外用」）

9. 「宗昭有志於古學」二句：《舊聞考》無。（含《重輯一山集》校記 28-29）

〔註781〕（清）陳元龍輯《歷代賦匯》，江蘇古籍出版社、上海書店 1987 年版，第 34～35 頁。

〔註782〕（清）于敏中等編纂《日下舊聞考》，北京古籍出版社 1985 年版，第 2031 頁。